Anke Zwirner

Finanzierung und Förderung von Kinospielfilmen in Deutschland

Film, Fernsehen, Medienkultur.
Schriftenreihe der Hochschule für Film und Fernsehen „Konrad Wolf"

Herausgegeben von
Lothar Mikos,
Michael Wedel,
Claudia Wegener
und Dieter Wiedemann

Die Verbindung von Medien und Kultur wird heute nicht mehr in Frage gestellt. Medien können als integraler Bestandteil von Kultur gedacht werden, zudem vermittelt sich Kultur in wesentlichem Maße über Medien. Medien sind die maßgeblichen Foren gesellschaftlicher Kommunikation und damit Vehikel eines Diskurses, in dem sich kulturelle Praktiken, Konflikte und Kohärenzen strukturieren. Die Schriftenreihe der Hochschule für Film und Fernsehen schließt an eine solche Sichtweise von Medienkultur an und bezieht die damit verbundenen Themenfelder ihren Lehr- und Forschungsfeldern entsprechend auf Film und Fernsehen. Dabei werden unterschiedliche Perspektiven eingenommen, in denen es gleichermaßen um mediale Formen und Inhalte, Rezipienten und Kommunikatoren geht. Die Bände der Reihe knüpfen disziplinär an unterschiedliche Fachrichtungen an. Sie verbinden genuin film- und fernsehwissenschaftliche Fragestellungen mit kulturwissenschaftlichen und soziologischen Ansätzen, diskutieren medien- und kommunikationswissenschaftliche Aspekte und schließen Praktiken des künstlerischen Umgangs mit Medien ein. Die theoretischen Ausführungen und empirischen Studien der Schriftenreihe erfolgen vor dem Hintergrund eines zunehmend beschleunigten technologischen Wandels und wollen der Entwicklung von Film und Fernsehen im Zeitalter der Digitalisierung gerecht werden. So geht es auch um neue Formen des Erzählens sowie um veränderte Nutzungsmuster, die sich durch Mobilität und Interaktivität von traditionellen Formen des Mediengebrauchs unterscheiden.

Anke Zwirner

Finanzierung und Förderung von Kinospielfilmen in Deutschland

Herausforderungen und Chancen für junge Produzenten

Bibliografische Information der Deutschen Nationalbibliothek
Die Deutsche Nationalbibliothek verzeichnet diese Publikation in der
Deutschen Nationalbibliografie; detaillierte bibliografische Daten sind im Internet über
<http://dnb.d-nb.de> abrufbar.

Zugleich Dissertation an der Hochschule für Film und Fernsehen "Konrad Wolf",
Potsdam-Babelsberg/AV-Medienwissenschaft unter dem Titel "Finanzierung und Förderung
von Kinospielfilmen in Deutschland aus der Sicht junger Produktionsunternehmen", 2010

1. Auflage 2012

Lektorat: Barbara Emig-Roller | Eva Brechtel-Wahl

VS Verlag für Sozialwissenschaften ist eine Marke von Springer Fachmedien.
Springer Fachmedien ist Teil der Fachverlagsgruppe Springer Science+Business Media.
www.vs-verlag.de

Umschlaggestaltung: KünkelLopka Medienentwicklung, Heidelberg

ISBN 978-3-531-18431-9

Für meine Eltern

Danksagung

Die vorliegende Arbeit wäre nicht ohne die Hilfe und Unterstützung von so vielen Freunden, Kollegen und Mitstreitern entstanden. Allen möchte ich herzlich danken für spannende Diskussionen, gute Zusammenarbeit, Inspiration, Motivation und Geduld.

Ganz herzlich möchte ich meinem Doktorvater Professor Dr. Dieter Wiedemann danken, der mich lange Jahre von der ersten Idee bis zur endgültigen Fertigstellung begleitet hat.

Professor Wolfgang Hantke gilt ein ganz besonderer Dank, da er für mich nicht nur während meiner Arbeit im Studiengang Produktion der HFF immer Unterstützer, Motivator und Mentor war und ist.

Bei den Kollegen beim Medienboard Berlin-Brandenburg möchte ich mich bedanken für die inspirierende Zeit und die gute Zusammenarbeit. Keep on rocking!

Professor Dr. Elizabeth Prommer und Professor Dr. Lothar Mikos gilt auch ein besonderer Dank für die Hilfe und Unterstützung.

Insbesondere möchte ich mich bedanken bei den Studierenden der HFF und den vielen jungen, engagierten und großartigen Filmemachern, mit denen ich in den letzten Jahren zusammenarbeiten durfte! Sie haben mich nicht nur zu dieser Arbeit motiviert, sondern mir auch gezeigt, dass wir uns nicht um das kreative Potential des jungen deutschen Kinos sorgen müssen. Vielmehr sollte den wirklichen Talenten mehr Raum für Entwicklung zugestanden werden!

So vielen möchte ich danken, die mich unterstützt, motiviert und inspiriert haben; hier kann ich nur einige nennen:
Alexandra Kordes, Alfred Behrens, Andrea Hohnen, Andrea Mallwitz, Andreas Louis, Anja Dörken, Anja Firmenich, Annette Friedmann, Brigitta Manthey, Carsten Fiebeler, Carsten Schneider, Christian Berg, Christine Aufderhaar, Christoph Hahnheiser, Claudia Lehmann, Dagmar Krull, Daniela Breitbart, Dörte Franke, Dr. Rainer Zäck, Eva Rath, Felicitas Milke, Frank Gessner, Franziska Heller, Hans Hattop, Holger Lochau, Howard Lawick, Ines Markhoff, Jan-Henning Luethje, Jens Becker, Judith Ruster, Karin Richie, Katja Brück, Katrin Schmidt, Katrin Stolpe, Kirsten Niehuus, Kristian Kreyes, Maerry Schäfer, Manfred Büttner, Marc Bauder, Marc Minneker, Marina Caba Rall, Marion Berends, Martin Steyer, Martina Kürbitz, Matti Friemer, Meike Kordes, Michael Schmidt, Michaela Lawick, Niels Rinke, Oliver Rauch, Oliver Zeller, Philip Breuer, Prof. Klaus Keil, Rangeen Horami, Sarah Quaye, Sebastian Seedorf, Sebastian Storm, Stefanie Scheerer, Teresa Hoefert de Turégano, Uli Weis, Uwe Penckert, Yvonne Michalik – und natürlich meiner Familie.

Inhalt

Siglenverzeichnis

AT = Österreich
ausl. = ausländisch
ca. = cirka
CH = Schweiz
D = Deutschland
d. h. = das heißt
dt. = deutsch
ebd. = ebenda
EU = Europa
exkl. = exklusiv
F = Frankreich
f. = folgende [Seite]
ff. = folgende [Seiten]
GB = Großbritannien
ggf. = gegebenenfalls
i. H. v. = in Höhe von
inkl. = inklusiv
IT= Italien
Mio. = Million
o. a. = oben angeführt
o. ä. = oder ähnlich
o. g. = oben genannt
P = Produzent
R = Regisseur
S. = Seite[n]
s. o. = siehe oben
s. u. = siehe unten
Tsd. = Tausend
s. u. = siehe unten
u. a. = unter anderem
USA = Vereinigte Staaten von Amerika
usw. = und so weiter
u. v. a. m. = und viele[s] andere mehr
v. a. = vor allem
vgl. = vergleich[e]
v. H. = vom Hundert, %
z. B. = zum Beispiel
z. T. = zum Teil

Einleitung

„Irgendwas mit Film" – so lautet mittlerweile oftmals die Antwort auf die Frage, wenn junge Menschen nach ihrem Berufswunsch gefragt werden. Viele Ausbildungsgänge ebnen den Weg in eine solche Berufslaufbahn.

Oftmals wird auch sofort der Wunsch „Produzent" genannt. Auch dafür gibt es spezielle Ausbildungsgänge. Diese werden in der vorliegenden Arbeit benannt. Doch was heißt es eigentlich, Filmproduzent zu sein, welche Qualifikationen benötigt man dafür? Wie etabliere ich ein junges Unternehmen auf dem bestehenden Filmmarkt und wie funktioniert dieser überhaupt? Wie werden Filme – hier mit der Konzentration auf Nachwuchsfilme – finanziert und welche spezielle Rolle spielt die Filmförderung dabei?

Aus der Entwicklung und aktuellen Situation des bestehenden Filmmarktes heraus versucht die vorliegende Arbeit, die Möglichkeiten und Herausforderungen junger Produktionsunternehmen zu analysieren.

Einführung in die Problemstellung

Kinospielfilme in Deutschland herzustellen ist ohne Subventionierung durch Filmförderung gegenwärtig kaum vorstellbar. Fast jeder deutsche Spielfilm, der in den letzten Jahren im Kino seine Uraufführung fand, wurde in den verschiedenen Stufen – von der Stoffentwicklung bis zum Verleih – mit direkten Fördergeldern unterstützt.

„Opas Kino ist tot" wurde 1962 in Oberhausen gerufen, und eine neue Generation von Filmemachern wurde mit Hilfe von Filmförderung und Fernsehgeldern geboren. Im gleichen Jahr wurde das Kuratorium junger deutscher Film (KjdF) gegründet, und auf der Basis des Filmförderungsgesetzes wurde 1968 die Filmförderungsanstalt (FFA) ins Leben gerufen. Seitdem entstanden neue Förderungen in Deutschland, und mittlerweile spielt auch der „Regionaleffekt"[1] eine wesentliche Rolle.

1 Regionaleffekt: Auflage, eine fixe Summe in einem definierten Territorium zu investieren.

Referenz-[2] und Paketförderung[3], Bund- und Länderförderung sowie der 2007 ins Leben gerufene DFFF (Deutsche Filmförderfonds) – viele Institutionen bieten heute unterschiedliche Unterstützungsmaßnahmen für die Herstellung von Kinospielfilmen an. Gleichzeitig hat sich der Kinomarkt in den letzten Jahren erheblich verändert und die Anzahl der Ausbildungsinstitutionen für junge Filmemacher ist seit Anfang der 90er Jahre stark gestiegen.

Welche Bedeutung und Einflüsse haben all diese Entwicklungen, die im Verlauf der Arbeit detailliert vorgestellt werden, auf die Qualifikationen und Herausforderungen neu gegründeter Produktionsfirmen auf dem Weg in den diversifizierten Filmmarkt?

Das Jahr 2006 bescherte dem deutschen Film ein Erfolgsjahr, in dem von den insgesamt 136,7 Millionen verkauften Kinokarten 25,8% für die 174 in diesem Jahr uraufgeführten nationalen Produktionen (davon 122 Spielfilme) erworben wurden. Die an der Kinokasse erfolgreichsten drei deutschen Filme im Jahr 2006 waren:

- „Das Parfum“ mit 5.480.675 Zuschauern,
- der Dokumentarfilm „Deutschland. Ein Sommermärchen“ mit 3.991.913 Zuschauern und
- „7 Zwerge – Der Wald ist nicht genug“ mit 3.509.341 Zuschauern.[4]

Schon mit dem Jahr 2007 gab es eine Ernüchterung. Wurden in diesem Jahr mit konstanten 174 Uraufführungen deutscher Filme, davon 129 gestartete Spielfilme (soviel wie noch nie) in den deutschen Kinos gezeigt, betrug der Marktanteil lediglich 18,9%, und nur vier deutsche Filme konnten mehr als 1 Mio. Besucher in die Kinos locken.[5]

Doch die Jahre 2008 und vor allem 2009 waren äußerst erfolgreich für den deutschen Kinospielfilm. Im Jahr 2008 wurden insgesamt 185 deutsche Filme uraufgeführt und erbrachten immerhin einen Besucheranteil

2 Referenzförderung: Förderung, die aus dem Erfolg eines vorhergehenden Werkes resultiert.

3 Paketförderung: Förderung für die Entwicklung von mehreren Filmen.

4 vgl. Angaben der FFA. Weiterhin erfolgreiche Filme mit mehr als einer Million Zuschauern waren „Die wilden Kerle 3“ (2.126.633), „Hui Buh, das Schlossgespenst“ (2.022.988), „Das Leben der Anderen“ (1.678.572), „Wer früher stirbt ist länger tot“ (1.256.459) und „Die wilden Hühner“ (1.171.015).

5 „Die Wilden Kerle 4“ (2.454.325 Zuschauer bis zum 31.12.2007), „Lissi und der wilde Kaiser“ (2.273.804), „Keinohrhasen“ (1.407.336) und „Die wilden Hühner und die Liebe“ (1.003.217). vgl. FFA-Info 1/08 S. 12.

von insgesamt 23,7% aller in Deutschland uraufgeführten Filme.[6] 2009 sollte alle vorhergehenden Jahre überstrahlen, denn mit 216 gestarteten deutschen Filmen konnte ein Marktanteil von 27,4% erzielt werden. Weiterhin war der deutsche Film auf internationalen Festivals so präsent und erfolgreich wie nie.

Viele dieser Filme sind von jungen Produktionsunternehmen hergestellt worden, von neu gegründeten, gerade aus Filmhochschulen diplomierten Filmemachern, die sich alle auf dem Filmmarkt positionieren möchten.

Doch welche Hürden gibt es zu bestehen bei dem schwierigen Schritt zwischen abgeschlossener Ausbildung und erfolgreichem Markteintritt? Wie hat sich das Berufsbild verändert und welche Qualifikationen und Kenntnisse muss ein junger Filmproduzent heutzutage mitbringen, um in diesem heiß umkämpften Nachwuchsmarkt bestehen zu können? Die Interdependenzen zwischen der Entwicklung des Kinomarktes, der Finanzierung einzelner Projekte auf diesem – unter spezieller Berücksichtigung der Rolle der Filmförderung – und dessen Konsequenzen für junge Produktionsunternehmen zeigt die vorliegende Arbeit auf. Ziel der Arbeit soll es sein, nach einer umfangreichen Bestandsaufnahme des gegenwärtigen (Nachwuchs-)Filmmarktes die Herausforderungen für junge Produktionsfirmen darzustellen. Damit wendet sich die Arbeit nicht nur an angehende Filmproduzenten, sondern an alle Filminteressierten, an Filmpraktiker, Filmemacher, Kulturpolitiker, Ausbilder und alle, die sich für den deutschen Filmmarkt und deren junge Talente interessieren und einsetzen.

Vorgehensweise und Methode

Um die Herausforderungen und Qualifikationen junger Nachwuchsproduzenten zu erkennen, muss der deutsche Kinospielfilmmarkt in seiner Entwicklung beobachtet und analysiert und die möglichen Interdependenzen der verschiedenen Förderungen und Finanzierungen von Spielfilmen aufgezeigt werden. Dies soll aus der Position von Nachwuchsproduzenten betrachtet werden, um im Zusammenhang mit der jeweiligen Marktsituation ein klares Bild über die Finanzierungsstruktur deutscher Filme vom „Komödienboom" Anfang der 90er Jahre bis zur

6 Vgl. FFA Info 01/09, S. 10.

Gegenwart zu erhalten, damit abschließend ein Ausblick für die junge Generation der Filmemacher ermittelt werden kann.

Der Zeitraum zwischen der Wiedervereinigung Deutschlands und der damit verbundenen Zusammenführung der Kinolandschaften beider deutscher Länder, der gleichzeitig aufkommende Komödienboom und die Gründung der ersten großen Länderförderungen in Hamburg, Berlin-Brandenburg und NRW bis zur ersten Betrachtung der Entwicklung nach Einführung des Deutschen FilmFörderfonds (DFFF) im Jahr 2007 bilden den Rahmen der vorliegenden Ausarbeitung.

Innerhalb dieser Arbeit wird lediglich die Auswertungsform des Kinos konkret dokumentiert. Sie ist derzeit (noch?) die erste Stufe der Auswertung und bedingt alle weiteren internationalen und nationalen Stufen und Formen der Auswertung des jeweiligen Films. Aus Sicht der Nachwuchsfilmemacher wird hier auch auf die Bedeutung der nationalen und internationalen Festivallandschaft und der Vergabe von Preisen eingegangen.

Aufgrund der Veränderung des Spielfilmmarktes und der damit möglicherweise verbundenen Veränderung der Finanzierungsstrukturen ist es gerade in Zeiten von Einsparungen, Etatkürzungen und Subventionsabbau relevant, die deutsche Spielfilmlandschaft zu reflektieren, um aus sich heraus neue Ansätze zu finden, wie Bewährtes und neu Entstandenes gemeinsam in eine eigenständige, effiziente und effektive Spielfilmfinanzierung und vor allem Nachwuchsförderung fließen können. Außerdem ist die Betrachtung hinsichtlich der Anforderungen an junge Produktionsunternehmen und die Qualifikation von deren Geschäftsführern ein wesentlicher Bestandteil der Arbeit.

Konstruktive Kritik üben heißt Verbesserungsvorschläge anbieten! In der heutigen Zeit, in der die europäischen Länder zusammenwachsen, europäische Co-Produktionen unterschiedlicher Konstellationen (bilateral, multilateral, Co-Finanzierungen usw.) realisiert werden und Diskussionen über einen Zusammenschluss der europäischen Staaten im Kampf gegen die wirtschaftliche Übermacht USA geführt werden, ist es nur folgerichtig, seine eigene nationale Filmwirtschaft – und hier vor allem die jungen und kreativen Talente – so zu stärken, dass sie ihren Platz im nationalen und auch im europäischen und internationalen Kino finden. Dabei dürfen jedoch nationale, kulturelle und wirtschaftliche Aspekte nicht vernachlässigt werden. „Europäisches Kino ist das Gegenteil von Globalisierung, es ist das Gegenkonzept zum Einheitsdenken Hollywoods. Unsere Chance liegt darin, die Vielfalt unter Nachbarn zu respektieren. Wir wollen keinen Euro-Pudding", bemerkte der spanische Regisseur Pedro Almodóvar schon 1999.[7]

Bereits 1994 veröffentlichte die Europäische Kommission als „strategische Optionen für die Stärkung der Programmindustrie im Rahmen der audiovisuellen Politik der Europäischen Union" folgende Zielsetzungen:[8]

- Sie muss in einem auf Öffnung und Globalisierung angelegten Sektor wettbewerbsfähig sein.
- Sie muss zukunftsorientiert arbeiten und am Entstehen der Informationsgesellschaft mitwirken.
- Sie muss das in Europa vorhandene künstlerische Potential und das Wesen der europäischen Völker wirkungsvoll zum Ausdruck bringen.
- Sie muss in der Lage sein, das Wachstum für die Schaffung von Arbeitsplätzen in Europa zu nutzen.

Wie weit diese Zielvorgaben mit der bisherigen Nachwuchsarbeit und der nationalen Förderung innerhalb des bestehenden Kinomarktes in Deutschland verfolgt und auch erreicht wurden, gilt es zu hinterfragen und zu diskutieren. Diese Betrachtung aus der Sicht deutscher Nachwuchsunternehmen ist Thema und Aufgabe der vorliegenden Arbeit.

Zu den bereits bestehenden Publikationen zum Thema Filmfinanzierung und Filmproduktion soll die vorliegende Arbeit auf einer aktuellen umfassenden Bestandsaufnahme basieren, die sich mit den produktionsökonomischen[9] Aspekten des deutschen Filmmarktes sowie mit einzelnen nationalen Förder- und Finanzierungselementen theoretisch auseinandersetzt, um diese dann anhand von Modellbeispielen[10] zu analysieren und deren Einfluss auf Nachwuchsproduzenten zu dokumentieren.

Diese Betrachtung findet jeweils aus der Sicht der Produktionsunternehmen (hier vornehmlich aus der Sicht von Nachwuchsproduzenten) und deren Rolle innerhalb des Zusammenspiels der Netzwerkstrukturen des Kinospielfilmmarktes statt.

7 Vgl. Der Spiegel 51/99, S. 210.

8 Vgl. Europäische Kommission (1994) S. 7.

9 Der im Verlauf dieser Arbeit immer wiederkehrende Begriff der „Produktionsökonomie" bezieht sich auf die wirtschaftlichen Faktoren bei der Herstellung von einzelnen Filmprojekten aus der Sicht der Produktionsunternehmen (In Abgrenzung zu kulturellen, volkswirtschaftlichen, rein betriebswirtschaftlichen oder soziologischen Aspekten).

10 Da in diesen Bereichen mit sehr vertraulichem Zahlen- und Datenmaterial gearbeitet wird, nimmt die vorliegende Arbeit von einzelnen Fallbeispielen Abstand. Anm. d. Verf.

Aktuelle Publikationen über neue Filmfinanzierungsformen und Betrachtungen der Filmförderung liegen vor[11]; auf internationalen Konferenzen werden Diskussionen über die jeweiligen nationalen Förderstrukturen in Deutschland und anderen europäischen Ländern geführt. Eine zusammenfassende Betrachtung aus Sicht der (Nachwuchs-)Produzenten im Kontext des nationalen Marktes und des europäischen Marktes sowie daraus resultierende Konsequenzen für die Finanzierung und Herstellung von Kinospielfilmen und die damit verbundene nachhaltige Unternehmensfinanzierung von Produktionsfirmen sollen innerhalb dieser Arbeit dokumentiert werden.

Die Herstellung, Finanzierung und Verwertung von Kinospielfilmen ist ebenso vielfältig wie komplex. Viele Aspekte müssen bei der vorliegenden Betrachtung berücksichtigt werden. Betriebswirtschaftliche und volkswirtschaftliche Ansätze, juristische, steuerrechtliche und medienpolitische Gesichtspunkte, kulturelle und medienhistorische Perspektiven sind zu beachten, um den Standpunkt und die Förderung des deutschen Kinospielfilms der Gegenwart und zukünftige Tendenzen für angehende Produktionsfirmen auch nur annähernd produktionsökonomisch erfassen und veranschaulichen zu können.

Neben der Auswertung von Sekundärliteratur wird es Aufgabe dieser Arbeit sein, die Marktdaten des deutschen Kinomarktes der letzten Jahre sowie Förderrichtlinien und politische Entscheidungen aufzuzeigen und deren Auswirkungen auf die in dieser Zeit entstandenen Filme darzustellen. Aus der Synergie der theoretischen Analyse und den praktischen Modellbeispielen werden abschließend mögliche Maßnahmen erläutert, um aus der Sicht junger Produktionsunternehmen die Spielfilmproduktion Deutschlands stärken zu können, aber auch die derzeitigen Anforderungen an junge Produktionsunternehmen aufzuzeigen.

Folgende Fragen werden im Verlauf der Arbeit gestellt, diskutiert und analysiert:

- Wie findet man als Nachwuchsproduzent den Einstieg in den Medienmarkt?
- Welches Wissen und welche Qualifikation wird benötigt und wo erlangt man diese?
- Welche Finanzierungsmöglichkeiten gibt es für Nachwuchsproduktionen und was muss ein junges Produktionsunternehmen bei der Herstellung eines Kinospielfilms beachten?

11 Z. B. Behrmann, Castendyk, Duvvuri, KPMG, Schünemann, Storm, Wessendorff.

- Welche Weiterbildungsmaßnahmen gibt es und wie wichtig sind Festivals für Nachwuchsfilmer?
- Welchen Einfluss hat die Entwicklung der Ausbildungsinstitutionen auf den Filmmarkt?
- Welche Hürden haben junge Nachwuchsproduzenten zu nehmen, um einen Einstieg in den „Markt" zu bekommen?

Aber auch:
- Ermöglicht es die direkte Filmförderung[12], künstlerisch ambitionierte Filme ohne großes wirtschaftliches Risiko herzustellen?
- Ist die kontinuierliche und parallele Produktion von Kinospielfilmen ohne große Eigenkapitalbasis eines kleinen Produktionsunternehmens möglich?[13]
- Widersprechen die föderalistische Struktur der Filmförderung und die hybride Form des Kinospielfilms (Kultur- und Wirtschaftsgut zugleich) einer produktoptimierten und marktorientierten Filmherstellung?
- Macht eine Risikokapitalfinanzierung für deutsche Kinofilme keinen Sinn, weil die Höhe der Rückflüsse im deutschen Kinospielfilmbereich nicht kalkulierbar ist?

Die Betrachtung des eigenen Marktes, die Definition seiner Stärken und Schwächen, der Chancen und Risiken bei der Herstellung von Kinofilmen aus der Sicht junger Produktionsunternehmen bieten die Grundlage und den Kernpunkt dieser Arbeit.

Dass der deutsche Markt sich neuen internationalen, technischen und wirtschaftlichen Strukturen gegenüber öffnen sollte, wird im Verlauf der Arbeit deutlich gemacht. Doch das Sprichwort „Ein Deutscher verläuft sich lieber, als dass er nach dem Weg fragt" möchte hier nicht Motivation sein; vielmehr gilt es, die Spielregeln des Marktes herauszufinden, ob und an welcher Stelle die Finanzierung von Kinospielfilmen in Deutschland und die Stärkung von Produktionsunternehmen vor allem aus der Sicht von Nachwuchsprozenten verbessert werden kann.

12 Unter direkter Filmförderung ist hier die unmittelbare monetäre Förderung von einzelnen ausgewählten Filmprojekten durch Zuschüsse oder bedingt rückzahlbare Darlehen zu verstehen.

13 Allein für die Inanspruchnahme von Referenzförderung der FFA muss ein Produktionsunternehmen eine Eigenkapitalbasis von mindestens 100.000 Euro vorweisen (vgl. FFG §26 Abs. 3).

1. Der deutsche Kinomarkt in seiner Entwicklung aus der Sicht von Nachwuchsproduzenten unter besonderer Berücksichtigung der Entwicklung der Filmförderung

1.1 Der deutsche Kinomarkt – Eine produktionsökonomische Einführung

Die Herstellung von Filmwerken unterscheidet sich von der Herangehensweise und betriebswirtschaftlichen Betrachtung grundsätzlich nicht von der Herstellung anderer Wirtschafts- und Konsumgüter. Zeitlich und finanziell müssen die nötigen Parameter geplant werden. Ebenso muss unter Abwägung verschiedener Herstellungs- und Verwertungsrisiken eine entsprechende Finanzierung so strukturiert und akquiriert werden, dass diese im Idealfall bestmöglich zurückgeführt werden kann.

Innerhalb dieses Herstellungsprozesses spielt der Produzent eine maßgebliche Rolle. Abromeit, Nieland und Schierl bezeichnen den Produzenten als „die zentralen Akteure der Filmwirtschaft."[14] Sie sind diejenigen, die die Finanzierung gestalten und eine realistische Rückflussplanung für die Finanziers und letztendlich auch für sich selber erarbeiten müssen. Doch die Schwierigkeit der Filmherstellung ist, dass „der Erfolg eines Films (…) selbst unter Beachtung branchenüblicher Erfahrungen und ‚eiserner Regeln' kaum planbar" ist.[15]

Der Produzent nimmt innerhalb des Marktes die Schlüsselposition zwischen Herstellungsentscheidung und Markteinführung ein. Für jede Produktion und jedes Produktionsunternehmen ist die Erstellung eines optimalen Projektmanagements in jeder Phase der Filmherstellung und für jeden Film individuell die Basis.

Welche Eigenschaften eine Produzentenpersönlichkeit haben sollte, die Historie dieser Profession und die Ausbildungsmöglichkeiten werden im weiteren Verlauf der Arbeit erläutert. Doch vorab gilt es, den Markt und seine Entwicklung zu dokumentieren, auf dem sich Nachwuchspro-

---

14 Vgl. Abromeit, H.; Nieland, J.; Schierl, T. (2001), S. 307.

15 Vgl. ebd. S. 308.

duzenten behaupten müssen. Die Kenntnis dieses Marktes und seiner Entwicklung ist die Grundlage jedes Filmproduzenten.

Der deutsche Kinomarkt befindet sich in ständiger Veränderung (vgl. Abbildung 1), und für jeden Film müssen Starttermin, Kopienzahl und Marketing individuell abgestimmt, geplant und finanziert werden.

Für die Definition eines deutschen Films genügt nicht allein die Tatsache, dass er z.B. in Deutschland hergestellt oder mit deutschen Finanzierungsmitteln realisiert wurde. Ein Film benötigt ein vom Bundesamt für Ausfuhrkontrolle (BAFA) ausgestelltes Ursprungszeugnis. Dieses Ursprungszeugnis wird sowohl für rein deutsche Produktionen ausgestellt, als auch für internationale Produktionen, die einen bestimmten Anteil der Produktion als deutsche Co-Produktion in Deutschland geleistet haben. Auch diese können als deutscher Film bezeichnet werden. So gelten z. B. Filme wie „Die wunderbare Welt der Amélie", „Das Parfum", aber auch Projekte wie „Speed Racer" und „Goodbye Bafana" als deutsche Produktionen, da ein Teil der Finanzierung, des Teams, der Technik usw. aus Deutschland durch einen nationalen Co-Produzenten in das Projekt eingebracht wurde. Dieser Spezifikation europäischer Co-Produktionen widmet sich Kapitel 4.

Doch vorab ist es erforderlich, die Entwicklung des deutschen Kinomarktes zu dokumentieren. Wie viele nationale und internationale Filme finden den Weg auf deutsche Leinwände, wie viele Zuschauer sind gewillt, welchen durchschnittlichen Eintrittspreis zu zahlen, um den Film ihrer Wahl zu sehen, und wie hat sich das Zuschauerverhalten im Lauf der Jahre entwickelt?

Die folgenden Abbildungen dokumentieren die Entwicklung des deutschen Kinomarktes seit der Wiedervereinigung im Jahr 1991 bis zum Jahr 2009.

Jahr	1991	1992	1993	1994	1995	1996	1997	1998	1999
Kinobesucher gesamt in Mio.	119,9	105,9	130,5	132,8	124,5	132,9	143,1	148,9	149
Kinoumsatz in Mio. Euro	501,4	455,8	598,3	627,9	605,1	671,9	750,9	818,2	808,1
Kinobesuche pro Einwohner	1,5	1,3	1,6	1,6	1,5	1,6	1,7	1,8	1,8
Eintrittspreise in Euro	4,18	4,3	4,58	4,73	4,86	5,06	5,25	5,5	5,42
Leinwände	3706	3658	3735	3795	3901	4070	4284	4435	4651
Sitzplätze in Tsd.	736	725	745	741	732	768	797	803	845
Besucheranteil deutscher Filme (in % vom Gesamtbesucheranteil)	13,4	13	8,4	10,3	9,4	16,2	17,3	9,5	14
Anzahl Besucher deutscher Filme (in Mio.)	16,1	13,8	10,5	13,3	11	20,8	23,9	13,5	19,8
Erstaufführungen in deutschen Kinos (gesamt)	334	288	263	263	260	287	286	287	327
Davon Erstaufführungen von deutschen Filmen	84	78	93	79	87	89	76	70	88
Davon Erstaufführungen von deutschen Spielfilmen	72	63	67	60	63	64	61	50	74
Davon internationale Coproduktionen	19	10	17	14	26	22	14	11	30

Abbildung 1: Marktdaten 1991-1999[16]

16 Quelle: FFA-Info 01/95 bis 01/10, Spio (10.03.06). Spio (2000-2009), Eigene Darstellung und eigene Berechnung.

Diese Zahlen sollen erst einmal die Entwicklung des deutschen Kinomarktes in den 90er Jahren dokumentieren. Denn diese Jahre bedeuteten einen wichtigen Umschwung im nationalen Kinoschaffen. Trotz einer kontinuierlichen Erhöhung des durchschnittlichen Preises einer Kinokarte konnte der deutsche Kinomarkt eine ständige positive Entwicklung in der Zuschauerzahl, der Anzahl der Leinwände und vor allem der Umsatzzahlen an den Kinokassen verzeichnen. Obwohl jedes Jahr heftige Schwankungen in der Entwicklung des Anteils der Besucher zu beobachten sind, die sich für den Besuch einer deutschen Kinoproduktion entschieden haben, ist eine kontinuierliche Verbesserung des Anteils der nationalen Produktionen zu beobachten. Auch die Anzahl der internationalen Koproduktionen mit deutscher Beteiligung ist in dieser Zeit kontinuierlich gestiegen. Dies wird im Folgenden auch mit der Entwicklung der Kinolandschaft in dieser Zeit reflektiert und dokumentiert.

In den Jahren 1991 bis 1999 konnte ein enormer Anstieg der Kinobesucher (von 119,9 Mio. in 1991 und 149 Mio. in 1999) und des Kinoumsatzes (von 501,4 Mio. Euro auf 808,1 Mio. Euro) beobachtet werden.[17] Gleichzeitig hat sich die Situation der Kinolandschaft sehr verändert, die Anzahl der in Deutschland hergestellten Kinofilme hingegen ist in dieser Zeit relativ konstant geblieben.

Die folgende Abbildung zeigt auf, dass sich im neuen Jahrtausend jedoch nicht nur der Marktanteil der deutschen Filme zunehmend verbesserte und stabilisierte. Der Gesamtbesuchermarkt stagnierte, mehr internationale Produktionen wurden uraufgeführt und die Kinolandschaft hat sich weg von den Arthouse-Kinos hin zu den Multiplexen entwickelt. Gleichzeitig hat sich der Output nationaler Produktionen enorm erhöht, und die Ausbildungsmöglichkeiten für Filmschaffende sind qualitativ und quantitativ angestiegen.

17 Auf die Veränderungen der Kinolandschaft, der Abspielstätten und Lichtspielhäuser zu dieser Zeit wird im folgenden Kapitel dezidiert eingegangen.

Jahr	2000	2001	2002	2003	2004	2005	2006	2007	2008	2009
Kinobesucher gesamt in Mio.	152,5	177,9	163,9	149	156,7	127,3	136,7	125,4	129,4	146,3
Kinoumsatz in Mio. Euro	824,5	987,2	960,1	850	829,9	745	814,4	757,9	794,8	976,1
Kinobesuche pro Einwohner	1,9	2,2	2	1,8	1,9	1,54	1,66	1,52	1,58	1,79
Eintrittspreise in Euro	5,41	5,55	5,86	5,7	5,7	5,85	5,96	6,12	6,14	6,67
Leinwände	4734	4792	4868	4868	4870	4889	4848	4832	4810	4734
Sitzplätze in Tsd.	874	884	885	878	864	859	847	837	832	819
Besucheranteil deutscher Filme (in % vom Gesamtbesucheranteil)	12,5	18,4	11,9	17,5	23,8	17,1	25,8	18,9	26,6	27,4
Anzahl Besucher deutscher Filme (in Mio.)	18	30,9	19	25,3	36,7	21,5	34,7	23,4	33,9	39,9
Erstaufführungen in deutschen Kinos (gesamt)	416	375	369	359	430	447	487	484	471	513
Davon Erstaufführungen von deutschen Filmen	94	110	116	107	121	146	174	174	185	216
Davon Erstaufführungen von deutschen Spielfilmen	75	83	84	80	87	103	122	129	125	144
Davon internationale Co-Produktionen	28	33	52	31	39	56	45	51	57	77

Abbildung 2: Marktdaten 2000-2009[18]

Wurden im Jahr 2000 noch 152,5 Mio. Kinotickets verkauft, waren es im Jahr 2005 nur noch 127,3 Mio. (im Jahr 2006 aber zumindest wie-

18 Quelle: FFA, SPIO, Jahreshitlisten und FFA Info. Eigene Darstellung und Berechnung.

der 136,7 Mio.). Bei einem – mit Ausnahme von 2006 – zu beobachtenden Rückgang der Gesamtbesucherzahlen und der Veränderung der Kinolandschaft weg vom kleinen Kino an der Ecke hin zu großen Multiplexen wurden auf diesem eher stagnierenden Markt mehr internationale und nationale Filme uraufgeführt.

Die Zuschauermenge und die Anzahl der Kinobesuche scheinen einerseits gesättigt zu sein bzw. durch weitere Medien wie Internet und Games, aber auch durch die hohe Qualität des Heimkinos und der fiktionalen TV-Produktionen zu stagnieren, während gleichzeitig die Anzahl der angebotenen Spielfilme gestiegen ist. Aufgrund dieser Tatsache wird die Positionierung jedes einzelnen Films noch schwieriger.

Wie diese Abbildung verdeutlicht, kommen bei einem Rückgang der Gesamtbesucherzahlen immer mehr deutsche Filme in die Kinos. Gleichzeitig ist zu betrachten, dass die Anzahl der internationalen Co-Produktionen mit deutscher Beteiligung angestiegen ist. Die folgenden Darstellungen werden diese Tendenz noch verdeutlichen.

Vorab folgt noch ein detaillierterer Blick auf die Aufteilung der deutschen Produktionen:

Erstaufgeführte deutsche Langfilme 1996 bis 2009						
Jahr	Lang-filme	Spiel-filme gesamt	davon rein national	Int. Co-Produktionen mit deutscher Beteiligung	Anteil Co-Prod. an Spielfilmen in %	Dokumen-tarfilme
1996	89	64	42	22	34,4	25
1997	76	61	47	14	23	15
1998	70	50	39	11	22	15
1999	88	74	44	30	40,5	14
2000	94	75	47	28	37,3	19
2001	107	83	57	26	31,3	24
2002	117	84	39	45	53,6	33
2003	107	80	54	26	32,5	27
2004	121	87	60	27	31	34
2005	146	103	60	43	41,7	43
2006	174	122	77	45	36,8	52
2007	174	129	78	51	39,5	45
2008	185	125	68	57	45,6	60
2009	216	144	67	77	53,4	72

Abbildung 3: Erstaufgeführte deutsche Langfilme 1996 bis 2009[19]

Aus der vorangegangenen Abbildung ist klar ersichtlich, dass die Anzahl der in Deutschland uraufgeführten Filme stark zugenommen hat – sowohl im Spielfilm als auch im Dokumentarfilm. Obwohl die Anzahl der Zuschauer für alle uraufgeführten Filme in dieser Zeit sich nicht vergrößert hat, die Kosten für jede Kinokarte angestiegen ist, die Kinolandschaft in Deutschland sich weg vom Programmkino hin zum Multiplex entwickelt hat – wie die nachfolgenden Ausführungen dokumentieren werden – hat das den Output der nationalen Filme nicht gemindert, sondern ständig erhöht (von insgesamt 88 im Jahr 1999 auf 216 im Jahre 2009!).

Die Entwicklung des Ausbildungsmarktes in Deutschland, welcher ja auch ein lukratives Geschäft für sich geworden ist und im weiteren Verlauf der Arbeit ausführlich vorgestellt wird, stellt ein weiteres Pro-

19 Vgl. Spio Jahrbücher 1996-2008 und FFA Info 01/09.

blem dar. Doch soll nicht hier, sondern an späterer Stelle dieser Arbeit darauf eingegangen werden.

Auch inwieweit Förderungen und Nachwuchsredaktionen der Fernsehsender mit dieser Entwicklung umgehen, soll nicht hier, sondern im weiteren Verlauf der Arbeit thematisiert werden. An dieser Stelle gilt es lediglich, die Marktentwicklung aufzuzeigen, um den Leser für die weiteren Ausführungen der Arbeit zu sensibilisieren.

Können den oben genannten Ausführungen zur Kinoentwicklung in Deutschland schon wichtige Eckdaten hinsichtlich der uraufgeführten Kinofilme, des Zuschauerverhaltens und der anhaltenden Zunahme der auf den Markt treffenden Filme entnommen werden, dokumentieren die nachfolgenden Abbildungen noch mehr die Entwicklung des Zuschauerverhaltens in den deutschen Kinos.

Abbildung 4 dokumentiert die Besucherentwicklung aller in deutschen Kinos gezeigten Filme in den Jahren 1991 bis 2009. Bis zum Jahr 2001 konnte eine fast permanent ansteigende Besucheranzahl beobachtet werden, die sich jedoch mit Einzug immer besser werdender Heimkinotechnik und mit Aufkommen des Internets sowie anderer Faktoren ab 2001 reduzierte.

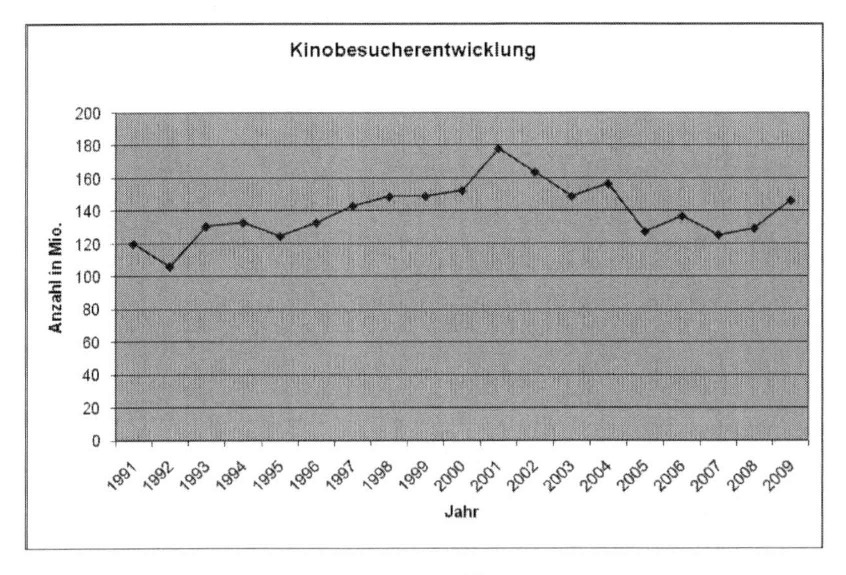

Abbildung 4: Kinobesucherentwicklung 1991-2009[20]

20 Quelle: Datengrundlage: FFA und Spio, Dokumentation: Eigene Angaben.

Die vorangegangene Abbildung zeigt die Entwicklung des Anteils der deutschen Filme an den Kinoumsätzen von 2001-2009. Hierzu sei erwähnt, dass im Jahr 2001 der Film „Der Schuh des Manitu" und im Jahr 2004 „(T)Raumschiff Surprise", beide unter der Regie von Michael „Bully" Herbig, einen Großteil dieses Umsatzes (s. u.) ausmachten. Im Jahr 2008 sorgte der Überraschungshit „Keinohrhasen" von und mit Til Schweiger mit über 6 Mio. Zuschauern für volle Kinosäle.

Die meisten der uraufgeführten Filme brachten mit wenig gestarteten Kopien sehr viel weniger Zuschauer in die Kinos. Dies wird ausführlich im weiteren Verlauf der Arbeit dokumentiert.

Inwieweit sich die Marktanteile der Gesamtheit der uraufgeführten nationalen Produktionen im Vergleich zu allen in Deutschland uraufgeführten Filmen veränderten, dokumentiert die folgende Abbildung.

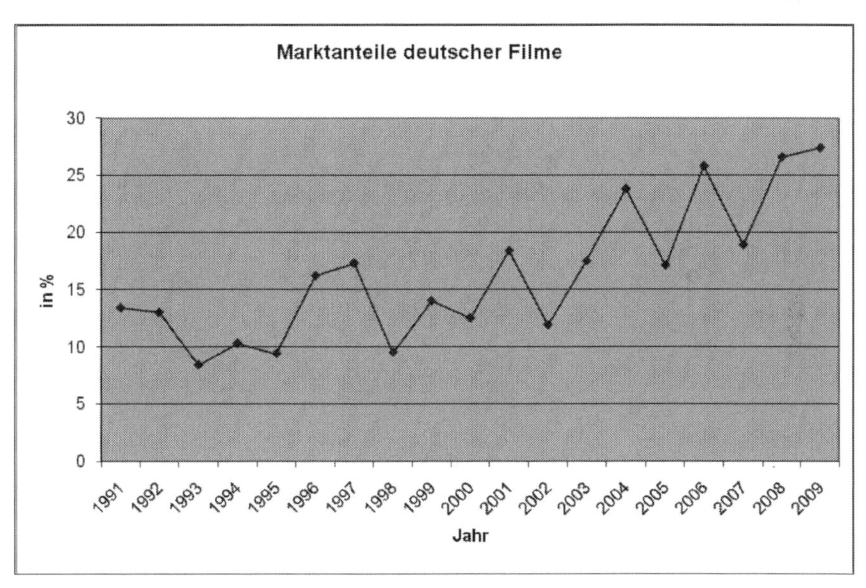

Abbildung 5: Marktanteile deutscher Filme 1991-2009[21]

Haben die deutschen Filme zunehmend mehr Besucher für sich gewinnen können, so ist auch die Anzahl der uraufgeführten deutschen Spielfilme angestiegen, davon viele Nachwuchs- und Debutpojekte , die

21 Quelle: Datengrundlage: FFA und Spio, Dokumentation: Eigene Angaben.

mit wenig Budget realisiert wurden. Auf den gleichen Markt trafen außerdem einige wenige Filme, die schon vorab auf ein breites Publikum angelegt produziert wurden und meist den Großteil der heimischen Zuschauer ins Kino zog. Somit zeigt sich bereits hier, dass trotz konstanter Gesamt-Besucherzahlen der Raum für den einzelnen Film kleiner geworden ist.

Folgende Ausführungen geben noch detailliertere Einblicke in die Entwicklung des deutschen Kinomarktes:

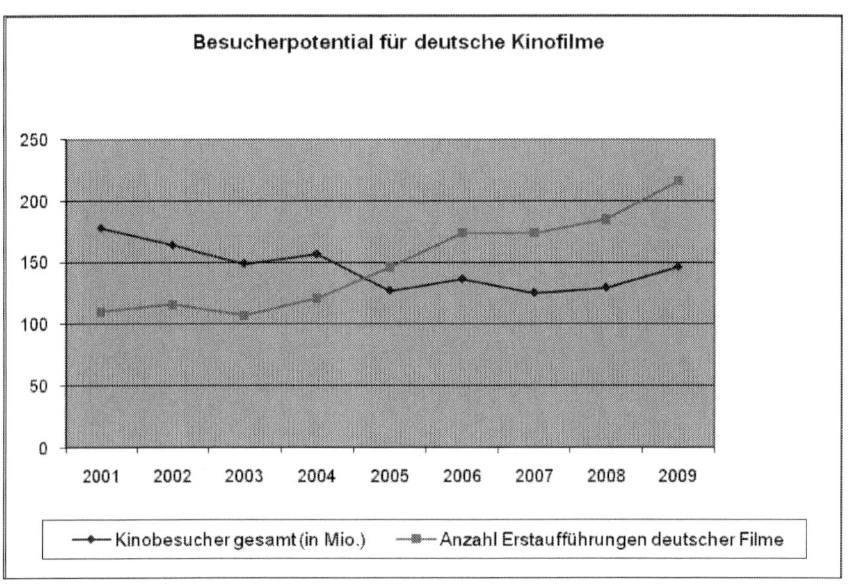

Abbildung 6: Besucherpotential für deutsche Kinofilme[22]

In der vorangegangenen Abbildung wurde lediglich die Entwicklung der gesamten Besucherzahlen im deutschen Kino der Anzahl der Erstaufführungen der deutschen Kinofilme gegenübergestellt, wie sie aus den Daten der FFA und der Spio zu entnehmen sind. Dass die Anzahl der Erstaufführungen so rapide zugenommen hat, obwohl die Zuschaueranzahl aller Filme doch eher zurückging, soll an dieser Stelle als Grundlage für die folgenden Kapitel kurz angemerkt werden. Doch schon hier ist eine Tendenz ersichtlich, die zu denken geben sollte. Diese einfachen Zah-

22 Quelle: Datengrundlage: FFA und Spio, Dokumentation: Eigene Angaben, Vgl. Abb. 2.

len des bestehenden Marktes – die im weiteren Verlauf der Arbeit noch vertiefter und detaillierter dokumentiert werden – zeigen bereits auf, dass immer mehr Filme auf einen saturierten Markt treffen. Welche Konsequenzen diese Entwicklungen (nicht nur) für die jungen Produzenten haben, ist Thema dieser Arbeit, doch sollen die vorangegangenen Ausführungen nachhaltig mit weiteren Ausführungen untermauert werden.

Die nachfolgende Abbildung zeigt auf, dass trotz stagnierender Zuschauerzahlen immer mehr internationale Filme und vor allem auch deutsche Spielfilme auf diesen Markt geschickt wurden. Die Konsequenzen sind offensichtlich und werden im Verlauf dieser Arbeit dokumentiert.

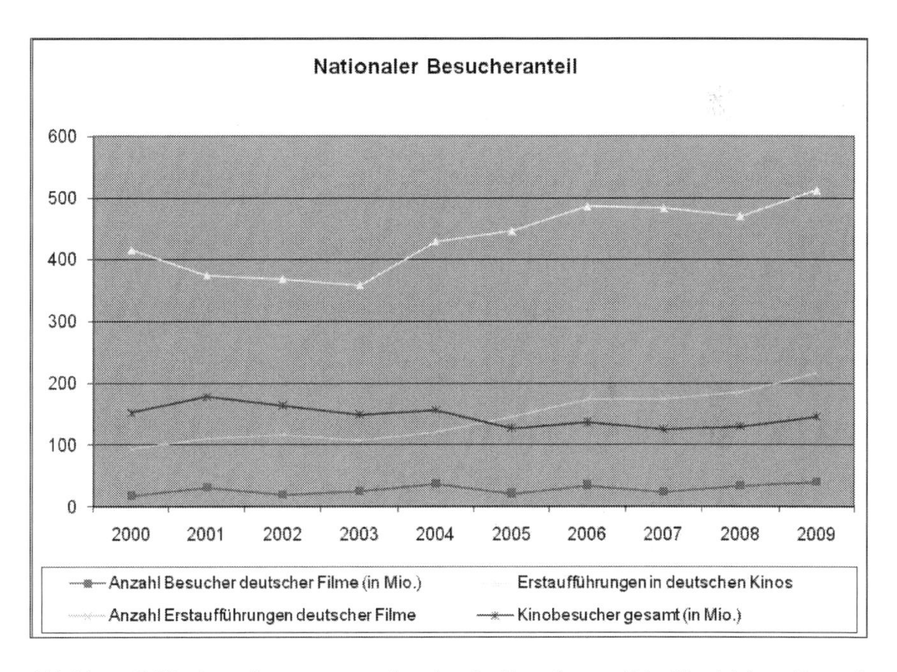

Abbildung 7: Kinobesucher gesamt und nationaler Besucheranteil im Vergleich zu Erstaufführungen

Die o. g. Abbildung zeigt auf, dass trotz relativ stagnierender Gesamtbesucherzahlen immer mehr Filme – sowohl internationale Produktionen als auch in Deutschland hergestellte Filme auf diesen Markt treffen.

Ohne die Gesamtzahl der uraufgeführten Filme aufzuführen, sondern lediglich die Entwicklung auf dem nationalen Markt zu dokumentieren, zeigt die folgende Abbildung das Verhältnis der Entwicklung der Besucherzahlen im Vergleich zu der Entwicklung der deutschen uraufgeführten Spielfilme.

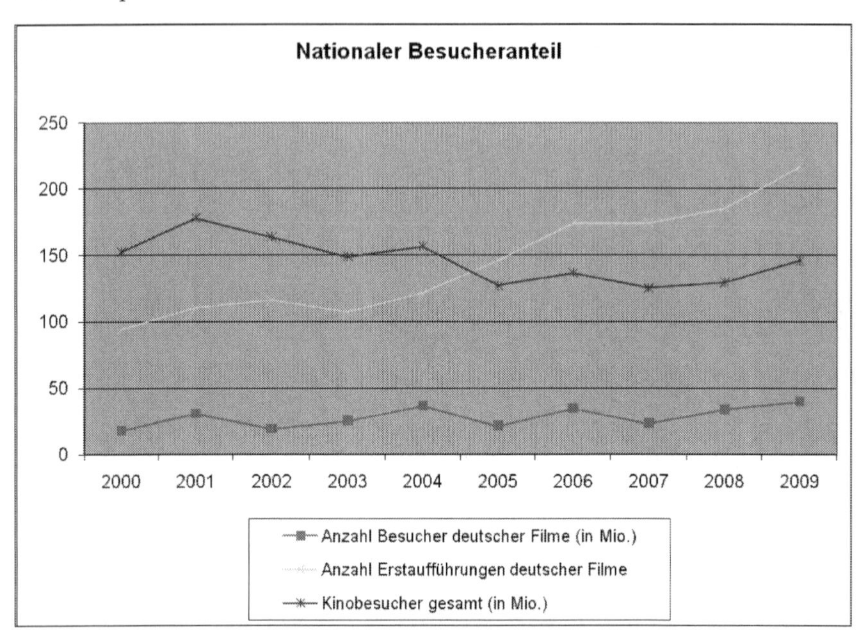

Abbildung 8: Kinobesucher im Vergleich zu deutschen Erstaufführungen

Die vorangegangene Abbildung verdeutlicht den härteren Konkurrenzdruck, dem jeder einzelne nationale Film ausgesetzt ist. Auch wenn sich die Gesamtbesucherzahlen seit 2000 nicht wesentlich verändert haben und mit einigen Schwankungen von Jahr zu Jahr ungefähr bei ca. 150 Mio. Besuchern geblieben sind, so hat sich der Markt für nationale Filme deutlich verbessert. Demgegenüber stehen aber in der o. g. Abbildung die Anzahl der uraufgeführten deutschen Filme, die sich in den letzten zehn Jahren mehr als verdoppelt hat. Diese Anzahl steht deutlich im Missverhältnis zu dem Zuschauerverhalten, welches nicht sehr viel mehr an der Kinokasse gelöste Tickets aufweist. So werden auf diesen anscheinend gesättigten Markt immer mehr Spielfilme aus deutschen Produktionsstätten gebracht. Der Output deutscher Produktionen ist sicherlich nicht nur mit der Entwicklung der Technik zu erklären, die es möglich macht, günstig zu produzieren, sondern auch mit der Entwicklung des Ausbildungsmarktes in Deutschland. Seit den 90er Jahren sind unzählige öffentliche und private Ausbildungsinstitutionen gegründet worden, die jungen Menschen den Weg in die Filmwirtschaft ebnen möchten. Auf diese Problematik wird im weiteren Verlauf der Arbeit noch eingegangen; die Auswirkungen werden schon hier bei der einfachen Dokumentation der Marktzahlen zur Einführung der Thematik der vorliegenden Arbeit deutlich.

Wurden bis zum Jahre 2003 nicht mehr als 400 Filme in Deutschland uraufgeführt – was durchschnittlich acht Uraufführungen pro Woche bedeutet – so hatten bis zum Jahr 2005 die Uraufführungen fast die Grenze erreicht, um die 450 Filme pro Jahr zu durchbrechen.

2006 wurden insgesamt 487 Produktionen in Deutschland uraufgeführt, davon 174 Erstaufführungen deutscher Filme. Diese Anzahl stagnierte zwar im Jahr 2007, in welchem 484 Kinofilme insgesamt das Licht der Leinwand in Deutschland erblickten, auch das „Gesamtoutput" der deutschen Produktionen stagnierte, jedoch war 2007 ein weiterer Anstieg der Spielfilme mit mittlerweile 129 Uraufführungen festzustellen. Bei dieser hohen Anzahl von Produktionen gab es in den Jahren 2006 und 2007 jeweils pro Woche durchschnittlich 9 Neustarts in den deutschen Kinos, davon 3 deutsche Produktionen. Sie alle liegen im Konkurrenzkampf um eine geringere Anzahl von Zuschauern.

Das Jahr 2008 toppte noch diesen Output deutscher Produktionen mit insgesamt 185 Uraufführungen, und 2009 lag die Anzahl der nationalen Produktionen mit 216 Uraufführungen erstmals über der 200-Grenze.[23]

Jeder Film, der auf den diversifizierten nationalen Markt eingeführt wird, hat somit bei geringerem Zuschauerpotential und einer höheren Anzahl von Filmen einen immer stärker wachsenden Erfolgs- und Konkurrenzdruck. Gerade bei der Darstellung des Marktes für den deutschen Kinofilm muss auch die starke Streuung beachtet werden, da sich einerseits wenige Filme zu großen Besuchermagneten entwickeln können und andererseits ein Großteil der Produktionen nur wenige Zuschauer ins Kino lockt. Dieser Streueffekt und dessen Auswirkung auf die aktuellen Projekte junger Filmemacher wird im weiteren Verlauf der Arbeit verdeutlicht. Sicher spielt hier auch die Entwicklung auf dem Ausbildungsmarkt junger Filmtalente – auf die im weiteren Verlauf der Arbeit noch näher eingegangen wird – und auch die Einführung des DFFF eine wichtige Rolle.

23 Vgl. alle Angaben FFA Info und SPIO Filmstatistische Jahrbücher.

Diese Entwicklungen haben – wie auch die Entwicklung der Kinostruktur der letzten Jahre – einen immensen Einfluss auf jeden einzelnen (Nachwuchs-)film.

Kürzere Auswertungsfenster[24] können den Druck auf die Verleihe, den Film am Startwochenende erfolgreich zu platzieren, erhöhen. Jedoch ist ein breiter Start mit vielen Kopien und mit einer entsprechenden Medienpräsenz mit hohen Kosten verbunden, was ein entsprechend hohes Marketingbudget erfordert.

Der Erfolg des ersten Wochenendes ist jedoch von vielen Faktoren abhängig, wobei das Budget eines Films keinen wesentlichen Einfluss auf den Preis eines Kinotickets hat. Selbst das Risiko der Verwertung ist nicht kalkulierbar. Dieses wird nicht nur von den gleichzeitig startenden Filmen beeinflusst, sondern auch vom Trend und Zeitgeist sowie von kaum kalkulierbaren Faktoren wie Wetter, Politik und aktuellen Ereignissen.

Aus den Zahlen ist offensichtlich, dass sich dadurch die einzelnen kleinen Filme gegenseitig kannibalisieren. Dass aber die Entwicklung des Kinomarktes der letzten zwanzig Jahre auch mit der Entwicklung der Kinosäle zusammenhängt, ist der nächste Schritt dieser Arbeit, um anschließend dies alles in eine Betrachtung der Entwicklung der Ausbildung sowie der Förderung und der Finanzierung einzelner Filme zu bringen. Denn neben der Tatsache, dass sich der Output der deutschen Filmindustrie in den letzten Jahren erhöht (von 70 Filmen im Jahr 1998 auf 185 Filme im Jahr 2008) und die Landschaft der Filmausbildung sich extrem gewandelt hat – was im weiteren Verlauf Thema der Arbeit sein wird – ist die Veränderung der Kinolandschaft in den 90er Jahre bei all diesen Entwicklungen zu beachten. Denn sie bedeutet einen strukturellen Wandel in der Kinokultur v. a. hinsichtlich der Arthouse-Kinos. Die Betrachtung dieser Entwicklung ist sehr wichtig, da in den meisten Fällen die Domäne der jungen Filmemacher das Arthouse-Kino und deren Zuschauer ist.

Offensichtlich ist, dass sich die Kinolandschaft in Deutschland gewandelt hat. Dass aber in den 90er Jahren ein grundsätzlicher Wandel stattgefunden hat, dem sich alle, aber vor allem junge Filmschaffende stellen müssen, werden die Ausführungen des folgenden Kapitels dokumentieren.

24 D. h. die per FFG vorgegebenen Sperrfristen für die Auswertungen auf DVD, Pay-TV und Free TV.

1.2 Die Entwicklung der Kinosäle

Zusätzlich zu den bereits erläuterten Entwicklungen auf dem Produktionsmarkt muss bei der vorliegenden Betrachtung auch die Situation der Abspielstätten und deren Veränderung seit der Wiedervereinigung 1990 einbezogen werden. Fanden viele Spielfilme Anfang der 90er Jahre ihren Weg auf die Leinwand in kleinen Arthouse Kinos und Lichtspielhäusern mit einer geringen Saalgröße, so hat sich Mitte der 90er Jahre die Anzahl der großen Multiplexe mit über zehn Leinwänden, sehr gutem Komfort und technischer Ausstattung, inklusive angrenzendem Restaurant- und Gastro-Service, durchgesetzt.

Betrachtet man die grundsätzliche Entwicklung der Anzahl der Kinosäle und ihre Leinwandanzahl, so ist ein deutlicher Anstieg der Leinwandzahlen zu erkennen. Die folgende Abbildung dokumentiert den kontinuierlichen Aufwärtstrend der deutschen Filmtheater in den 90er Jahren bis Anfang der 2000er Jahre und dann eine Stagnation bis in die Gegenwart.

Entwicklung der Kinosäle 1991 bis 2008		
Jahr	Leinwände inkl. Sonderformen	Sitzplätze in Tsd. inkl. Sonderformen
1991	3.706	736
1992	3.658	725
1993	3.735	745
1994	3.795	741
1995	3.901	732
1996	4.070	768
1997	4.284	797
1998	4.435	803
1999	4.651	845
2000	4.734	874
2001	4.792	884
2002	4.868	885
2003	4.868	878
2004	4.870	864
2005	4.889	859
2006	4.848	847
2007	4.832	837
2008	4.810	832

Abbildung 9: Entwicklung der Kinosäle 1991 bis 2008[25]
(Leinwände inkl. Sonderformen[26]; Sitzplätze in Tsd. inkl. Sonderformen[27])

25 FFA-Daten und SPIO-Daten, Eigene Dokumentation.

26 Als Sonderformen gelten laut FFA-Angaben: Kommunale Kinos, Autokinos, Saisonkinos, Open-Air-Kinos, Kinos in Universitäten, Schulen und Volkshochschulen, von Vereinen betriebene Kinos, Wanderkinos, Sex- und Pornokinos, Truppenkinos sowie spezielle Sonderveranstaltungen wie Filmfestivals. Angaben: FFA (2002), Vorwort ohne Seitenangabe.

27 Jedoch ohne Open-Air und Universitätskinos. Angaben gerundet.

Abbildung 9 zeigt auf, dass die Anzahl der Kinoleinwände in Deutschland in den 90er Jahren kontinuierlich angestiegen ist und lediglich im letzten Jahr ein Rückgang zu verzeichnen war. Diese Abbildung belegt aber nicht die grundsätzliche Veränderung der Kinolandschaft, die in den 90er Jahren in Deutschland stattgefunden hat.

Gerade in der Zeit von 1993 bis 2001 fand ein enormer Wandel auf dem Filmtheatermarkt statt, der anhand der Zahlen der vorangegangenen Abbildung noch nicht zu erkennen ist.

Der Trend ging in Richtung größerer Kinokomplexe. Diese großen Kinozentren verfügen über bis zu 20 Kinosäle, die mit hochwertiger Technik, großen Leinwänden und komfortablen Sitzgelegenheiten, die von jedem Platz aus eine hervorragende Sicht bieten, ausgestattet sind. Die Zuschauer der kleinen und technisch nicht so hochwertig ausgestatteten Arthouse- und Studiokinos bevorzugten zunehmend die großen Kinozentren.

Eine solche Entwicklung hat nicht nur einen Umbruch bei den Lichtspieltheatern – verbunden mit einem Rückgang und der Schließung vieler kleinen (Programm-)kinos – gebracht, sondern daraus resultierte auch ein Wandel der Sehgewohnheiten und der Ansprüche der Zuschauer in Bezug auf die Attraktivität und Qualität der Filme. Die Filme mussten nicht nur eine Geschichte erzählen. Für die Zuschauer wurden die Schauwerte, Actionszenen und Effekte immer wichtiger.

Dass diese Entwicklung einen Einfluss auf die nationalen Produktionen haben sollte, ist einleuchtend. Aber inwieweit können und wollen nationale Produktionen diesen internationalen Standard bedienen? Wo finden sie vielleicht die eigene Nische, öffnen sich international oder finden sich neue nationale Ästhetiken? Die Entstehung der „Berliner Schule" mag daraus resultieren und kann sogar als eine Gegenbewegung gesehen werden. Doch die weiteren Ausführungen über die Produktionsweisen nationaler Kinofilme mögen dieser Annahme möglicherweise Recht geben.

Da gerade in der Zeit von 1993 bis 2001 dieser enorme Wandel stattgefunden hat, bezieht sich die vorliegende Arbeit nur auf diesen Zeitabschnitt. Die aktuellen Zahlen finden sich in den zitierten Medien, sind aber auch z. T. den o. g. Abbildungen und Tabellen zu entnehmen.

Zeigt die o. g. Tabelle lediglich einen konstanten Anstieg der Leinwandzahlen und Sitze, so dokumentieren die folgenden Tabellen und Darstellungen den enormen Wandel der Kinolandschaft in Deutschland in dieser Zeit.

Entwicklung der Kinosäle 1993 bis 2001									
	1993	1994	1995	1996	1997	1998	1999	2000	2001
Leinwände inkl. Sonderformen	3735	3795	3901	4070	4284	4435	4651	4734	4792
Sitzplätze in Tsd. inkl. Sonderformen	745	741	732	768	797	803	845	874	884
Leinwände exkl. Sonderformen	3383	3514	3586	3783	3999	4154	4364	4611	4542
Sitzplätze in Tsd. exkl. Sonderformen	606	626	653	688	733	761	805	855	848
Besucher je Platz in Kinos exkl. Sonderformen	207	205	184	187	189	188	177	172	203
Plätze je Leinwand exkl. Sonderformen	179	178	182	182	183	183	184	185	187

Abbildung 10: Entwicklung der Kinosäle 1993 bis 2001[28]

Während ein Anstieg der Leinwände und Kinositzplätze bei gleichzeitiger Stagnierung der Besucherzahlen je vorhandenem Kinositzplatz stattfand, werden immer mehr Großkinos gebaut und kleinere Studiokinos müssen schließen. Gerade in mittleren und kleinen Städten Deutschlands hat dieses zunehmende Sterben kleiner Kinos, die vor allem auch als Programmkinos Filme jenseits des Mainstreams gezeigt haben, die Abspielmöglichkeit von kleinen, frischen, anspruchsvollen und sperrigen Filmen – und dementsprechend auch von Nachwuchs- und Debütfilmen – in den Breiten Deutschlands nicht mehr möglich gemacht.

28 Quelle: FFA (1998), FFA (2002), SPIO-Jahrbücher 1995-2007, Eigene Dokumentation.

Die folgenden Abbildungen zeigen diesen enormen Wandel hin zu Cineplexen. Während Abbildung 11 lediglich die reinen Zahlen dokumentiert, ist in Abbildung 12 der Wandel visualisiert. Zu Beginn des neuen Jahrtausends haben die großen Cineplexe die kleinen Arthouse-Kinos in ihrer Anzahl an Leinwänden überholt.

Kinos nach Centergrößen									
Leinwände	1993	1994	1995	1996	1997	1998	1999	2000	2001
1 Saal	838	859	828	805	772	677	612	596	535
2 Säle	665	691	700	710	708	684	660	649	620
3 Säle	694	714	722	735	749	722	706	699	645
4 Säle	448	455	468	497	499	519	531	533	517
5-6 Säle	378	401	429	486	541	585	622	653	645
7-8 Säle	178	190	193	229	286	419	563	715	774
9-20 Säle	182	204	246	321	444	548	670	766	806
Summe	**3383**	**3514**	**3586**	**3783**	**3999**	**4154**	**4364**	**4611**	**4542**

Abbildung 11: Kinos nach Centergrößen/ Leinwände (Tabelle)[29]

Um diesen Trend der Abnahme der einzelnen Kinos mit nur einer Leinwand hin zu großen Kinokomplexen auch zu verdeutlichen, zeigt die nachfolgende Abbildung, dass Ende der 90er Jahre die Anzahl der großen Kinokomplexe so zugenommen hatte, dass sie die Anzahl der kleinen Häuser überholte. Diese Übermacht der Kinocenter hatte ein Sterben der kleinen Kinos um die Ecke zur Folge.

29 Quelle: Spio Jahrbücher, jeweils S. 34 . Bei dieser und den nachfolgenden Abbildungen wird die Anzahl der Kinos und Leinwände ohne die Sonderformen wie Open-Air Kino, Universitätskino, Autokino usw. angegeben. Daher die Abweichungen zu den vorangegangenen Darstellungen und Abbildungen.

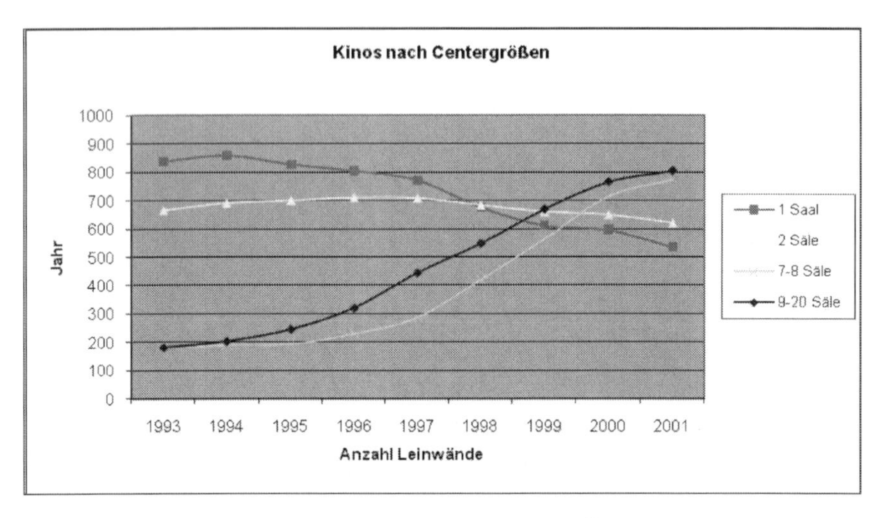

Abbildung 12: Kinos nach Centergrößen / Leinwände (Grafik)[30]

Diesem Boom der in den Vororten vielfach gebauter Multiplexe ist mittlerweile ein Ende beschert. Trotzdem prägt dieser Trend die Kinolandschaft bis in die Gegenwart und beeinflusst die Möglichkeit des Abspiels v. a. von kleinen Kinofilmen, wie es nationale Nachwuchs- und Debütprojekte in den meisten Fällen sind.

Seitdem hat sich bis heute die Schere zwischen kleinem Haus und großem Multiplex weit aufgetan. Wirkt sich das aber auf die im weiteren Verlauf dokumentierten Umsätze aus? Und wie weit beeinflusst dies den Auswertungsmarkt für neue Filme deutscher Nachwuchsproduzenten?

Dass der Anteil der verfügbaren Zuschauersessel entsprechender Veränderung unterliegt und die zu besetzenden Plätze weit mehr in großen Kinokomplexen zu finden sind, dokumentieren die folgenden Abbildungen. Auch hier konzentriert sich Abbildung 13 rein auf die Anzahl der verfügbaren Plätze, wobei diese in Abbildung 14 visualisiert werden.

30 Quelle: ebd. S. 34, Grafik: Eigene Darstellung.

Kinos nach Centergrößen									
Sitzplätze in Tsd.	1993	1994	1995	1996	1997	1998	1999	2000	2001
1 Saal	184	187	189	182	173	146	132	123	108
2 Säle	112	114	116	116	115	108	101	99	93
3 Säle	106	109	112	113	114	108	104	103	95
4 Säle	73	74	75	80	80	82	85	85	82
5-6 Säle	61	65	71	80	89	98	104	111	110
7-8 Säle	28	29	31	41	54	84	115	148	163
9-20 Säle	42	48	59	77	109	134	165	186	197
Summe	**606**	**626**	**653**	**689**	**734**	**760**	**806**	**855**	**848**

Abbildung 13: Kinos nach Centergrößen / Sitzplätze (Tabelle)[31]

Abbildung 13 zeigt auf, dass im Jahr 1993 noch 184.000 Kinositzplätze in kleinen Einzelkinos waren. Hier handelt es sich auch oftmals um Arthouse- oder Programmkinos. Im gleichen Jahr gab es lediglich 42.000 Sitzplätze bundesweit in großen Kinokomplexen. Bis zum Jahre 2001 hat sich dieser Trend so sehr gewandelt, dass zu diesem Zeitpunkt wesentlich mehr Sitzplätze (197.000) in großen Multiplexkinos zur Verfügung standen und die Anzahl der Sitzplätze in Einzelkinos auf 108.000 Sitzplätze sank. Im Stadtbild vieler Städte konnte diese Entwicklung beobachtet werden, schlossen doch Ende der 90er Jahre etliche traditionelle Arthouse-Kinos. Dies hatte nicht nur die Schließung kleiner Dorfkinos zur Folge, auch viele etablierte Lichtspielhäuser in großen Städten, z. B. am Kurfürstendamm in Berlin mussten ihre Projektoren für immer abschalten.[32] Die folgende Abbildung stellt noch einmal diesen Umbruch in der deutschen Kinolandschaft dar.

31 Quelle: ebd. S. 34, Grafik: Eigene Darstellung.

32 Z. B. Filmbühne Wien, Marmorhaus, Lupe, Hollywood u.a.

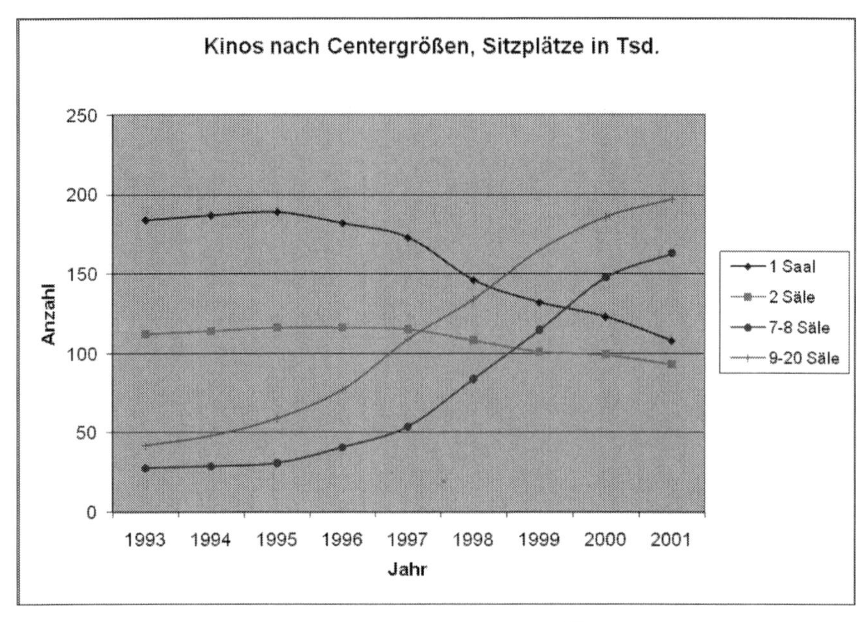

Abbildung 14: Kinos nach Centergrößen / Sitzplätze (Grafik)[33]

Hier ist festzustellen, dass noch vor der Jahrtausendwende die Anzahl der Kinosessel innerhalb von Multiplexen die der Kinosessel in Arthousekinos überholt hatte.

Doch welchen Einfluss hat diese Entwicklung der Kinostruktur auf die Zuschauer? Werden die Kinokomplexe von ihnen angenommen? Sind sie bereit, sich von kleinen Programmkinos zu lösen und in die Kinocenter zu gehen oder zu fahren, da viele von ihnen in den Vororten entstanden? Welche Konsequenzen haben diese Entwicklungen für die Produktionen deutscher Nachwuchsfilme?

Anteilig der Anzahl ihrer Leinwände sind aus den folgenden Abbildungen die Besucherzahlen der Kinos zu entnehmen. Auch hier dokumentiert die erste Abbildung die reinen Zahlen, während die folgende Grafik das Verhalten der Kinozuschauer in ihrer Präferenz für das jeweilige Kinosegment verdeutlicht.

33 Quelle ebd.

Kinos nach Centergrößen								
Besucher in Mio.	**1993**	**1994**	**1995**	**1996**	**1997**	**1998**	**1999**	**2000**
1 Saal	27,5	28,5	23,8	23,6	21,6	17,7	15,6	12,9
2 Säle	20,4	20,6	18,5	19,4	18,9	16,2	14,9	13,2
3 Säle	21,2	21,4	20,0	20,5	20,9	19,1	17,2	16,0
4 Säle	18,1	19,0	17,8	18,1	17,4	16,5	15,5	14,2
5-6 Säle	15,8	15,5	15,5	17,4	18,8	20,5	20,0	20,4
7-8 Säle	7,1	9,0	8,8	9,9	12,4	17,1	22,6	28,0
9-20 Säle	15,4	14,5	15,8	19,7	28,8	36,0	37,0	42,1
Summe	**125,5**	**128,5**	**120,2**	**128,6**	**138,8**	**143,1**	**142,8**	**146,8**

Abbildung 15: Kinos nach Centergrößen / Besucher in Mio. (Tabelle)[34]

Schon hier wird deutlich, dass sich das Publikum zu den Kinocentern hingezogen fühlt. Die nachfolgende Abbildung beweist dies noch offensichtlicher. Immer mehr Besucher bevorzugen Kinocenter mit mehreren Leinwänden, präferieren die Auswahl eines vielfältigen Programmangebotes dem des kleinen Arthousekinos um die Ecke.

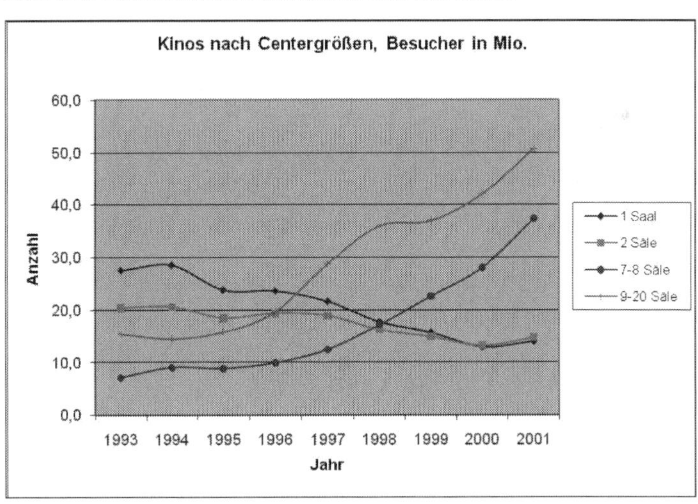

Abbildung 16: Kinos nach Centergrößen / Besucher in Mio. (Grafik)[35]

34 Quelle ebd.

35 Quelle ebd.

Diese Darstellungen zeigen auf, dass das deutsche Publikum dem Trend der Cineplexe gefolgt ist und immer mehr Tickets in den großen Kinokomplexen löst. Das hat natürlich auch Einfluss und Konsequenzen auf die Umsatzstruktur der Kinobetreiber und somit auch auf die (Nachwuchs-)Produzenten. Denn welche deutschen Nachwuchsproduktionen finden ihren Weg auf die Leinwände der Multiplexe?

Daher ist es wichtig, bei dieser Entwicklung auch darauf zu schauen, wie sich die Umsatzstruktur im Kino entwickelt hat. Auch hier werden nur die Entwicklungen bis 2001 erläutert, da doch in dieser Zeit ein großer Umbruch in der deutschen Kinolandschaft stattgefunden hat.

Kinos nach Centergrößen Umsatz in Mio. Euro (von 1993-1997 Angaben in DM umgerechnet mit Faktor 1 Euro= 1,95583 DM)								
	1993	**1994**	**1995**	**1996**	**1997**	**1998**	**1999**	**2000**
1 Saal	113,71	122,35	103,64	108,75	102,90	89,30	75,70	62,10
2 Säle	92,19	95,92	87,94	95,71	95,20	84,60	75,20	66,50
3 Säle	96,33	100,26	94,69	100,37	104,10	99,20	86,70	80,40
4 Säle	84,47	90,45	86,00	89,73	88,00	87,10	79,30	71,60
5-6 Säle	78,23	77,87	80,99	92,75	102,20	114,90	108,50	109,10
7-8 Säle	32,82	42,85	42,74	50,31	67,10	98,10	129,40	161,00
9-20 Säle	83,24	82,06	93,11	117,90	172,60	220,70	227,50	250,40
Summe	580,99	611,76	589,11	655,52	732,10	793,90	782,30	801,10

Abbildung 17: Kinos nach Centergrößen/Umsatz in Mio. (Tabelle)[36]

Auch in den Umsatzzahlen der einzelnen Kinos wird dieser Trend klar dokumentiert. Ist der Gesamtumsatz in diesen Jahren klar angestiegen, so konnten die kleinen Kinos von diesem Boom der Kinoumsätze nicht profitieren; die Einzelhäuser hatten in den 90er Jahren insgesamt einen Verlust von fast 50% ihrer Umsätze. Viele Programmkinos mussten in dieser Zeit schließen und beobachten, wie die Zuschauer immer mehr ihr Geld für Kinokarten an den Kassen der großen Häuser ausgaben.

36 Quelle ebd.

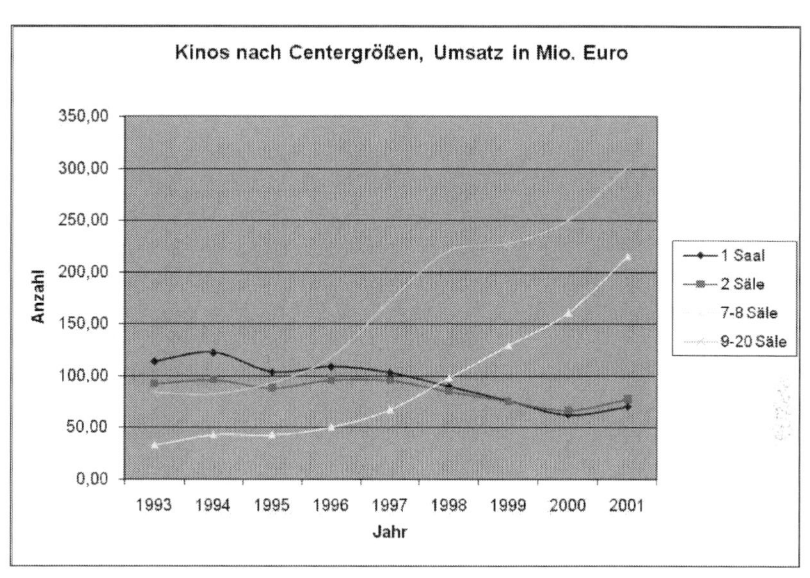

Abbildung 18: Kinos nach Centergrößen/Umsatz in Mio. (Grafik)[37]

Die vorangegangenen Darstellungen veranschaulichen den großen Wandel der deutschen Kinolandschaft und die entsprechende Ausrichtung und Präferenz der Zuschauer in den Jahren 1993-2001. Sie wollen in den großen Kinos großes Kino sehen, Filme auf künstlerisch und technisch höchstem Niveau oder auch Filme, die dem Geschmack der breiten Besuchermasse gerecht werden, die Erlebniskino mit vielen Schauwerten präferieren. Die neueste Entwicklung hin zu visuell spektakulären 3D-Filmen veranschaulicht und unterstreicht diese Tendenz.

Dass die deutschen Nachwuchsproduzenten und -regisseure genau diese Filme meist nicht produzieren können – oder auch nicht wollen! – wird im weiteren Verlauf der Arbeit verdeutlicht.

Wie erklärt, ist die Situation für Arthouse- und Programmkinos sehr viel härter geworden. Das kuschelige Kino um die Ecke, welches kleine Filme zeigt und nicht die neueste technische und zeitgemäße Ausrichtung besitzt hinsichtlich Qualität und Service, wie Projektion, Bewirtung, Kinosessel, Sicht auf die Leinwand und zusätzliche Entertainmentangebote, wird von vielen Zuschauern ignoriert.

37 Quelle ebd.

Welche Konsequenzen hat diese Kinoentwicklung auf die deutsche Produktionslandschaft, bzw. Produktionswirtschaft, vor allem für die Nachwuchsfilme?

Es bedeutet, dass immer weniger kleine Low-Budget-Filme die Möglichkeit erhalten, ihr Publikum zu erreichen. Es bedeutet aber auch, dass Filmemacher in Deutschland, die Filme herstellen möchten, die ihre Kosten an der Kinokasse auch wieder einspielen, Filme produzieren müssen, die auf der Leinwand großer Kinokomplexe bestehen können, damit sie eine Möglichkeit erhalten, ihre Kosten auch einspielen zu können.

Aber was bedeutet es, einen Film für die große Leinwand im Kino herzustellen? Mit welchen Kosten ist es verbunden und warum ist der Aspekt der Auswertung und Refinanzierung für die Herstellung von Film(Kunst-)Werken von Bedeutung?

Einen Film herzustellen, dem Markt zugänglich zu machen und dann noch mögliche Erfolgschancen zu haben setzt voraus, dass neben den allgemeinen Kosten für Team, Technik und Logistik auch Kosten für Parameter eingesetzt werden, die diesen Film von anderen Produktionen unterscheidet: Stars, aufwändige Stunts und Effekte. Jedoch ohne ein gutes, in sich stimmiges Drehbuch – welches auch Zeit und Geld benötigt, um entsprechend entwickelt zu werden – kann auch ein sehr aufwändiger, effektlastiger Film beim Publikum durchfallen, wie jüngst z.B. der aufwändig produzierte Film „Speed Racer" der Wachowski Brüder gezeigt hat.[38]

Diese einzelnen Elemente sollen an dieser Stelle nicht bewertet, sondern die Gesamtmarktsituation soll dargelegt werden, um anschließend Finanzierungsmöglichkeiten, Recoupment und Herstellungsparameter für einzelne Projekte aus der Sicht von Nachwuchsproduzenten diskutieren zu können.

Entsprechend den Angaben der Europäischen Audiovisuellen Informationsstelle betrugen die durchschnittlichen Produktionskosten der im Jahr 2001 uraufgeführten abendfüllenden deutschen Kinospielfilme 2,6 Mio. Euro (2000 waren es 2,1 Mio. Euro).[39] Nach den Erhebungen der

38 Dieser Film der renommierten Matrix-Regisseure fiel mit insgesamt 46.143 Zuschauern gnadenlos beim deutschen Publikum durch. (gem. www.cinebiz.de, letzter Zugriff 31.03.2010). In Europa erzielte der Film insgesamt 938.197 Zuschauer und in den USA 6,12 Mio. Zuschauer (gem. Lumiere Datenbank der Europäischen audioviduellen Informationsstelle unter http://lumiere.obs.coe.int/web/film_info/?id=30178), letzter Zugriff am 31.03.2010.

39 Lange, A. und Westcott, T. (2004): S. 146.

Spio ist das durchschnittliche Gesamtbudget der Deutschen Spielfilme kontinuierlich gestiegen und belief sich 2006 auf 4,4 Mio. Euro, wobei die ausschließlich national hergestellten Filme bei durchschnittlich 3,2 Mio. Euro und die der internationalen Co-Produktionen mit deutscher Beteiligung bei 7,2 Mio. Euro Budget lagen.[40]

Um für ein solches Budget eine entsprechende Projektfinanzierung schließen zu können, bedeutet für den Produzenten, dass er in der Regel eine Vielzahl von Finanzierungsmitteln zusammentragen muss. Hier bieten sich verschiedene Möglichkeiten und Institutionen an, die jeweils unterschiedliche Motivationen benennen, um in einen Spielfilm zu investieren. Eine genaue Beschreibung dieser Finanzierungselemente erfolgt im weiteren Verlauf der Arbeit. Neben der Motivation einer Beteiligung an der Finanzierung eines Spielfilms aus kultureller, wirtschaftlicher sowie aus (standort-)politischer Sicht und aus der Begründung der Förderung von Nachwuchstalenten kann man davon ausgehen, dass die Motivation einer Finanzierungsbeteiligung die Partizipation an den finanziellen Rückflüssen aus der Auswertung des Films ist. Daher muss an dieser Stelle die bereits angesprochene aktuelle Marktlage des deutschen Films detailliert und auf ein Einzelprojekt fokussiert betrachtet werden.

Was bedeutet aber diese Tatsache für die Refinanzierung der jeweiligen Filme? Die folgenden Beispielrechnungen zeigen auf, dass für den Großteil der deutschen Produktionen, insbesondere aber der Nachwuchsprojekte, ein Rückfluss des Budgets aus ihrer Kinoauswertung auf dem deutschen Markt meist nicht erfolgt. Die angegebenen Werte ergeben sich – wenn nicht anders angemerkt – aus Durchschnitts- und Erfahrungswerten.

Verleihvorkosten, weitere Vertriebs- und Auswertungskosten und deren Refinanzierung werden hier nicht genannt; diese finden im weiteren Verlauf der Arbeit Erwähnung Die folgenden Darstellungen sollen vielmehr einen ersten Überblick über die Rahmenbedingungen und Marktmechanismen des nationalen Kinospielfilms bieten, um die anschließende Dokumentation und Analyse der Filmfinanzierung und der Filmrefinanzierung von Einzelprojekten leichter nachvollziehbar zu gestalten.

40 Wobei der Spio lediglich Angaben über 51 von 122 Filmen vorlagen. Vgl. Spio, 2007, S. 18.

Recoupmentplan (Beispiel)			
Anzahl Zuschauer	10.000	100.000	500.000
Einspielergebnis Kino, Karte à 6,12 €	61.200,00 €	612.000,00 €	3.060.000,00 €
abzgl. 7% MwSt.	4.284,00 €	42.840,00 €	214.200,00 €
Zwischensumme	56.916,00 €	569.160,00 €	2.845.800,00 €
abzgl. 2,5% FFA-Abgabe	1.422,90 €	14.229,00 €	71.145,00 €
Theaternetto	**55.493,10 €**	**554.931,00 €**	**2.774.655,00 €**
abzgl. Filmmiete von 55%	30.521,21 €	305.212,05 €	1.526.060,25 €
Zwischensumme	24.971,90 €	249.718,95 €	1.248.594,75 €
abzgl. Verleihprovision von 35%	8.740,16 €	87.401,63 €	437.008,16 €
Produzentenanteil	16.231,73 €	162.317,32 €	811.586,59 €
abzgl. Verleihvorkosten (Angaben in € geschätzt)	50.000,00 €	50.000,00 €	150.000,00 €
Rückflüsse Kino (Produzentennetto)	**-33.768,27 €**	**112.317,32 €**	**661.586,59 €**

Abbildung 19: Recoupmentplan Einführung (Beispiel)[41]
(Einspielergebnis Kino, Karte à 6,12 €)[42]

41 Quelle: Eigene Berechnung anhand von FFA-Angaben und durchschnittlichen Marktwerten. Anlehnend an ein vorgestelltes Recoupmentszenario von Kai May und Michael Schmidt am Erich Pommer Institut am 25.09.2007.

42 Durchschnittlicher Kinokartenpreis 2007 gemäß FFA.

Die in Abbildung 19 dargestellten Zahlen ergeben sich aus rechtlichen Vorgaben gemäß FFG oder – wenn nicht anders vermerkt – aus marktüblichen Entgelten. Da der Preis einer Kinokarte nicht abhängig vom Budget des gezeigten Films ist, gilt diese Beispielrechnung gleichermaßen für den kleinen No-Budget Film wie für den Hollywood Blockbuster. Die 35% Verleihprovision richtet sich nach dem maximal zulässigen Prozentsatz nach FFG § 28 Abs. 1 der Richtlinien für Projektfilmförderung. Nur die Filmmiete ist hier als Variable zu betrachten und orientiert sich an marktüblichen Anteilen.

Durch die generierten Rückflüsse muss der Produzent seinen vorab investierten Eigenanteil refinanzieren, mögliche Erfolgsbeteiligungen auszahlen und die für die Herstellung des Films in Anspruch genommenen Darlehen – ob bedingt oder unbedingt rückzahlbar – tilgen. Somit korrelieren die o. g. Rückflüsse des Produzenten aus der Kinoauswertung nicht mit einem direkten Rückfluss seines eingesetzten Kapitals oder einem Gewinn.

Werden die vorab genannten Zahlen bezüglich der Entwicklung des deutschen Kinomarktes und der Anteil der einzelnen uraufgeführten Projekte mit in die Einzelbetrachtung gezogen, muss festgestellt werden, dass von Jahr zu Jahr die Produktion des einzelnen Kinofilms mit noch mehr Risiko verbunden ist. Denn hier zeigen sich nicht nur die generell harten Marktbedingungen, auch die drastischen Schwankungen und der enorme Streueffekt verdeutlichen nochmals die Risiken, die die Auswertung jedes einzelnen Filmwerkes betreffen. Der enorme Anstieg der uraufgeführten Filme und die Entwicklung des Kinomarktes erleichtern diese Situation sicherlich nicht.

Doch wie viele Zuschauer benötigt ein Film mit einem Budget von 3,2 Mio. Euro, um sich theoretisch rein durch die Kinoauswertung zu amortisieren?

Zuschauersollplan national		
Berechnung Break Even Kinoauswertung		
Recoupment		**3.200.000,00 €**
Verleihprovision	35,00%	1.723.076,92 €
Maximum gem. FFG		
Zwischensumme		4.923.076,92 €
Filmmiete	55,00%	6.017.094,02 €
variabel		
Theaternetto		10.940.170,94 €
FFA-Abgabe	2,50%	11.220.688,14 €
MwSt.	7,00%	12.065.256,07 €
Box Office		**12.065.256,07 €**
Kinokarte	6,12 €	
Zuschauerzahl, um o. g. Rückfluss zu generieren		**1.971.447**

Abbildung 20: Zuschauersollplan national[43]

Innerhalb dieser Berechnungen befinden sich weder Kosten für Marketing, Pressearbeit, Filmkopien für die Kinos, noch weitere Zusatzkosten, die der Verleih vorrangig rückführbar anerkennen kann. Auf diese entsprechenden Verleihvorkosten, die in §17 der Richtlinien der Projektfilmförderung des FFG explizit aufgelistet sind, wird im Verlauf der Arbeit eingegangen.

Wird ein Film mit einer großen Kopienanzahl in verschiedenen deutschen Kinos gestartet, können die P+A-Kosten – also die Kosten, die der

43 Quelle: Eigene Berechnung anhand von FFG-Vorgaben und durchschnittlichen Marktwerten.

Verleih hat, um Prints (Kinokopien) und Advertising (Werbung) herzustellen – schnell in den sechs- oder auch siebenstelligen Euro-Bereich kommen. Dass eine flächendeckende Digitalisierung aller Kinos in Deutschland (die diese Kosten erheblich reduzieren würde) derzeit aufgrund verschiedener Interessenkonflikte stagniert, kann an dieser Stelle nicht diskutiert werde; dies würde den Rahmen der Arbeit sprengen, ist aber der entsprechenden Fachpresse tagesaktuell zu entnehmen.

Aus den erzielten Kinorückflüssen werden dem Verleih vorrangig diese Auslagen erstattet, erst danach beginnt ein Rückfluss an den Produzenten und an weitere beteiligte Parteien. Erläuterungen und Beispiele solcher Mittelrückflusspläne befinden sich im weiteren Verlauf in Kapitel 3 der Arbeit.

Unabhängig von der Finanzierungsstruktur eines Films ergibt sich aus dieser Darstellung, dass sich deutsche Filme weitere Märkte erschließen müssen, so dass sie für den Produzenten kein Minusgeschäft bedeuten. Der DVD-Markt ist der nächste Schritt in der Auswertungskette, steht aber meistens mit dem Erfolg an der Kinokasse in direkter Korrelation und darf gemäß § 30 FFG erst 6 Monate nach Beginn der Kinoauswertung stattfinden. Eine Refinanzierung durch Fernsehausstrahlungen schließt sich meistens aus, da die Ausstrahlungsrechte im Regelfall (v.a. bei den meisten Nachwuchsproduktionen) bereits vor Herstellung des Films vergeben und die Einnahmen aus den Verkäufen der Ausstrahlungsrechte in die Herstellung des Films investiert wurden. Eine weitere Einnahmequelle wäre der internationale Verkauf des Films.

Gemäß dem Bundesamt für Wirtschaft und Ausfuhrkontrolle (BAFA) wurden im Jahr 2003 insgesamt 194 Verkäufe deutscher Kinofilme international für eine Kinoauswertung verzeichnet, die einen Lizenzerlös von insgesamt 4.575.414,67 Euro ergaben – also pro Film durchschnittlich ca. 23.000,- Euro, wobei hier die Schwankungen des nationalen Bereiches mit wenigen Top-Filmen beachtet werden müssen. Gleichzeitig handelt es sich nicht ausschließlich um aktuelle Filme, auch Autorenfilme der 60er Jahre, Klassiker usw. werden in dieser Statistik – die leider keine Titel aufführt – aufgenommen. 2004 waren es nur 169 Filme, die jedoch Lizenzerlöse i.H.v. 6.415.122 Euro für die ausländische Kinoauswertung erzielten, wovon 4.053.484,- Euro allein an das Lizenznehmerland Österreich entfallen.[44]

44 Vgl.: Bundesamt für Wirtschaft und Ausfuhrkontrolle unter www.bafa.de (07.08.2006) Die Zahlen von 2005 entsprechen etwa den Zahlen von 2004 und ab dem Jahr 2006 erstellt das BAFA keine Filmstatistik mehr. Vgl. www.bafa.de (letzter Zugriff 04.04.10)

Diese Zahlen zeigen auf, dass derzeit der Verkauf eines deutschen Films für den internationalen Kinofilmmarkt lediglich als Zubrot und nicht als ernstzunehmende Refinanzierungsquelle gewertet werden kann. Denn auch hier entfallen Kosten für internationale Werbung, Herstellung von untertitelten oder synchronisierten Kopien usw., die dann vom Vertrieb vorrangig zurückzuführen sind.[45] Etwas höher können dagegen die Lizenzerlöse für den internationalen AV- und TV-Markt ausfallen. Hier liegen aber keine detaillierten Zahlen vor, und natürlich gilt auch hier: Je erfolgreicher der Film auf seinem heimischen Markt war, eventuelle Festivalerfolge oder Präsenz auf den wichtigen Filmfestivals und -märkten der Welt zeigte, desto leichter und lukrativer lässt er sich verkaufen.

Obwohl die Exporte gestiegen sind, müssen auch hier die Kosten für Kopien (inkl. Untertitelung oder sehr selten auch Synchronisation) und die Kosten für Werbung (inkl. Reisekosten der werbenden Darsteller) finanziert werden, der Weltvertrieb bezahlt und die Zwischenfinanzierung dieser Ausgaben gesichert werden.

Selbst sehr erfolgreiche deutsche Komödien (z. B. die Bully Filme) funktionieren nicht auf dem internationalen Markt, hingegen Dramen wie „Bella Martha" sind sehr erfolgreich international verkauft worden. Da die einzelnen Verkaufszahlen internationaler Verkäufe als Firmeninterna nicht bekannt gegeben werden, können an dieser Stelle keine konkreten Zahlen einzelner Filme angegeben werden.

Bei der Betrachtung der vorangegangenen Zahlen wird deutlich, dass es in den allermeisten Fällen ökonomisch nicht tragbar erscheint, in Deutschland Kinofilme zu produzieren, wenn eine Refinanzierung allein durch den heimischen Kinomarkt erfolgen soll. Vor allem aus der Sicht von Nachwuchsproduzenten, die nicht auf ein jahrelang aufgebautes Netzwerk, Referenzen und Erfahrung zurückgreifen können, erscheint diese Vorstellung utopisch.

Sie müssen sowohl für ihre Unternehmensfinanzierung als auch für die Finanzierung von jedem einzelnen Filmwerk eine Finanzierungsstrategie entwickeln, die sich für ihr Unternehmen und den herzustellenden Film angemessen, ausreichend und so risikoarm wie möglich gestaltet.

45 Zur Begriffsdefinition von Verleih und Vertrieb: Ein Verleih (engl.: „Distributor") erwirbt eine Filmlizenz, um einen jeweiligen Film auf einem nationalen Markt in den Kinos und anderen nationalen Auswertungszielen (TV, DVD-Markt) zu verbreiten. Ein Vertrieb (engl.: „Sales agent") erwirbt eine Filmlizenz, um sie international an jeweilige Territorien zu veräußern. Dies wird im Kapitel Finanzierungselemente weiter erörtert.

Welche Partner für sie in der Regel wichtig für eine Projektfinanzierung sind, welche Hürden sie oft zu bewältigen haben und welche Aspekte sie bei der Finanzierung und Recoupmentplanung beachten sollten, wird im weiteren Verlauf der Arbeit dokumentiert und diskutiert.

Doch bevor weiter die Gegenwart und Zukunft betrachtet werden soll, ist jetzt der Zeitpunkt, die Geschichte der Filmproduktion und die damit verbundene Geschichte der Filmförderung, der Festivals, der Filmausbildung und der Rolle der Fernsehsender zum Thema zu machen.

1.3 Entwicklung der Filmproduktion und der Filmförderung in Deutschland

Natürlich können hier nur einzelne Teilaspekte und Rahmendaten der Filmproduktion in Deutschland aufgeführt werden, denn jede ausführlichere Betrachtung würde den Rahmen dieser Arbeit sprengen. An dieser Stelle sollen lediglich einzelne Tendenzen, Stationen und Entwicklungen dargelegt werden, um den notwendigen historischen Kontext für das Thema der vorliegenden Arbeit zu vermitteln.

Aus der Sicht von Produzenten bedeutet die Filmherstellung einerseits das Schaffen von Kunstwerken, von Kulturgut und das Mitgestalten einer gewissen Art von Zeitgeist. Andererseits bedeutet es für sie, die Filme so herzustellen, dass sie ein Publikum finden, dass sie auf eine Plattform, auf einen Markt treffen, der ihre Filme aufnimmt, den sie provozieren, begeistern oder emotional bewegen können. Hier spielt ganz stark die Motivation der Filmemacher eine zentrale Rolle sowie eine Betrachtung des Marktes (hier nicht nur die Rezeption auf dem Kinomarkt, sondern auch der Festivals, des Fernsehens usw.) und seine Entwicklung an sich. Denn Filme herzustellen, ob für ein kleines oder großes Publikum, ist in erster Linie für den Produzenten ein finanzielles Risiko, da Filmschaffen meist mit sehr vielen Kosten verbunden ist.

Daher muss der Produzent seinen Markt, sein Publikum, deren Präferenzen und Vorlieben und auch die Grenzen der potentiellen Zuschauer und Kinokartenkäufer kennen. Doch die Betrachtung der Kinostruktur ist nur ein Aspekt bei der Erläuterung der Entwicklung und Geschichte der Filmproduktion in Deutschland. Diese muss mit der Entwicklung der Fernsehlandschaft in Deutschland und mit politischen Entwicklungen und Entscheidungen in ständiger Interdependenz betrachtet werden.

Die Entwicklung der Kinozuschauerstruktur hat sich im Laufe der Jahre sehr verändert. Es soll nicht Aufgabe dieser Arbeit sein, diese Veränderungen zu begründen und zu analysieren. Doch soll aufgezeigt werden, dass der Markt des Kinofilms allein in seiner Anzahl der Zuschauer für den Produzenten erhebliche Konsequenzen in Verbindung mit möglichen Refinanzierungen aus der Kinoauswertung seiner eingesetzten Mittel zur Herstellung der jeweiligen Filme hat.

Die Kinobesucherzahl in den bundesdeutschen Kinos betrug im Jahr 1956 insgesamt 817,5 Millionen Zuschauer, und der Anteil der deutschen Filme bestand hauptsächlich aus unpolitischer, seichter Unterhaltungsware, wie Heimatfilmen und Märchenfilmen. Mit Einzug des Fernsehens in die deutschen Haushalte nahm der Kinobesuch kontinuierlich ab.

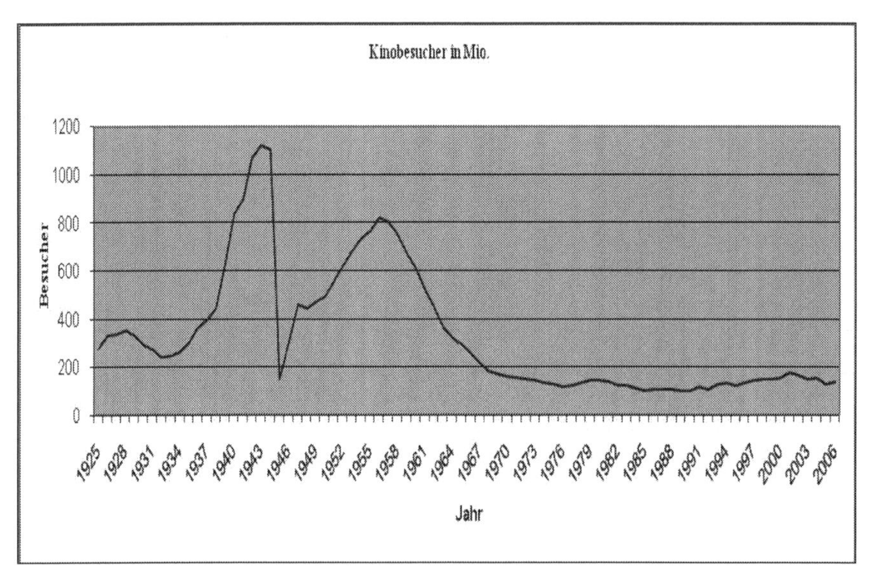

Abbildung 21: Kinobesucher in Deutschland in Mio. 1925-2006[46]

Die Betrachtung der Gesamtzuschauerstruktur seit 1925 zeigt auf, dass der Andrang auf die deutschen Kinos bis zur Einführung und Etablierung des Fernsehens enorm abgenommen hat. Während des zweiten Weltkrieges war der Zuschauerandrang am höchsten, aber auch in den

46 Quelle: persönliche E-mail der Abteilung Statistik der Spio vom 14.07.2006. Ergänzung für 2006 nach Abbildung 2 dieser Arbeit.

goldenen Fünfzigerjahren, während des Wirtschaftswunders und vor dem Einzug eines Fernsehers in jede Wohnstube wurden wesentlich mehr Kinotickets verkauft als heute.

Doch die Filme, die in dieser Zeit die Zuschauer in die Kinos lockten, waren meist leichte Unterhaltungsfilme, Heimat- und Paukerfilme.

Nicht nur unter den Zuschauern gab es Unmut über die damalige Kinokultur. In den 50er Jahren waren es in Deutschland nicht „Die Brücke" von Bernhard Wicki oder die Verfilmung der Theaterinszenierung von Goethes „Faust" mit Will Quadflieg und Gustav Gründgens, die die Zuschauer in Scharen in die Kinos zogen, sondern 236 Heimatfilme, die zwischen 1951 und 1958 in den deutschen Kinos ihre Uraufführung fanden.[47] Anfang der 60er begann die Zeit der Karl-May- und Edgar-Wallace-Filme[48], die zwar die Zuschauer ins Kino, aber auch den Ärger der jungen Filmemacher auf sich zogen. Die Finanzierung dieser Filme wurde meist von den Produzenten, von Investoren und auch vornehmlich von den damals sehr stark in die Finanzierung eingebundenen Verleihunternehmen gestellt.

Der Ruf nach etwas Neuem wurde laut, und am 28. Februar 1962 erklärte eine Gruppe junger Filmemacher innerhalb ihres Oberhausener Manifestes: „Opas Kino ist tot". Sie forderte: „(...) Freiheit von den branchenüblichen Konventionen. Freiheit von der Beeinflussung durch kommerzielle Partner. Freiheit von der Bevormundung durch Interessengruppen (...)"[49]

Dieser Forderung der neuen Filmemacher nach einer Unterstützung von politisch und künstlerisch anspruchsvollen Filmen wurde Gehör verschafft. 1962 wurde das „Kuratorium junger deutscher Film" gegründet, welches als erste Förderinstitution den „Neuen Deutschen Film" unterstützte. Nach der Gründung des Kuratoriums begann eine neue Ära der direkten Filmförderung in Deutschland, und mit der Verabschiedung des Filmförderungsgesetzes im Jahre 1968 und der damit verbundenen Gründung der Filmförderungsanstalt (FFA) wurde die Forderung der jungen Filmemacher, die Kinokultur und das Filmschaffen in Deutschland mit staatlichen Geldern zu fördern, gesetzlich festgelegt. Die FFA gilt als bundesweite Förderung mit Sitz in Berlin und unter Statut des

47 Vgl. Engelmeier, P. W. (1996): S. 123.

48 Produziert von Horst Wendlandt (Rialto Film), später wurden die Karl-May-Filme auch von Artur Brauners CCC Film produziert (Anm. d. Verf.).

49 VIII. Westdeutsche Kurzfilmtage Oberhausen (1963): S. 119.

FFG. Seit ihrer Gründung gab es immer wieder Novellierungen des FFG[50]. Weiterhin wurden noch andere Förderinstitutionen auf bundesweiter Ebene etabliert. Das damalige Bundesministerium des Inneren (BMI) hatte einen Fördertopf, um künstlerisch wertvolle Kinospielfilme finanziell zu unterstützen.

Auch die Rolle des öffentlich-rechtlichen Fernsehens spielte zu diesem Zeitpunkt eine sehr wichtige Rolle für das Filmschaffen in Deutschland. Viele Filme von Rainer Werner Fassbinder wurden vom WDR mitfinanziert, z. B. „Die Ehe der Maria Braun". Die Einbindung des ZDF in die Finanzierung und Produktion vieler Autorenfilme, u.a. Filme wie „Nosferatu" von Werner Herzog, und die Gründung des „Kleinen Fernsehspiels" eröffnete den Nachwuchsfilmern eine wichtige Plattform für künstlerisch anspruchsvolle Filme. Ein weiterer Meilenstein in dieser Bewegung war die Gründung der dffb (Deutsche Film- und Fernsehakademie) 1966 in Berlin, eine Plattform für junge Filmemacher, die meist fernab von Genrekonventionen politisch aktive, filmisch kontroverse und sozialkritische Werke verfassten.

Nach Einführung des FFG, dem Engagement der Fernsehanstalten und einer neuen Generation von Filmemachern gelang es dem deutschen Film, auch jenseits von Märchenfilmen und Schwarzwaldmädel, Erfolge zu erlangen. Die Filme Fassbinders erlangten Preise auf internationalen Festivals; Volker Schlöndorffs Film „Die Blechtrommel" gewann 1980 den Oscar für den besten ausländischen Film, und „O.K." von Michael Verhoeven führte 1970 zum Abbruch des Berlinale-Wettbewerbs.

Der (west-)deutsche Film war wieder über die nationalen Grenzen hinaus im Gespräch. Erfolge an der Kinokasse konnte er aber meist nur jenseits des Arthouse-Sektors verzeichnen, z. B. mit Karl-May- und Edgar-Wallace-Filmen.[51] In den 80er Jahren beherrschten die USA das deutsche Kino, und erst zu Beginn der 90er erzeugte der neue Komödien-Boom einen lange nicht mehr geglaubten Run in die Kinos, um deutsche Spielfilme zu sehen.

In den ehemaligen DEFA-Studios (jetzt Studio Babelsberg) der damaligen DDR wurde eine Vielzahl von Filmen produziert, die meist direkt über die DEFA/Hauptverwaltung Film finanziert wurden.

Nach der Wende in Deutschland 1989 wurde mit dem Einheitsvertrag auch die Förderung von Filmen neu strukturiert. Die FFA blieb erhalten

50 Vgl. u.a. Castendyk (2008), S. 36ff.

51 Produziert u. a. von Horst Wendlandt, Artur Brauner, usw.

und bezog die neuen Bundesländer mit ein. In den einzelnen Bundesländern wurden meist in Zusammenarbeit mit den ansässigen öffentlich-rechtlichen Fernsehanstalten Länderförderungen gegründet, wie die Filmstiftung NRW oder der FilmFernsehFonds Bayern, die von einem starken Bundesland ausschließlich getragen werden. Auch die Filmförderung Hamburg entwickelte sich immer mehr zu einer wirtschaftlich wichtigen Regionalförderung.

Ebenso entstanden Förderungen, die sich aus der Zusammenarbeit von mehreren Ländern zusammensetzten, wie z. B. das Filmboard Berlin-Brandenburg[52] oder die Mitteldeutsche Medienförderung (MDM)[53]. Im Jahr 2002 gab es in Deutschland insgesamt 20 verschiedene Filmförderungseinrichtungen mit einem Gesamtetat von 184.540.620,- Euro.[54]

Die Anzahl der Förderungen und der zur Verfügung stehenden Gelder hat sich im Laufe der Jahre und mit Einführung des DFFF (auf den im weiteren Kapitel noch eingegangen wird) auf insgesamt 307,40 Mio. Euro im Jahr 2008 erhöht.[55] Eine Auflistung der wichtigsten deutschen Förderinstitutionen und deren Fördervolumen erfolgt im folgenden Abschnitt der Arbeit.

Einerseits erscheint das Fördervolumen im Vergleich zu der Anzahl der hergestellten Filme sehr hoch. Andererseits entsteht der Eindruck, dass das deutsche Fördersystem aufgrund der Vielzahl von Förderungen mit jeweils unterschiedlichen Antrags- und Fördermodalitäten, die jeweils aufeinander abgestimmt werden müssen, nicht nur für Außenstehende oft unübersichtlich erscheint. „The German system of public-sector aid is one of the most complicated in the European Union"[56], bemerkte der britische Produzent Arthur Anderson bereits 1996.

Doch wie aus den vorherigen und folgenden Ausführungen zu entnehmen ist, kann das europäische und deutsche Filmschaffen ohne Filmförderung in seiner jetzigen Vielfältigkeit und Qualität nicht bestehen. Sie ist für alle Bereiche wichtig und essentiell, da sonst ein großer Teil der (Nachwuchs-)filme kaum realisierbar wäre.

Filmförderung ist in Europa ein wichtiger Finanzierungsbaustein für Filmprojekte, vor allem für Nachwuchsproduzenten. Denn wie die

52 Seit 2004 Medienboard Berlin-Brandenburg.

53 Der Länder Sachsen, Sachsen-Anhalt und Thüringen.

54 Lange, A. und Westcott, T. (2004): S. 46 und 62.

55 Vgl. FFA Info 1/2009, S. 9.

56 Anderson, A. (1996): S. 151.

vorangegangenen und folgenden Kapitel aufzeigen, wäre derzeit ein kulturelles Filmschaffen in Deutschland und Europa ohne öffentliche Förderung nicht möglich. Sie sollte jedoch ein Finanzierungsmittel neben anderen bestehenden Finanzierungsmöglichkeiten sein, auf die im nachfolgenden Kapitel eingegangen wird.

Diese Entwicklung hat dem europäischen Markt auch die Möglichkeit eröffnet, künstlerisch ambitionierte und kulturell wertvolle Filme herstellen zu können, ohne gleich eine massenkompatible Markttauglichkeit einkalkulieren zu müssen. Die große Kunst der Filmproduktion ist es aber, bei jedem einzelnen Filmprojekt diesen großen Balanceakt im Zusammenspiel mit den einzelnen Finanzierungselementen und der eigenen Unternehmensplanung zu meistern.

Film bewegt sich immer zwischen Kultur- und Wirtschaftsgut. Von seiner Historie her ist ein Film vornehmlich ein Wirtschaftsgut, das für einen Markt hergestellt wird, um Gewinne zu erzielen. Doch das Filmschaffen einer Nation ist weitaus mehr als die Herstellung von Einzelprodukten. Man bedenke, dass jeder Film ein Unikat ist, welches sich jeweils neu auf seinem Markt positionieren muss. Film ist auch ein Kulturgut. In einer Gesellschaft, die audiovisuellen Medien sehr viel Bedeutung beimisst, ist der Kinofilm zugleich ein Spiegel der Gesellschaft, Kunstwerk, Trendsetter und Leitmedium. Trotzdem darf weder der Produzent noch die Förderung den Gedanken eines Filmmarktes – natürlich auch der Arthouse- und Festivalmarkt – nicht ignorieren! Wie schwierig dieser Markt ist, zeigen die vorangegangenen und folgenden Ausführungen.

Seit seiner Entwicklung vor über hundert Jahren muss sich der Spielfilm außerdem der starken Konkurrenz der US-amerikanischen Mediendominanz beugen. So sind schon früh erste protektionistische Maßnahmen seitens der Politik ergriffen worden, um den nationalen Film zu stärken, aber auch, um ihn zu kontrollieren, bevor sie dem Publikum zugänglich gemacht werden. So trat am 12. Mai 1920 das von der Filmwirtschaft heftig umstrittene „Reichslichtspielgesetz" in Kraft, welches regelte, dass alle Filme vor ihrer öffentlichen Vorführung von amtlichen Prüfstellen, die dem Reichsinnenminister unterstellt waren, zugelassen werden müssen.[57]

Am 14. März 1933 kündigte Joseph Goebbels eine „interventionistische Politik" hinsichtlich der Herstellung von Filmen an, und Ende Mai

57 Vgl. Prinzler, H.H. (1995), S. 49.

1933 wird die Filmkreditbank GmbH gegründet.[58] Obwohl hier nicht im eigentlichen Sinne von Filmförderung gesprochen werden kann, ist es doch unbestritten, dass staatliche Gelder und staatliche Zensur das Filmschaffen in Deutschland in den Jahren des Nationalsozialismus prägten. Gleichzeitig wurde 1933 die Reichskulturkammer gegründet, eine Unterkammer war die Reichsfilmkammer, in der alle im Filmwesen Beschäftigten organisiert sein mussten.[59]

Als nach dem 2. Weltkrieg die Produktionsstätten zur Herstellung von Filmen brach lagen, die wichtigsten deutschen Filmemacher in die USA emigriert waren und amerikanische Filme immer weiter erfolgreich nach Deutschland importiert wurden, schufen einige Bundesländer ab 1952 Kreditbürgschaften für die Filmindustrie.

Zu diesem Zeitpunkt greift wieder die Politik ein, um auf der einen Seite durch Regulierung eine Monopolisierung des nationalen Filmschaffens zu vermeiden und auf der anderen Seite die nationale Filmindustrie zu stärken, damit sie gegen die gewachsene Kraft der Hollywood-Filme bestehen kann.

Wie in vielen anderen Bereichen, z.B. in der Landwirtschaft und im Kohlebergbau, unterstützt die Politik mit direkten Subventionsmitteln die Sicherung des Betriebes und der Arbeitsplätze. Mit direkter monetärer Förderung unterstützen Länder, Bund und EU auch die Entwicklung, Herstellung und das Abspiel von audiovisuellen Werken. Verschiedene Voraussetzungen müssen die Bewerber für diese Förderungen erfüllen. Um nationale Förderung der meisten europäischen Länder beantragen zu können, muss gewährleistet sein, dass der Film entsprechend den Regularien des jeweiligen Landes ein nationaler Film dieses Landes ist; er benötigt ein so genanntes „Ursprungszeugnis"[60]. Gerade in Zeiten von europäischen Co-Produktionen, deren verschiedene nationale Co-Produzenten in ihrem jeweiligen Land Förderung beantragen möchten, bedeutet dies, dass ein Film den Ansprüchen verschiedener Nationalitäten gerecht werden muss. Demgegenüber gibt es den so genannten „Europudding" (s. o.), den es zu vermeiden gilt. Hierfür ist die im weiteren Verlauf der Arbeit vorgestellte und im Jahr 1994 in Kraft getretene European Convention on Cinematic Corpoduction ein wichtiger Entwicklungsschritt. Weiterhin besteht in

58 Vgl. Prinzler, H.H. (1995), S. 107.

59 Vgl. Prinzler, ebd. S. 107, und Hake, S. (2004), S. 113.

60 Die genaue Definition des „Ursprungszeugnisses", wird im weiteren Verlauf dieser Arbeit erläutert.

Deutschland die Unterscheidung zwischen bundesweiter Förderung (FFA, DFFF, BKM und Kuratorium junger deutscher Film) und regionaler – ländergesteuerter – Finanzierung durch die Fördereinrichtungen der einzelnen Bundesländer.

Somit ist festzustellen, dass es seit der Entstehung des Kinofilms auch immer ein Eingreifen der Politik in das Filmschaffen gab und in Deutschland die zur Verfügung stehenden Mittel für Filmförderung stetig angestiegen sind.

Anteil der Filmförderung an der Gesamtfinanzierung von Kinofilmen

Filme werden nicht ausschließlich aus Fördermitteln finanziert, sie setzen sich aus verschiedenen Finanzierungsmitteln zusammen. Die gängigen werden im Laufe der Arbeit vorgestellt. Doch wie hoch ist im Durchschnitt der Anteil der Förderung vom Gesamtbudget und wie hoch darf er maximal sein?

Europaweit hat die von IMCA erstellte Studie auf der Basis einer Stichprobenuntersuchung bei maßgeblichen europäischen Filmproduzenten gezeigt, „dass der Anteil der staatlichen direkten Produktionsförderung bei der Finanzierung von Kinofilmen in einer Größenordnung zwischen 42% (Italien, Spanien) und 60% variiert."[61]

Eggers dokumentiert, dass Ende der 90er Jahre der Anteil von Fördermitteln bei bis zu 85% der Herstellungskosten lag.[62] Sebastian Storm stellte fest, dass „die Filmförderung zum größten Investor in die deutsche Filmherstellung avanciert ist. (...) Ihren vorläufigen Höchststand erreicht die Filmförderung im Jahre 1998 mit über 72% durchschnittlichem Finanzierungsanteil."[63]

Gemäß der als Kinomitteilung bezeichneten Mitteilung der EU-Kommission[64] – auf die im weiteren Verlauf der Arbeit noch eingegangen

61 Lange, A. und Westcott, T. (2004): S. 52.

62 Eggers, D. (2002) S. 2001.

63 Storm, S. (2000): S. 70.

64 Im gesamten Wortlaut: „Mitteilung der Kommission an den Rat, das Europäische Parlament, den Wirtschafts- und Sozialausschuss und den Ausschuss der Regionen zu bestimmten Rechtsfragen im Zusammenhang mit Kinofilmen und anderen audiovisuellen Werken". Die letzte verabschiedete Mitteilung erfolgte am 28. Januar 2009. vgl. Pressemitteilung vom 28.01.2009 unter http://ec.europa.eu/avpolicy/reg/cinema/index_de.htm Letzter Zugriff am 10.04.2010.

wird – darf der gesamte Anteil aller Förderungen nicht mehr als 50% des Produktionsbudgets betragen, jedoch können Ausnahmen bei „schwierigen Filmen und Low-Budget-Produktionen" gemacht werden.[65]

2002 hat das Gesamtvolumen der Förderung in 31 europäischen und osteuropäischen Ländern 1.271,8 Mio. Euro betragen. Das Gesamtvolumen der Förderung lag 2002 um 309 Mio. Euro über dem Stand von 1998 – ein Anstieg um 32%.[66]

„Vom Gesamtvolumen der Film- und Fernsehförderung in den 31 Untersuchungsländern entfallen 1,1 Mrd. Euro bzw. 92% auf die (bis Mai 2004) 15 Mitgliedstaaten der Europäischen Union. Auf das Konto der fünf größten Länder – Frankreich, Deutschland, Italien, Spanien und das Vereinigte Königreich – gehen 861 Mio. Euro bzw. 72% des Gesamtvolumens. 2002 entfielen 46% der öffentlichen Filmförderung allein auf Frankreich und 17% auf Deutschland."[67]

Bis zum Jahr 2008 konnte ein weiterer Anstieg des Gesamtfördervolumens in Europa festgestellt werden: „In der Europäischen Union fließen jährlich rund 1,6 Mrd. Euro an Fördergeldern in die Filmwirtschaft," heißt es in der Pressemitteilung zur Verabschiedung der Kinomitteilung am 28. Januar 2009.[68]

Für 2005 belief sich der Gesamtumsatz der großen Bundes- und Länderförderer (FFA, BKM, FFF, Filmstiftung NRW, Filmförderung Hamburg, MFG, MDM und nordmedia) auf ein Volumen von 246,35 Mio. Euro[69]. 2006 reduzierte sich die Summe auf 229,98 Mio. Euro und mit der Einführung des DFFF zum 01.01.2007 betrug die Summe 308,52 Mio. Euro, die in Deutschland zur Filmförderung der o.g. Förderinstitutionen zur Verfügung stand.[70] Die genaue Auflistung dieser bundesweiten und regionalen Förderausgaben bis ins Jahr 2009 befindet sich im weiteren Verlauf der Arbeit. Zusätzlich fallen Kosten für Personal und Fördergeldverwaltung an, die in diesen Zahlen nicht dokumentiert werden.

Wenn also bei vielen Filmen ein Großteil der Finanzierung aus öffentlichen Geldern kommt, wenn die meisten Filme von ihrer Herstellungs-

---

65 Vgl. Kinomitteilung ebd.

66 Vgl. Lange, A. und Westcott, T. (2004): S. 53.

67 Ebd., S. 53.

68 Vgl: http://europa.eu/rapid/pressReleasesAction.do?reference=IP/09/138&format=HTML&aged=0&language=DE&guiLanguage=en, letzter Zugriff: 10.04.2010.

69 Vgl. FFA-Info, 1/06, S. 9.

70 Vgl. FFA-Info 1/08, S. 9.

phase bis zur endgültigen Premiere auf der Leinwand aus Mitteln regionaler, nationaler und internationaler Subventionsgelder finanziert werden, hat dies natürlich Auswirkungen auf den nationalen Filmmarkt, auf die Situation der Filmproduktionsunternehmen und auf die Qualität, Quantität und auch die Auswahl der hergestellten (Nachwuchs-)Filme.

Der Einfluss dieser Finanzierungspraxis auf den Filmmarkt von Deutschland und auf die Filmherstellung aus der Sicht junger Produktionsfirmen wird im weiteren Verlauf dieser Arbeit verdeutlicht. Um jedoch in die Komplexität dieser Thematik weiter einzudringen, muss vorab geklärt werden, inwieweit der staatliche Eingriff in den Markt der Filmherstellung und dessen Subventionierung rechtlich legitim ist, in welcher Höhe derzeit Filmvorhaben subventioniert werden dürfen und ob dies im internationalen Wettbewerb nicht zu Wettbewerbsverzerrungen führen kann.[71] Daher wird sich das nächste Kapitel mit der Definition, der Legitimation und Zielsetzung von staatlicher Unterstützung bei der Herstellung von Kinospielfilmen auseinandersetzen, um nicht nur für Nachwuchsproduzenten die rechtlichen Rahmenbedingungen aufzuzeigen.

1.4 Definition, Legitimation und Zielsetzung von Filmförderung

Ist die staatliche Subventionierung von Spielfilmen innerhalb der Europäischen Union rechtlich legitim? Wird dadurch nicht der Wettbewerb, z. B. gegenüber US-amerikanischen Produktionen, auf den nationalen Filmmärkten verzerrt?

Die ersten Beschlüsse hierzu finden sich „nach der Annahme der römischen Verträge (1957) in der europäischen Gemeinschaft wieder. Aufgrund Artikel 92.3. (c) des Vertrages von Rom galten bestimmte staatliche Beihilfen als mit dem Gemeinsamen Markt vereinbar."[72]

> „Mit der Annahme des Maastrichter Vertrages über die Europäische Union am 07. Februar 1992 wurde dem europäischen Einigungsprozess eine kulturelle Dimension hinzugefügt. Der hinzugefügte Artikel 3 (p) des Vertrages verweist darauf, dass die Tätigkeit der Europäischen Gemeinschaft insbesondere einen Beitrag zur ‚Entfaltung des Kulturlebens in den Mitgliedstaaten' umfasst. Artikel 128 des Vertrages zur Gründung

71 Vgl. hier u.a. Sandberg, Karin (1998).

72 Vgl. Lange, A. und Westcott, T. (2004), S. 13.

der Europäischen Gemeinschaft (der nach den Veränderungen durch den Vertrag von Amsterdam zu Artikel 151 wurde) gestattet der Europäischen Union die Einsetzung von Instrumenten zur Unterstützung von Initiativen im Bereich der Kultur. (...) Bezüglich der staatlichen Beihilfen erklärt der Vertrag von Maastricht im neu eingeführten Artikel 92 (d) die Zulässigkeit von ‚Beihilfen zur Förderung der Kultur und zur Erhaltung des kulturellen Erbes', soweit sie die Handels- und Wettbewerbsbedingungen in der Gemeinschaft nicht in einem Maß beeinträchtigen, das dem gemeinsamen Interesse zuwiderläuft."[73]

Die Grundlage für die Förderung von Filmen muss natürlich auch mit den zuständigen Wettbewerbsrichtlinien der EU und den internationalen Handelsabkommen vereinbar sein.

Am 3. Juni 1998 zog die Europäische Kommission in einer Entscheidung (N3/98) vier konkrete Vereinbarkeitskriterien für die Beurteilung der Zulässigkeit einer Beihilfe für Kino- und Fernsehproduktionen aufgrund der „Kultur-Ausnahmeregelung" aus Artikel 87 Absatz 3 Buchstabe d des EG-Vertrages heran.[74]

Diese Regelung wurde dann von der Kommission in Deutschland, Frankreich, Dänemark und anderen europäischen Ländern geprüft. Im Hinblick auf die Rechtsmäßigkeit staatlicher Beihilfen wurde in den Entscheidungen der Kommission betont, dass jede Filmförderung

1. den kulturellen Inhalt des geförderten Films gewährleisten muss;
2. dem Produzenten die Möglichkeit geben muss, 20% des Filmbudgets in anderen Mitgliedsstaaten auszugeben;
3. die Förderung maximal 50% betragen darf, wobei Ausnahmen bei „schwierigen Filmen und Low-Budget-Produktionen" gemacht werden können, die mit bis zu 80% des Budgets aus Fördergeldern finanziert werden;
4. zusätzliche Beihilfen für besondere Filmarbeiten nicht gewährt werden dürfen.[75]

Nach der Besorgnis einiger Mitgliedsstaaten über die Vereinbarkeit ihrer nationalen Förderungssysteme mit den Wettbewerbsbestimmungen des EG-Vertrages nahm der Rat am 23. November 2000 eine weitere Ent-

73 Ebd. S. 13.

74 Vgl. Kinomitteilung der Europäischen Kommission und Castendyk, O., S. 82f.

75 Vgl. Nikoltchev, S. und Cabrera Blázquez, F.J. (2002), S,. 118-127, In Ausnahmefällen, bei so genannten „kleinen und schwierigen Filmen" darf der Anteil der Förderung max. 80% betragen. Vgl. auch „Mitteilung zur Filmwirtschaft" (kurz: Kinomitteilung) unter http://ec.europa.eu/avpolicy/reg/cinema/index_de.htm. Letzter Zugriff: 23.04.2010.

schließung über einzelstaatliche Beihilfen für die Filmwirtschaft und den audiovisuellen Sektor an:

„Der Rat betrachtet den audiovisuellen Sektor als eine typische Kulturindustrie und die einzelstaatlichen Beihilfen als Instrumente zur Gewährleistung kultureller Vielfalt. Eine nationale Politik zur Förderung der Filmwirtschaft und des audiovisuellen Sektors erscheint ihm gerechtfertigt, umso mehr, als einzelstaatliche Förderungsmaßnahmen zur Ausformung eines europäischen Marktes beitragen können."[76]

2001 wurden diese Richtlinien in der so genannten „Kinomitteilung" festgelegt, deren Gültigkeit mehrmals verlängert wurde, zuletzt Anfang 2009 bis 31.12.2012.[77]

Diese Stellungnahme ist für die nationalen Fördersysteme von enormer Wichtigkeit, damit bei den GATT-Regulierungen internationaler Handelsabkommen die nationalen Filmhersteller und Filmverleiher nicht einer Wettbewerbsverzerrung von Seiten US-amerikanischer Filmhersteller und -verleiher haftbar gemacht werden können.

Dass die nationalen Förderinstitutionen mit europäischen und nationalen Rechtsprechungen vereinbar sein müssen, ist die eine Seite. Auf der anderen Seite ist neben der Berechtigung auch die Zielsetzung der Förderinstitutionen aufzuzeigen, um diese aus der Sicht der Produktionsunternehmen anschließend zu betrachten und zu analysieren.

Für die nationale bundesweite Unterstützung des Filmschaffens in Deutschland ist in erster Linie die Filmförderungsanstalt (FFA) die maßgebliche Institution. Sie „fördert als bundesweite Filmförderungseinrichtung die Struktur der deutschen Filmwirtschaft und die kreativ-künstlerische Qualität des deutschen Films als Voraussetzung für seinen Erfolg im Inland und im Ausland."[78]

Die FFA hat die Aufgabe[79],

1. Maßnahmen zur Förderung des deutschen Films sowie zur Verbesserung der Struktur der deutschen Filmwirtschaft durchzuführen;
2. die gesamtwirtschaftlichen Belange der Filmwirtschaft in Deutschland zu unterstützen, insbesondere durch Maßnahmen zur Marktforschung und zur Bekämpfung der

76 Vgl. Lange, A. und Westcott, T. (2004): S. 14.

77 Vgl. Pressemitteilung der EU-Kommission vom 28. Januar 2009 unter http://europa.eu/rapid/pressReleasesAction.do?reference=IP/09/138&format=HTML&aged=0&language=EN&guiLanguage=en.

78 FFG §1 Absatz 1.

79 Vgl. FFG § 2 Absatz 1.

Verletzung von urheberrechtlich geschützten Nutzungsrechten, durch Unterstützung von Projekten zur Filmbildung junger Menschen sowie durch Mitwirkung an der Erstellung einer bundesweiten, öffentlich zugänglichen Filmdatenbank;

3. die internationale Orientierung des deutschen Filmschaffens und damit die Grundlage für die Verbreitung und marktgerechte Auswertung des deutschen Films im Inland und im Ausland zu verbessern. Sie beteiligt sich an der zentralen Dienstleistungsorganisation der deutschen Filmwirtschaft für die Außenvertretung des deutschen Films und betreut die zentrale Beratungsorganisation zur Außenvertretung des deutschen Films in organisatorischer Hinsicht;
4. deutsch-ausländische Gemeinschaftsproduktionen zu unterstützen;
5. die Zusammenarbeit zwischen der Filmwirtschaft und den Fernsehveranstaltern zur Stärkung des deutschen Kinofilms zu unterstützen;
6. die Bundesregierung in zentralen Fragen der Belange des deutschen Films zu beraten, insbesondere im Hinblick auf die Unterstützung der Filmwirtschaft und die Harmonisierung der Maßnahmen auf dem Gebiet des Filmwesens innerhalb der europäischen Union;
7. auf eine Abstimmung und Koordinierung der Filmförderung des Bundes und der Länder hinzuwirken.

Die FFA spricht an dieser Stelle von der Unterstützung einer Filmwirtschaft. So geht sie davon aus, dass in Deutschland eine solche Filmwirtschaft besteht, die es zu fördern und national und international zu verbreiten und zu vermarkten gilt. Dies entspricht der Entwicklung des Kunst- und Kulturschaffens, die von öffentlicher Seite immer mehr als „Kulturwirtschaft" betrachtet wird.[80]

Filmförderung im Sinne der Unterstützung der audiovisuellen Medien durch politische Maßnahmen beinhaltet aber neben den direkten finanziellen Beihilfen zur Projektfinanzierung, welche meist als Zuschüsse oder bedingt (d. h. im Erfolgsfall) rückzahlbare Darlehen gewährt werden, auch viele andere Initiativen.

Einige Nationen oder Regionen bieten aufgrund eines Verzichtes von Steuereinnahmen Anreize für Produzenten, in dieser Region Investitionen zu tätigen. Die Vergabe von Filmpreisen (wie z. B. der Deutsche Filmpreis) ist mit dem Erhalt von Referenzmitteln, die zur Herstellung eines weiteren Films verwendet werden müssen, i. H. v. bis zu 500.000,00 Euro verbunden.

80 Vgl. u.a. die Publikation der Länder Berlin und Brandenburg „Medien.IT.Kommunikation" unter http://www.zab-brandenburg.de/files/documents/MIK_2008_Dt.pdf. Zugriff am 14.08.08.

Auch das staatlich verordnete Eingreifen in die Rundfunklandschaft einer Region und die Verpflichtung von Fernsehanstalten und Kinobetreibern, Gelder zur Herstellung nationaler Kinofilme zur Verfügung zu stellen, ist im weitesten Sinne als Filmförderung anzusehen. Zinsgünstige Kredite, Zwischenfinanzierungen und Finanzbürgschaften zur Absicherung gegen die hohen Risiken von Produktionsinvestitionen, die von Landesbanken (z. B. der Investitionsbank des Landes Brandenburg) gewährt werden, gelten als indirekte Förderung, wie auch die Bereitstellung nicht-monetärer Mittel. So müssen die Einrichtung von Film Commissions, kostenlose Drehbuch-Beratungen (wie sie z. B. vom Kuratorium Junger Deutscher Film vergeben werden) und die im weiteren Verlauf erläuterten Unterstützungsmaßnahmen und Fortbildungsprogramme für junge Filmschaffende und Produktionsunternehmen usw. als Filmförderung im eigentlichen Sinne verstanden werden. Diese einzelnen Weiterbildungsmaßnahmen, die von öffentlicher Seite unterstützt werden, sind gerade für Nachwuchsproduzenten sehr wichtige Einrichtungen. Aus diesem Grunde werden die wichtigsten von ihnen im Verlauf dieser Arbeit vorgestellt.

Welche Filmförderungsinstitutionen derzeit in Deutschland für die Stoff- und Projektentwicklung und die Projektherstellung auf europäischer, Bundes- und Länderebene bestehen und welche Fördermaßnahmen sie für den deutschen Film bieten, wird in der Anlage dieser Arbeit dezidiert aufgelistet. Hier erfolgt nur kurz eine Vorstellung der bestehenden Institutionen.

Die nachfolgende Abbildung stellt die Bundes- und Länderförderungen und ihr jährliches Fördervolumen dar.

Förderung	Fördervolumen in Mio. Euro			
	2006	2007	2008	2009
FFA (Filmförderungsanstalt)	76,30	76,98	78,56	71,70
BKM (Der Beauftragte für Kultur und Medien)	32,76	92,22 (inkl. DFFF)	92,92 (inkl. DFFF)	93,10 (inkl. DFFF)
FFF (FilmFörderFonds Bayern)	23,39	27,35	26,92	27,59
Filmstiftung NRW	34,55	34,96	35,67	35,76
Medienboard Berlin-Brandenburg	26,06	29,75	29,26	28,88
FFHH FilmFörderung Hamburg (06) bzw. FFHSH FilmFörderung Hamburg-Schleswig Holstein (07)	7,18	10,83	10,34	12,4
MFG, Filmförderung Baden-Württemberg	8,38	8,47	8,32	11,15
MDM, Mitteldeutsche Medienförderung (Sachsen, Sachsen-Anhalt und Thüringen)	13,9	17,66	16,49	14,22
nordmedia (Niedersachsen)	7,46	10,57	10,50	11,61
Summe	**229,98**	**308,52**	**307,40**	**306,41**

Abbildung 22: Die deutschen Förderinstitutionen und ihr Fördervolumen 2006[81], 2007[82], 2008[83] und 2009[84]

Die größte Differenz zwischen den Jahren 2006 und 2007 macht sicherlich die zum 01.01.2007 eingeführte Fördermaßnahme des Deutschen FilmFörderFonds (DFFF) aus, der der Produktionswirtschaft jährlich bis zu 60 Mio. Euro Unterstützung gewährt. Diese unterstützt mit einer Steuerrückvergütung von bis zu 20% der in Deutschland getätigten und gemäß seiner Richtlinien anerkannten deutschen Herstellungskosten.

81 Quelle: FFA Info 1/07, S. 8f.

82 Quelle: FFA Info 1/08, S. 8f.

83 Quelle: FFA Info 1/09, S. 8f.

84 Quelle: FFA Info 1/10, S. 8f.

Diese Förderung wurde als Alternativmodell nach der Abschaffung der Vergünstigungen für Filmfonds, die Steuerabschreibungen privater Investments in die nationale und internationale Filmwirtschaft bis September 2005 ermöglichten, eingerichtet. Sie ist eine automatische Förderung für Spielfilme mit einem Budget von mindestens 1 Mio. Euro (bei Dokumentarfilmen von 200 Tsd. Euro und bei Animationsfilmen 3 Mio. Euro).

Die weiteren o. g. Förderungen sind bundesweit die Filmförderungsanstalt FFA, die – vor allem für Nachwuchsproduzenten wichtige – Förderung des BKM, die sich v. a. auf die Förderung von künstlerisch wertvollen Projekten u. a. aus dem Nachwuchsbereich konzentriert. Weiterhin von wichtiger Bedeutung für Nachwuchsprojekte ist das Kuratorium junger deutscher Film, das zwar mit einem verhältnismäßig geringen Budget vor allem für junge Filmschaffende eine wichtige Anlaufstelle ist. Außerdem sind hier die Länderförderungen der einzelnen Bundesländer von wichtiger Bedeutung. Die meisten dieser Förderungen haben ein explizites Nachwuchsprogramm oder besondere Vergaberichtlinien für junge Filmemacher, um ihnen den Einstig in den Markt zu erleichtern.

Doch mit wie vielen Euro wirkt sich die Subventionierung auf die einzelne Kinokarte aus? Als erste Beispielrechnung soll hier das Jahr 2002 betrachtet werden. Im Verlauf dieser Arbeit wurde dargelegt, dass im Jahr 2002 insgesamt 20 verschiedene deutsche Fördereinrichtungen einen Gesamtetat von 184.540.620,00 Euro hatten. Gleichzeitig wurden in diesem Jahr 117 Langfilme uraufgeführt, die auf dem gesamten deutschen Kinomarkt einen Besucheranteil von 11,9% generierten. Dies ergab ein Gesamtbesuchervolumen deutscher Kinofilme von 19 Millionen Besuchern. Werden diese Zahlen näher betrachtet und das Subventionsvolumen auf die hergestellten Filme aufgeteilt, so ist erkennbar, dass jeder der 117 Filme mit 1.577.270,26 Euro subventioniert wurde. Von den 117 Langfilmen wurden 2002 insgesamt 84 Spielfilme und 33 Dokumentarfilme hergestellt; von den 84 Spielfilmen wurden 45 Projekte als internationale Co-Produktion realisiert. Natürlich wird ein marginaler Betrag dieses Fördervolumens für die Herstellung von Kurzfilmen und sonstigen Vorhaben, wie Studentenfilmfestivals, Kinderkinoinitiativen usw. verwendet. Auch die Verwaltung der Gelder, die Bezahlung der allgemeinen Kosten wie Gehälter von Förderreferenten und Büromieten sind in diesem Betrag enthalten.

Im Jahr 2009 hatten allein die großen Förderinstitutionen einen Etat von 306,41 Mio. Euro zu vergeben. Gleichzeitig wurden in diesem Jahr 216 Kinofilme uraufgeführt. Man kann nicht davon ausgehen, dass die jeweils in einem Jahr geförderten Filme auch uraufgeführt werden, da deren Herstellungszeit in Betracht gezogen werden muss; somit sind diese Angaben nicht repräsentativ, sondern stellen lediglich einen Trend dar. Insgesamt wurden 2009 für deutsche Filme 39,9 Millionen Tickets verkauft. Stellt man diese den zu vergebenen Fördermitteln gegenüber, ergibt sich, dass trotz gestiegener Fördermittel dies auch den Erfolg und das Image des deutschen Films verbessert, denn aufgrund der gestiegenen Zuschauerzahlen hat sich eine Verbesserung gezeigt, denn nun ergibt sich lediglich eine Subventionierung der Kinokarte von 7,68 Euro. Gleichzeitig ist aber auch festzustellen, dass durchschnittlich jeder der 216 uraufgeführten Filme mit 1,41 Mio. Euro Fördermitteln unterstützt wurde.[85]

Anfangs erscheint das enorme Fördervolumen der einzelnen Institutionen immens, doch hinsichtlich der Marktentwicklung, der Anzahl der Filme und Höhe der Budgets der hergestellten Filme, aber auch bezogen auf die Entwicklung der Filmausbildung, müssen nicht nur Nachwuchsproduzenten diese Zahlen immer in entsprechender Relevanz zur Marktentwicklung betrachten. Eine weitere Diskussion dieser Entwicklung und Zahlen erfolgt im Verlauf der Arbeit. Mit dieser Entwicklung des Marktes hat sich auch das Berufsbild des Produzenten und die Ausbildung verändert. Daher wird im folgenden Kapitel näher darauf eingegangen, um anschließend Elemente der Filmfinanzierung und Filmverwertung aus der Sicht von Nachwuchsproduzenten zu erläutern.

85 Dieses sind lediglich Beispielrechnungen, weitere konkrete Marktdaten werden im Verlauf der Arbeit vorgestellt.

2. Die Entwicklung des Berufsbildes des Produzenten und die Entwicklung der Filmausbildung in Deutschland

2.1 Begriffsdefinition „Produzent" und die Historie des Berufsbildes

Der Produzent, das unbekannte Wesen?!? In den vorangegangenen und auch folgenden Kapiteln wurde und wird immer wieder von „dem Produzenten" oder dem Einfluss bzw. des Berufes des Produzenten gesprochen. Doch was macht eigentlich einen Produzenten aus? Welche Aufgaben obliegen einem Produzenten? Welches Berufsbild liegt ihm zugrunde und welche Ausbildung befähigt einen Produzenten für seine Tätigkeit? Muss er überhaupt eine reale Person sein? Ist ein Produzent ein Sammler von Geld für ein Projekt, ist er ein „Trüffelschwein", der Stoffe entdeckt, entwickelt, Schauspieler begeistert und einen geeigneten Regisseur findet? Ist er ein Geschäftsmann, der ein Unternehmen führt?

Diana Iljine und Klaus Keil haben dieser Definitionsfrage und der Historie dieser Profession ein komplettes Buch gewidmet.[87] Somit wäre die Definition des Produzenten als Hersteller eines Filmwerkes zwar einfach gegeben, doch die Facetten, die diese Profession im eigentlichen Sinne umfasst, sind so vielfältig und in einer Person fast nicht erfassbar.

Die ersten deutschen Filmpioniere und Filmproduzenten, die Brüder Max und Emil Skladanowsky, waren eher Techniker und Schausteller auf Jahrmärkten. Sie entwickelten einen Apparat, das Bioscop, mit dem sie am 1. November 1895 im Berliner Wintergarten die erste öffentliche und mit Eintrittspreisen versehene Filmvorführung präsentierten. In der Rezension der „Staatsbürger Zeitung" heißt es: „Der ingeniöse Techniker benutzt hier ergötzliche Momentphotographie und bringt sie in vergrößerter Form zur Darstellung, aber nicht starr, sondern lebendig. Wie er das macht, soll der Teufel wissen."[88]

87 Iljane, Diana und Keil, Klaus: „Der Produzent – Das Berufsbild des Film- und Fernsehproduzenten in Deutschland. Versuch einer Definition", München 1997.

88 Castan, Joachim, „Max Skladanowsky oder Der Beginn der deutschen Filmgeschichte", Füsslin Verlag, Stuttgart 1995, S. 60.

Trotz des großen Publikumserfolges konnte sich das von den Skladanowskys entwickelte Aufnahme- und Projektionssystem nicht durchsetzen. Zu umständlich und zeitraubend war das von ihnen praktizierte Verfahren der Filmbearbeitung.

Die Skladanowskys arbeiteten bei der Aufnahme mit unperforiertem Film. Dadurch war der Bildstand sehr unregelmäßig. Die Filmemacher waren somit gezwungen, den Film auseinanderzuschneiden und im „richtigen Abstand" wieder zusammenzufügen. Damit die Filme projiziert werden konnten, mussten sie mit Perforationslöchern versehen werden. Die Skladanowskys lochten den Film per Hand und verstärkten jedes einzelne Perforationsloch der Vorführkopie mit Buchbinderösen.

Oskar Messter hingegen – der zweite große deutsche Filmpionier – orientierte sich an den bereits bewährten Systemen von Edison und den Gebrüdern Lumière, die Filmpioniere aus den USA und Frankreich. Er verbesserte die Geräte und begann mit ihrer gewerblichen Fertigung. Überdies errichtete er in der Friedrichstraße ein eigenes Studio und begann mit der „Massenproduktion" von eigenen Kurzfilmen. Somit ist Messter im Grunde der erste deutsche Filmproduzent überhaupt. Künstlerische Ambitionen waren ihm jedoch fremd: Wie andere Filmpioniere, drehte Messter ausschließlich Filme, um die Käufer seiner Projektoren mit „Software" zu versorgen.

Iljane und Keil bezeichnen Messter als den „Vater des deutschen Films", der im Übermaß hatte, „was jeder Produzent bis heute dringend benötigt: die Witterung für Stoffe und Darsteller, die die Masse der Zuschauer betört und bewegt. Viele der später großen, berühmten Schauspieler debütierten in seinen Filmen. Er betrieb packaging in unserem heutigen modernen Sinn, indem er zum jeweiligen Filmstoff die spezifische Besetzung – vor und hinter der Kamera – zusammenstellte".[89] Oskar Messter war ein Techniker, ein Bastler, der auch die Erfindung des Malteserkreuzes für sich beansprucht.[90] Doch er war ein Techniker, der erkannte, „dass es zur Hardware, die er erfindet, entwickelt und vertreibt, auch der Software bedarf."[91]

Der Filmproduzent als Generalunternehmer: Techniker, Filmhersteller, Filmfinanzierer und Verleiher. Künstler, Schausteller und Geschäfts-

89 Iljine, Diana und Keil, Klaus (1997), S. 14.

90 Vgl. eigene Aussage von Otto Messter in der BR-Dokumentation: „Als man anfing zu filmen (...) der Filmpionier Oskar Messter" von Harald Pulch und Martin Loiperdinger. Bayerischer Rundfunk 1995.

91 Iljine, Diana und Keil, Klaus (1997), S. 14.

mann in Personalunion. Auch Erich Pommer, der wohl bedeutendste Filmproduzent seiner Zeit gründete im Februar 1915 die Decla (Deutsche Éclair) Film Gesellschaft, nachdem er als Generalvertreter für Zentraleuropa für die französischen Firmen Éclair und Gaumond arbeitete. Er verband das Wissen um ausländische Märkte, Exportpolitik, Produktionsgesellschaften und Verleihnetze mit einem Gespür für Stoffe, mit technischen Kenntnissen und der Offenheit, unterschiedliche Künstler an seine Filme zu binden.[92] Mit dieser Mischung entwickelte sich Erich Pommer zu einem der erfolgreichsten und prägendsten Filmproduzenten Deutschlands. Die von ihm produzierten Filme, wie z. B. „Das Kabinett des Dr. Caligari", „Nosferatu", und „Der blaue Engel" waren Meilensteine in der Filmgeschichte sowohl in kommerzieller als auch in künstlerischer Hinsicht. Der Filmklassiker „Metropolis" brachte jedoch die Ufa ins Straucheln, da er seine anfänglich auf 1,5 Mio. Reichsmark kalkulierten Kosten auf insgesamt 5 Millionen in die Höhe trieb.[93]

Bereits in den Zeiten des Stummfilms, in denen die sprachliche Barriere noch kein Hindernis war und die Filme international ausgewertet wurden, unterschied man zwischen dem „künstlerischen Film" und den Kassenschlagern, und „die ebenso alte wie unfruchtbare Diskussion, ob denn Film Kunst sei oder Unterhaltung, wurde bereits vor dem ersten Weltkrieg, besonders heftig in der ‚Filmreformbewegung', zum ‚Filmkrieg' hochstilisiert. Auch während des ersten Weltkrieges und der Weimarer Republik sollte sich dieser Trend fortsetzen: Eine Fülle von anspruchslosen Kassenschlagern stand wenigen großartigen Werken der Filmkunst gegenüber."[94]

Insgesamt wurden rund 500 Filme von über 200 Produktionsfirmen im Jahr 1919 produziert, und es gab 3.000 Lichtspielhäuser. In dieser Zeit gingen eine Million Menschen täglich ins Kino.[95] Das Kino entwickelte sich zu einem beliebten Unterhaltungsmedium, das aufgrund von geringen Eintrittspreisenauch für geringer Verdienende erschwinglich war.

> „Wie schon in den Fortsetzungsromanen des 19. Jahrhunderts hatte die serielle Technik die Funktion, die Zuschauer mit erkennbaren Figuren und erprobten Erzählmustern an

92 Vgl. Iljine, Diana und Keil, Klaus (1997), S. 15 und Jacobsen, Wolfgang (1993), S. 36 zitiert in: Iljine, Diana und Keil, Klaus (1997), S. 15.

93 Vgl.: Hardt, U., S. 90. Andere Quellen sprechen sogar von 6 Mio. Reichsmark.

94 Iljine, Diana und Keil, Klaus (1997), S. 16.

95 Jacobsen, Kaes, Prinzler (1993), S. 39.

das Produkt zu binden. Serienfilme erweckten durch Wiederholung und Abwandlung Erwartungen, deren jeweilige Erfüllung von einer Folge zur anderen aufgeschoben wurde; dadurch haben sie auch ein festes Publikum herausgebildet, das seinerzeit zur Durchsetzung von Filmgenres beitrug. Melodram, Thriller, ebenso wie Abenteuer- und Detektivfilm hatten sich zu Beginn der Weimarer Republik bereits als festumrissene Genres mit erkennbaren narrativen und piktoralen Konventionen etabliert." [96]

In dieser Zeit wurden die Aufgaben der Filmherstellung und Verwertung zu umfangreich für eine einzelne Person und die „Strukturen einer Filmwirtschaft" zeichneten sich ab: „Produktion, Filmverleih und Filmtheatergewerbe kristallisierten sich als eigene Sparten heraus."[97]

In der Zeit bis 1922 blühte der deutsche Film auf, viele erfolgreiche Produktionen reüssierten an der Kasse. Nach dem ersten Weltkrieg erhielten erfolgreiche Produktionen in Deutschland 15 Millionen Zuschauer und verkauften sich auf dem Weltmarkt sehr erfolgreich.[98] Somit hatte sich die deutsche Filmwirtschaft 1920 mit 20 Milliarden Reichsmark Investitionen und über 20.000 gewerkschaftlich organisierten Arbeitern zum drittgrößten deutschen Industriezweig entwickelt.[99]

Die größten Filmproduktionsfirmen dieser Zeit waren Erich Pommers Decla-Bioskop AG, die im Oktober 1921 mit der Ufa fusionierte und die Europäische Filmallianz (EFA), die am 17. April 1921 mit Rückhalt des amerikanischen „Filmmoguls" Adolph Zukor vom Verleih „Famous Players" (Paramount) gegründet wurde und Stars wie Max Reinhardt, Pola Negri und Emil Jannings unter Vertrag hatte. Zwar machte die EFA im November 1922 aufgrund schlechten Managements und der großen Inflation wieder pleite[100], doch die ersten Strukturen der Bildung eines „Studiosystems", wie es sich in den USA entwickelte, waren erkennbar. Durch eine vertikale Struktur der Filmherstellung behielt das Studio, oder auch der Produzent, alle Schritte der Filmherstellung bis zum Abspiel unter einem Dach. Die Künstler, wie Schauspieler, Autoren und Regisseure, waren an das Studio gebunden. Es wurde in eigenen Studios produziert, der Verleih und auch die Kinos waren unter dem Dach des

96 Jacobsen, Kaes, Prinzler (1993), S. 40.

97 Iljine, Diana und Keil, Klaus (1997) S. 17.

98 Ebd. S. 16 und 22.

99 Jacobsen, Kaes, Prinzler (1993), S. 46 auch zitiert in: Iljine, Diana und Keil, Klaus (1997), S. 23.

100 Iljine, Diana und Keil, Klaus (1997), S. 23.

Studios vereint. Doch auch viele kleine Einzelfirmen produzierten zu dieser Zeit Filme. So wurden 1922 insgesamt 470 Spielfilme von 351 Herstellern produziert.[101]

Aber diese Blütezeit des deutschen Films nahm in den weiteren Jahren ab. Durch die Stabilisierung der Reichsmark und die Eingliederung des deutschen Finanzsystems in das der Alliierten nach der Inflation waren die Auslandsverkäufe deutscher Filmverleiher nicht mehr lukrativ. Außerdem folgten bereits in den 20er Jahren viele Filmemacher, Schauspieler und Regisseure wie Pola Negri, Emil Jannings, Ernst Lubitsch und Friedrich Wilhelm Murnau dem Ruf aus Hollywood und siedelten in die USA über.[102]

In dieser Zeit zog das US-amerikanische Kino viel Aufmerksamkeit und Besucher auf sich. Waren in den Jahren vor und während des ersten Weltkriegs noch die Produktionen aus europäischen Ländern wie Frankreich, Italien und Dänemark gefragt[103], so wurden sie schnell von den Mammutwerken „Birth of a Nation" (USA 1915) und „Intolerance" (USA 1916) und den Filmen von und mit Charlie Chaplin, Mary Pickford und Douglas Fairbanks in der Zuschauergunst übertroffen.

„1926 liefen 200 amerikanische Filme in deutschen Kinos, wobei Deutschland das einzige europäische Land war, „das der aggressiv expandierenden amerikanischen Filmindustrie organisierten Widerstand entgegensetzte. Zuerst mit dem sogenannten Kontingentgesetz, nach dem für jeden importierten ein deutscher Film exportiert werden sollte, dann ab 1926/27 mit dem Kompensationssystem, das vorschrieb, dass nur dann ein Film eingeführt werden durfte, wenn dafür wiederum ein deutscher Film produziert wurde. Doch das Resultat des Kompensationssystems war eine Massenproduktion von deutschen Filmen, die nur entstanden, um die Einfuhr sicherer Filmhits aus Amerika zu ermöglichen. Das Kontingentgesetz wiederum war ineffektiv, da deutsche Filme in New York zwar wie vorgeschrieben gezeigt, aber wegen mangelnder Besucherzahlen gleich wieder abgesetzt wurden."[104]

Diese Politik brachte nicht den erhofften Erfolg, und schon hier zeigte sich, dass Filme, die nicht mit Blick auf das Publikum hergestellt wur-

101 Vgl. Gregor, U. und Patalas, E. (1973), S. 55.

102 Iljine, Diana und Keil, Klaus (1997), S. 23

103 So war die dänische Autorin Selma Lagerlöff, die durch die Geschichten von „Nils Holgerson" berühmt wurde, eine erfolgreiche und gefeierte Drehbuchautorin Dänemarks.

104 Jacobsen, Kaes, Prinzler (1993), S. 71 zitiert in: Iljine, Diana und Keil, Klaus (1997), S. 24.

den, entweder gar nicht in die Kinos kamen oder amerikanische Firmen produzierten in Deutschland ihre eigenen Filme bzw. finanzierten deutsche Produktionsunternehmen. Hier zeigt sich schon die Schwierigkeit der Regulierung des Filmmarktes durch Medienpolitik und der gleichzeitigen Unterstützung qualitativ hochwertiger und publikumsaffiner Filme. Aber auch schon hier – wie auch in einigen vorher benannten Beispielen – zeigt sich die immense Einflussnahme der Politik auf die Filmwirtschaft. Dass bei der Produktionsentscheidung immer erst vom Markt ausgegangen werden muss, hat die US-amerikanische Filmindustrie schnell erkannt. „Die amerikanische Filmwirtschaft gründete sich seit je auf ausschließlich wirtschaftliche und damit ganz konkrete Marketing- und Absatzüberlegungen: Kinos waren die Basis für Verleih und Produktion."[105]

Auch in Deutschland hielt der Tonfilm Einzug: auf dem Studiogelände in Neubabelsberg wurde mit dem Tonkreuz das erste europäische Tonfilmatelier errichtet. Die ersten Tonfilme wurden mehrsprachig hintereinander gedreht. So wurde bei dem Film „Der blaue Engel" jede Einstellung erst in Deutsch und dann in Englisch ab November 1929 im Tonkreuz auf dem Ufa-Gelände in Potsdam-Babelsberg gedreht. Der Film wurde von der Ufa, deren Produktionschef Erich Pommer war, produziert. Der erste deutsche Tonfilm wurde aber von der Tobis (der 1928 gegründeten Tonbild-Syndikat AG) am 12. März 1929 uraufgeführt: der Dokumentarfilm „Melodie der Welt" von Walter Ruttmann.[106]

Die Entwicklung des Tonfilms brachte zwar neue Möglichkeiten, aber auch Schwierigkeiten für die Herstellung von Filmen. Die Produzenten mussten sich auf die Sprachbarrieren, die beim Stummfilm nicht vorhanden waren, einstellen. Andererseits gab der Tonfilm ihnen neue Möglichkeiten im Genre. Der Operettenfilm und das musikalische Lustspiel wurden zu Erfolgen an der Kinokasse.

Die Tobis war auch die erste Beschäftigungsstelle eines weiteren großen deutschen Filmproduzenten: Horst Wendlandt absolvierte hier seine Ausbildung und legte so den Grundstein für eine beispiellose deutsche Produzentenkarriere.[107]

Kaum hatte sich die deutsche Kinowirtschaft auf den Tonfilm eingestellt, begann am 13. März 1933 mit Gründung des Reichsministeriums

105 Iljine, D. und Keil, K. (1997), S. 23.

106 Vgl. Jacobsen, Kaes, Prinzler: S. 86.

107 Vgl.: Kujacinki, D. (2006), div. S.

für Volksaufklärung und Propaganda die Einstellung der freien Produktionen. „Die Kunst ist frei. Allerdings wird sie sich an bestimmte Normen gewöhnen müssen“, kündigte Minister Joseph Goebbels an.[108] Danach folgten die Gründung der Reichskulturkammer und der Filmkreditbank[109] (siehe auch vorhergehendes Kapitel). Mit der Novellierung des Reichslichtspielgesetzes im Februar 1934 wird die Vorzensur durch den Reichsfilmdramaturgen sanktioniert und Produktionsfirmen von den Nationalsozialisten enteignet. Ein Großteil der deutschen Filmemacher war emigriert, und die Produktion von Filmen oblag bis 1945 ausschließlich der nationalsozialistischen Regierung. In dieser Zeit konnten zwar Regisseure wie Veit Harlan und Leni Riefenstahl ihre zweifelhaften Fußstapfen in der deutschen Filmgeschichte hinterlassen, nennenswerte Produzentenpersönlichkeiten sind aus dieser Zeit nicht hervorgegangen, sondern sind wie Erich Pommer in die USA emigriert.

Nach dem Krieg lag nicht nur die deutsche Infrastruktur der Filmherstellung brach, auch ihre wichtigsten Akteure hatten Deutschland verlassen. Filmproduzenten begannen wieder von vorn, und aus den Trümmern erwuchsen neue Produzentenpersönlichkeiten, die den Film der Nachkriegsjahre prägten. Luggi Waldleitner, Gyula Trebitsch, Artur Brauer und Horst Wendlandt begannen ihre außerordentlichen Karrieren. Der Heimatfilm feierte seinen Erfolg, allen voran „Schwarzwaldmädel“[110] mit Sonja Ziemann. der von der Berolina-Film von Kurt Ulrich und Kurt Schulz produziert wurde. Er war der erste Farbfilm seit 1945, der mit 14 Millionen Zuschauern den größten Erfolg des Nachkriegskinos darstellte. Außerdem entstanden zu der Zeit die so genannten „Trümmerfilme“, allen voran „Die Mörder sind unter uns“ (DEFA), aber auch Werke wie „Die Brücke“ von Bernhard Wicki und „Die Sünderin“ (Bundesrepublik).

Die Zeit der Heimatfilme, der Paukerfilme, später dann der Edgar-Wallace- und Karl-May-Filme bescherte den Produzenten finanzielle Erfolge an den Kinokassen, die im Jahr 1956 über 800 Millionen verkaufter Eintrittskarten registrierten. Trotz der regulierten Unabhängigkeit von Produktion und Verleih durch die Alliierten wurde von diesen so genannten „Alt-Produzenten“ kein Ruf nach Subventionen laut. Von ihnen wurde Filmherstellung immer als ein zuschauerorientiertes Produzieren

108 Vgl. Iljine, D. und Keil, K. (1997), S. 32.

109 Vgl. Prinzler, H.H. (1995) S. 107 und Hake, S. (2004) S. 113.

110 Deutschland 1950, Regie: Hans Deppe.

verstanden; sie waren Persönlichkeiten, die das richtige Gespür für Stoffe und Schauspieler mit einem knallharten Geschäftssinn verbanden.

Ihre Ausbildung hatten sie durch „Learning by doing" erhalten, denn Filmschulen gab es zur Zeit der „Alt-Produzenten" noch nicht. Die Qualitäten und Qualifikationen, die ein Filmproduzent brauchte, waren nicht an Universitäten zu erlernen, sondern durch Erfahrung und Arbeit im alltäglichen Filmgeschäft. Die Filme waren meist Unterhaltungsware, die für die Zuschauer hergestellt wurden, um ihnen ein anspruchsloses Kinoerlebnis zu bieten, welches sie den harten Alltag und die schwierige politische Situation vergessen ließen.

Zwar hatte Artur Brauner bereits mit „Morituri" einen Film produziert, der seine Uraufführung auf den Filmfestspielen 1948 in Venedig fand, doch in seinem Portfolio von Filmen in den 50-er Jahren finden sich neben herausragenden Filmen wie „Die Spaziergängerin von Sansoucci" und „Der brave Soldat Schweijk" auch Titel wie „Hollandmädel" mit Sonja Ziemann (D 1953, Regie: J.A. Hübler-Kahla), „Roman eines Frauenarztes" (D 1954, Regie: Falk Harnack) und „Liebe, Tanz und 1000 Schlager" (D 1955, Regie: Paul Martin)[111]. Hier zeigte sich die Ausrichtung der Produzenten auf das Geschäftliche, die für ihr Unternehmen eine Mischkalkulation vornahmen. Um die Eigenkapitalbasis, den Gewinn aus den Filmen zu stärken, haben sie anspruchslose Publikumsfilme produziert. Hier wird auch wieder die Unterscheidung zwischen anspruchsvollem Film und Unterhaltungsfilm deutlich.

Mit dem aufkommenden Unmut über diese unpolitische Haltung der „Vätergeneration" nach dem 2. Weltkrieg, der zunehmenden Frustration über die Tatsache, dass Filme nicht nur reine Unterhaltungsware darstellen, sondern politische und künstlerische Inhalte transportieren müssen, brachte neuen Wind in die deutsche Filmindustrie. Nicht nur, dass die deutschen Zuschauer das Fernsehen als Heimunterhaltung dem Kino oftmals vorzogen, auch die politische Situation in den 60er Jahren forderte neue Produktionsansätze und eine intellektuellere Herangehensweise an das Filmschaffen.

In Anlehnung an die ‚Nouvelle Vague' in Frankreich wurde der „Autorenfilm" in Deutschland geboren (s.o.). Finanziert aus Fördermitteln und Fernsehgeldern waren jetzt die Regisseure wie Rainer Werner Fassbinder, Alexander Kluge und Werner Schröter wichtige Akteure des Filmschaffens in Westdeutschland. In dieser Zeit konnten sich u. a. Günter

111 Vgl. Dillmann-Kühn, C. (1990), S. 242ff.

Rohrbach, der neben dem Erfolg von Wolfgang Petersens „Das Boot" auch Fassbinder-Filme wie „Berlin Alexanderplatz" und „Martha" produzierte, und der Produzent und Regisseur Franz Seitz einen Namen machen, der mit seiner internationalen Koproduktion der Günter Grass Verfilmung „Die Blechtrommel" (D. 1979, Regie: Volker Schlöndorff) – nach dem ersten Darsteller-Oscar an einen deutschen Film 1929 für Emil Jannings – mit einem Oscar für den besten ausländischen Film ausgezeichnet wurde. Auch die sogenannten Alt-Produzenten wie Artur Brauner und Horst Wendlandt fanden nun Interesse an der Produktion der sogenannten Autorenfilme, ihr Engagement wurde jedoch kritisch betrachtet.

Da nach der Teilung Deutschlands in Ostdeutschland durch die DEFA und die staatliche Regulierung die Entscheidung über die Filmherstellung und das finanzielle Risiko nicht von privatwirtschaftlichen Unternehmern getragen wurde, übernahm ein Produzent eher die Rolle eines ausführenden Produktionsmanagers. Gleichzeitig wurde in der DDR mit Gründung der deutschen Hochschule für Filmkunst im Oktober 1954 – heute Hochschule für Film und Fernsehen „Konrad Wolf" in Potsdam-Babelsberg – der erste Grundstein für die älteste Filmschule in Deutschland gelegt. Bereits von Anfang an wurden hier neben den Studiengängen Regie, Kamera, Dramaturgie/Medienwissenschaft auch der Studiengang Produktion eingeführt.

In Westdeutschland dagegen wurde mit der Gründung der Deutschen Filmakademie dffb im Jahre 1966 die erste Filmschule geschaffen, die sich aber nicht direkt der Ausbildung von Produzenten, sondern eher dem „Anti-Produzenten-Film" widmete und als politische Instanz des „Neuen Deutschen Films" galt. Zur weiteren Entwicklung und gegenwärtigen Situation der Filmausbildung folgt das anschließende Kapitel.

Was macht also einen erfolgreichen Filmproduzenten der Gegenwart aus und welches Handwerkszeug sollte er zur Ausführung seiner Profession mitbringen, um auf dem vorher beschriebenen Filmmarkt bestehen zu können?

Kenntnisse des eigenen nationalen und des internationalen Marktes, Kenntnisse der Talente dieser Märkte, emotionale Intelligenz, betriebswirtschaftliches Wissen, dramaturgisches Wissen, Interesse an Geschichten und vor allem die Freude an der Erzählung dieser Geschichten sind die Mindestvoraussetzungen für einen Produzenten. Sie waren es immer, und sie werden es immer sein.

Ein Produzent, das multiple Wesen: Geschichtenerzähler, Trüffelschwein, Geschäftsmann, Technikfetischist, Netzwerker, Motivator, Risikomanager, Rampensau und Intellektueller, Trendforscher, Globetrotter, stets erreichbar, Kindergärtner und Autorität zugleich, sowie ein großes Allgemeinwissen, politische Aktivität und ein sicheres Auftreten scheinen Voraussetzung dieses Berufes zu sein.

Obwohl es mittlerweile sehr viele Ausbildungsinstitutionen, wie Filmhochschulen, Akademien und Aufbaustudiengänge für diese Berufssparte gibt (vgl. folgendes Kapitel), ist für die Ausübung des Filmproduzenten nicht eine wie bei Medizinern vergleichbare Ausbildung und erforderliche Approbation zur Ausübung ihres Berufes erforderlich. Theoretisch kann sich jeder, der im Besitz einer Digitalkamera und eines Schnittprogramms auf seinem Computer ist, als Filmproduzent bezeichnen.

Also was trennt die Spreu von Weizen?

Iljine und Keil benennen die Bezeichnung dieses Berufes aus den folgenden Herleitungen:

- aus dem persönlichen Selbstverständnis des Produzenten;
- aus den Produktionsbedingungen;
- aus einer Genre-Spezialisierung;
- verbreitet auch aus einer spezifischen Projektfinanzierungsart.[112]

Als Produzent gilt grundsätzlich der Geschäftsführer eines Unternehmens, dessen Aufgabe die Herstellung von Filmen ist. Die Erfahrung und das Selbstverständnis erhält eine Person nicht durch einen akademischen Abschluss, sondern durch langjährige Praxiserfahrung während der Herstellung von Filmen. Die Auseinandersetzung mit den Kernaufgaben dieses Berufes und der Übernahme und Bewältigung der mit der Filmherstellung verbundenen Risiken sind Teil dieser Aufgabe.

Die im folgenden Kapitel erläuterten Aspekte der Finanzierung, der Herstellung und der Marktpositionierung werden auch von Iljane und Keil als die drei Hauptrisiken der Filmherstellung und somit auch des Produzenten benannt:[113]

- das Finanzierungsrisiko
- das Fertigstellungsrisiko
- das Verwertungsrisiko

Doch wie erhält man als junger Nachwuchsproduzent in der heutigen Zeit diese Erfahrung? Wie findet man seinen Standpunkt zwischen Kommerz und Anspruch? Wie baut man sein Netzwerk auf und wie

112 Iljine, D. und Keil, K. (1997), S. 118.

113 Iljine, D. und Keil, K. (1997), S. 118ff.

etabliert ein junger Produzent sein Unternehmen? Wie ist es möglich, mit Hilfe der vorhandenen Finanzierungselemente und des bestehenden Marktes ein wirtschaftlich agierendes Unternehmen aufzubauen und zu führen?

Diesen Fragen müssen sich junge Produzenten stellen, um langfristig in der Filmbranche bestehen zu können. Gleichzeitig sind die meisten der auf den Markt treffenden neuen Talente keine Autodidakten mehr, sondern Absolventen von Filmhochschulen, Ausbildungsinstitutionen usw., die bereits ihre ersten (Kurz-)Filme hergestellt, ein Netzwerk aufgebaut und praktische Erfahrungen in der Branche gesammelt haben. Doch wo können diese Kenntnisse erlangt werden?

2.2 Definition Nachwuchsproduzenten und deren Ausbildungssituation in Deutschland

In der gesamten Arbeit wird von Nachwuchsproduktionen und Nachwuchsproduzenten gesprochen. Doch was ist eigentlich die Definition eines Nachwuchsfilmemachers. In den meisten Fällen, bei den meisten Redaktionen und Förderungen wird bis zum dritten Film des Regisseurs oder des Produzenten von Nachwuchsproduktionen gesprochen. Doch hier sind die Grenzen sehr fließend, weil viele etablierte Firmen mit Debütregisseuren oder etablierte Regisseure mit jungen Produktionsunternehmen arbeiten. Grundsätzlich gilt bei einigen Förderungen, dass Nachwuchsprojekte gesondert behandelt und „weichere" Faktoren bzgl. Verleihvertrag, Eigenmittel oder ähnliche Auflagen erfüllt werden müssen.

Weiterhin entwachsen viele Filmemacher schnell aus dem Nachwuchssektor, da sie aufgrund der ersten Filme sehr erfolgreich waren, oder es gibt Filmemacher, die scheinbar nie aus dem Nachwuchssektor entwachsen. Aber wo können Filmemacher neben dem Quereinstieg, nämlich, dass sie einfach beginnen, Filme herzustellen, ihr Handwerk erlernen?

Aufgrund der föderalistischen Struktur in Deutschland sind hierzulande mehrere wichtige Medienzentren entstanden, die jeweils ihre eigene Infrastruktur und mittlerweile auch fast alle ihre eigenen Ausbildungsinstitution(en) mit spezieller Ausbildung für Produzenten besitzen:

Als die „klassischen" Filmhochschulen für Produzenten in Deutschland werden hier die Ausbildungsstätten genannt, die Mitglieder der internationalen Vereinigung der Filmhochschulen (CILECT)[114] sind:

- Deutsche Film- und Fernsehakademie in Berlin (dffb)
- Filmakademie Ludwigsburg
- Hamburg Media School (HMS)
- Hochschule für Fernsehen und Film in München (HFF)
- Hochschule für Film und Fernsehen „Konrad Wolf" in Potsdam-Babelsberg (HFF)
- Internationale Filmschule in Köln (ifs)
- Kunsthochschule für Medien in Köln (KHM) (besitzt keinen expliziten Produktionsstudiengang)

Viele weitere Ausbildungsinstitutionen bieten spezielle Bachelor-, Master- und Diplomstudiengänge in Medienproduktion und Medienmanagement an, wie die Dekra Medienakademie, FH Bielefeld, FH Idstein, FH Köln, FH Mittweida, FH Wiesbaden, FH Wilhelmshaven, ISFF in Berlin, Macromedia Fachhochschule für Medien, TU Ilmenau, Universität Siegen, WAM Werbe- und Medienakademie Marquardt, um nur einige von ihnen zu nennen.

In zahlreichen Weiterbildungsseminaren, Aufbaustudiengängen und bei weiteren öffentlichen und privaten Ausbildungsanbietern können junge Leute Wissen über Filmproduktion und Medienmanagement erlernen und ein entsprechendes Zertifikat im Bereich des Medienschaffens erhalten. Gleichzeitig bieten viele medienwissenschaftliche, betriebswirtschaftliche und auch juristische Fakultäten renommierter Universitäten und Fachhochschulen ein Studium mit dem Schwerpunkt und der Zielrichtung „Medienwirtschaft" an. Alle diese Ausbildungen eröffnen ihren Studierenden die potenzielle Grundlage für die Tätigkeit als Filmproduzent. Dazu kommen die vielen Quereinsteiger. Dem Film- und Fernsehmarkt mangelt es somit in keiner Weise an gut ausgebildeten Nachwuchskräften. Dass dieser enorme Markt auf der Ausbildungsseite sich auf den Filmmarkt auswirkt, ist offensichtlich. Der immense Anstieg an Filmen, die zum Teil mit wenigen Kopien im Kino uraufgeführt werden (waren es doch im Jahr 1999 insgesamt 88 deutsche Filme und 2009 schon 216 Filme!), ist sicherlich auch auf das erhebliche Wachstum des

114 Vgl. Cilecthomepage unter http://www.cilect.org/membersofcilect_fullmembers, (letzter Zugriff: 13.12.09).

Ausbildungsmarktes zurückzuführen. Wer sich also für eine Tätigkeit als Produzent entscheidet, sollte diesem Konkurrenzdruck gewachsen sein.

Dass die Zunahme der in Deutschland uraufgeführten deutschen Filme mit der Zunahme der Ausbildungsinstitutionen und damit dem Anstieg der gut ausgebildeten Talente, die auf diesen auf die Zuschauerzahlen bezogenen stagnierenden Markt treffen, korrelieren, ist offensichtlich.

Hat sich in den letzten Jahren nicht nur das Image, die Professionalisierung und Spezialisierung der Kultur- und Kreativwirtschaft verbessert, so ist parallel dazu ein regelrechter Ausbildungsmarkt entstanden, der wissbegierigen, talentierten und zum Teil zahlungskräftigen jungen Talenten das Handwerkszeug, das Netzwerk, die Technik und die Qualifikation für diesen so attraktiven Berufszweig der Medienwirtschaft zur Verfügung stellt.

Meines Erachtens kann man mit dieser Entwicklung schon von einer Übersättigung des Nachwuchsbereichs auf dem Filmmarkt sprechen. Denn werden die vorangegangenen Daten des Filmmarktes und die folgenden Angaben zur Finanzierung und zum Recoupment jedes einzelnen Projektes betrachtet, stellt sich ernsthaft die Frage, wie diese vielen, gut ausgebildeten neuen Talente, die Jahr für Jahr neu auf den Markt kommen, neben den bereits bestehenden und ständig um neue, nachfolgende Projekte bemühten Filmemacher, auch von ihrem Beruf überleben können. Hier ist ausdrücklich und nachhaltig die Ausbildung aufgefordert, den jungen Talenten die wirtschaftliche Komponente des eigenen Berufes gegenüber – und dies nicht nur in den wirtschaftlich orientierten Ausbildungsgängen – zu vermitteln!

Doch was müssen die Nachwuchskräfte beachten, die zum Teil in den vorgenannten Ausbildungsinstitutionen ihr Wissen erlangt haben und sich dann für die Gründung eines eigenen Unternehmens, einer eigenen Produktionsfirma entscheiden? Sie stehen anfangs nicht nur vor der Schwierigkeit der Projektfinanzierung und Anschubfinanzierung von Projekten. Bevor sie in dieses Stadium kommen, müssen sie erst einmal rein betriebswirtschaftliche Hürden nehmen:

- Welche Unternehmensform nehme ich an – besitze ich 25.000,- Euro für eine GmbH oder gehe ich anfangs volles Risiko ein?
- Wie finde ich eine Hausbank, ein Firmenkonto...?
- Wie finanziere ich Büroräume, laufende Kosten, usw.?
- Vor allem: An wen kann ich mich wenden bei Fragen, wie bekomme ich Hilfestellung und habe ich Zugang zu möglichen Kontakten?
- Benötige ich einen Businessplan und wie schreibe ich einen solchen?

- Auch die Frage an sich selbst: Welche Qualifikationen, welche Stärken und Kenntnisse machen mich als Produzenten aus? Bin ich eher der wirtschaftlich orientiere Unternehmer – wie finde ich dann die kreativen Partner, oder eben umgekehrt, ist meine Stärke eher die eines Creative Producers, wie finde ich dann den unternehmerischen Gegenpol?
- Und: Welche Kontakte habe ich bereits zu den entsprechenden Ansprechpartnern bei den Sendern, Verleihern, Förderinstitutionen, aber auch bei den Kreativen, bei Regisseuren, Autoren, Schauspielern, Agenturen, Kameraleuten usw. ?

Diese Fragen muss sich jeder potentielle Filmproduzent stellen, bevor er ernsthaft Projekte auf den Weg bringen kann. Kenntnisse hierüber sind Grundvoraussetzungen für einen Nachwuchsproduzenten. Innerhalb der Ausbildung müssen angehende Produzenten bereits mit diesen Fragen und mit potentiellen Ansprechpartnern konfrontiert werden. Darüber hinaus kann nicht früh genug damit begonnen werden, ein Netzwerk unter Kommilitonen und auch innerhalb der Filmwirtschaft aufzubauen.

Mit diesen Fragen müssen sich junge Produzenten auseinandersetzen, um langfristig in der Filmbranche bestehen zu können. Pauschale Antworten gibt es auf diese Fragen nicht, sondern eine ständige Hinterfragung der eigenen Person, ihrer Qualifikation und Ziele ist unabdingbar.

Nicht nur die Vermittlung von theoretischem Wissen, die Anleitung zum praktischen Filmemachen und die Errichtung von Brücken zwischen Ausbildung und Industrie sind wichtige Aufgaben der Ausbildungsinstitutionen; auch die Konfrontation der Produktionsstudenten mit diesen existentiellen Themen gehört dazu. Für viele Bereiche des Filmschaffens ist es wichtig, sich erst einmal ausprobieren zu können, die eigene Handschrift zu finden. Neben der kreativen Arbeit ist es für angehende Produzenten immer wichtig, zukünftig Bindeglied zwischen Künstlern und Markt zu sein.

Filmproduktion bedeutet nicht nur die organisatorische Leitung der Herstellung von Filmprojekten, sie erfordert auch unternehmerisches Wissen und Geschick. Film ist eine sehr vielfältige Kunst. Sie verbindet Literatur mit Musik und Theater, visuelles Erzählen mit modernster Technik. Doch Film ist auch eine sehr teure Kunst in der Herstellung. Hier ist der Filmemacher – und vor allem der Produzent – als Unternehmer gefragt. Ein Nachwuchsproduzent sollte natürlich ein Gespür für Talent und Stoffe haben. Dies ist die Basis für sein Schaffen, aber ohne ein unternehmerisches Geschick wird es heutzutage kein Nachwuchsproduzent mehr schaffen, die Finanzierung für einzelne Projekte – auf die im folgenden Kapitel eingegangen wird – abzuschließen, geschweige denn ein autarkes Unternehmen langfristig führen zu können.

Das Wissen um die entsprechenden Finanzierungsmittel, die Kenntnis der Institutionen und Ansprechpartner ist enorm wichtig für Produzenten. Doch es sollte nicht als Selbstverständlichkeit empfunden werden, dass ihre Projekte sich rein aus dem Markt mit Hilfe von Sendermitteln und Fördergeldern finanzieren. Denn die Entwicklung des Kinomarktes und junger Talente zeigt deutlich, dass die zur Verfügung stehenden Gelder auf eine immer größere Anzahl von Nachwuchskräften verteilt werden müssen. Somit wächst der Konkurrenzdruck, und die Qualifikation des Nachwuchses wird umso mehr auf die Probe gestellt.

Daher gilt es für Nachwuchsproduzenten, so früh wie möglich mit guten (Nachwuchs-)Autoren und Regisseuren, Kameraleuten usw. Teams zu bilden, sich auszuprobieren, Projekte konzentriert und fokussiert durchzuführen. Ein Nachwuchsproduzent macht aber nicht unbedingt anhand der Anzahl seiner Projekte auf sich aufmerksam, sondern durch die Auswahl und Durchführung von einzelnen herausragenden Filmen. So kann es ihm gelingen, schon während der Ausbildung Redakteure, Produzenten, Verleiher, Förderer und Finanzierer auf sich aufmerksam zu machen.

Sollte er / sie sich dann entscheiden, sich als Filmproduzent selbstständig zu machen, als eigenständiger Produzent in das „Haifischbecken“ zu springen, dann sollte er / sie auch unternehmerische Qualitäten mitbringen. Filmproduzent zu sein heißt nicht, einen Film nach dem anderen irgendwie herzustellen, es heißt, eine unternehmerische Vision, ein Profil und Portfolio zu entwickeln und zu vermitteln! Außerdem muss eine Unterscheidung von Projektfinanzierung und Unternehmensfinanzierung stattfinden.

Filmproduktion bedeutet eben nicht nur die organisatorische Leitung der Herstellung von Filmprojekten, sie erfordert auch unternehmerisches Wissen und Geschick sowie Kenntnis von Ansprechpartnern, Festivals und Marktoptionen. Wie in den folgenden Kapiteln dokumentiert, wird dem Nachwuchsbereich in vieler Hinsicht politische und finanzielle Unterstützung geboten. Dies ist für die Anfangsphase und die Herstellung von Filmprojekten in Deutschland aufgrund der bereits genannten Marktsituation für die Produktionsunternehmen sehr wichtig.

Filmproduktion bedeutet jedoch nicht gleich Subventionswirtschaft. Der Filmmarkt – gerade im Nachwuchsbereich – ist viel zu sehr umkämpft, als dass junge Menschen ohne Eigeninitiative oder Teamfähigkeit, ohne professionelle Kommunikations- und Umgangsformen, ohne Durchsetzungskraft, Kreativität und Lernfähigkeit auf diesem Markt langfristig eine Chance haben.[115] Sehr früh in der Ausbildung muss den jungen Filmschaffenden diese Komponente der wirtschaftlichen Verantwortung der eigenen Kunst gegenüber verständlich gemacht werden, damit auch in Zukunft die Grundlage für Filmkunst entstehen kann.

Bevor an dieser Stelle zusätzliche Weiterbildungsmaßnahmen – die weit über das Studium hinausgehen, aber bereits gegründeten Nachwuchsunternehmen sehr wichtige Anlaufstellen zur weiteren Entwicklung ihres Unternehmens, ihrer Projekte und ihres Netzwerkes sein können – behandelt werden, muss ein Unternehmen nach seiner Gründungsphase sicher erst einmal das tun, wofür es gegründet wurde: Filme zu produzieren.

Welche Kosten, Finanzierungsmöglichkeiten, Partner und Auswertungsmodalitäten hierfür in Frage kommen, dokumentiert explizit mit der Konzentration auf Nachwuchsproduzenten das folgende Kapitel.

115 Oftmals wird in diesem Zusammenhang auch das Sprichwort angeführt, das es nicht Aufgabe der Ausbildung und der Nachwuchsförderung ist, Jagdhunde zur Jagd zu tragen!

3. Darstellung von Kosten, Finanzierung und Recoupment eines Kinospielfilms aus der Sicht von Nachwuchsproduzenten

3.1 Grundsätzliche Kosten eines Kinospielfilms

Da sich die vorliegende Arbeit auf die Finanzierung von Kinospielfilmen konzentriert, müssen die Kosten, die bei der Herstellung entstehen, aufgezeigt werden. Würden keine Kosten entstehen, wäre auch eine Finanzierung hinfällig. Natürlich beweisen Ausnahmen, wie z. B. der Film „Muxmäuschenstill" (D 2004, Regie: Markus Mittermeier), dass ein Spielfilm auch fernab von marktüblichen Preisen hergestellt werden kann, doch der DV-Amateurcharakter der günstigen Aufnahmetechnik steht im Zusammenhang mit der Dramaturgie des Films. Ebenso beabsichtigt die vorliegende Arbeit, von einer zumindest annähernd tarifvertraglich gebundenen Honorierung des Personals und einer branchenüblichen Zahlung der Technik auszugehen, was leider immer weniger im Nachwuchsbereich der Fall ist. Doch langfristiges Lohndumping und ein Preisverfall um der Kunst willen ist weder im Sinne der Filme – denn man sieht ihnen die Unterfinanzierung meist an – noch sollte es im unternehmerischen Sinne der jungen Produktionsfirmen sein. Viele Spielfilme, vor allem Debütfilme, werden in einem studentischen Kontext hergestellt, und somit wird oftmals auf eine angemessene Bezahlung aller Stabmitglieder verzichtet. Wenn jedoch die Herstellung von Filmen staatlich subventioniert und möglicherweise mit Beteiligung einer öffentlich-rechtlichen Fernsehanstalt stattfindet, so sollte die Herstellung auch mit entsprechenden (oft gewerkschaftlich gebundenen) Tarifen kalkuliert sein.[116]

Bevor die erste Klappe fällt, ist ein langer Weg der Drehbuchentwicklung und Produktionsvorbereitung zu gehen, der in vielen Fällen mehrere Jahre betragen kann. In dieser Phase des Films sind nicht viele Mitarbeiter an der Produktion beteiligt. Nur ein Drehbuchautor, ein Produzent, evtl. ein

116 Eine Liste der aktuellen Tarifgagen nach connex.av, der für Medienschaffenden verantwortliche Bereich von verdi, befindet sich unter: http://www.connexx-av.de/upload/m4b264f2ae6af0_verweis2.pdf. (Letzter Zugriff 08.04.2010).

Regisseur und wenige mögliche Mitarbeiter sind bereits in dieser Phase des Projektes intensiv involviert. Kosten für Recherche, Rechte und Honorare entstehen bereits in diesem Zeitraum, ohne dass eine Gewissheit besteht, ob dieser Film jemals gedreht oder auf einer Leinwand zu sehen sein wird. Schon in diesem Bereich sollte also ein Nachwuchsunternehmen darauf achten, dass die notwendigen Kosten hierfür aufgebracht werden können oder die Möglichkeit einer Stoffentwicklungsförderung gewonnen werden kann.

Ein durchschnittlicher TV-Spielfilm für das deutsche Fernsehen wird in ca. 21-24 Tagen gedreht. Hinzu kommen entsprechende Vorbereitungs- und Nachbereitungszeiten der Dreharbeiten, die Post Produktion, welche Schnitt, Effektherstellung, Musikherstellung und Tonmischung beinhaltet, und die abschließende Vermarktungsphase. In all diesen Phasen ist ein Team aus Künstlern, Technikern, Logistikern und Dienstleistern zu beschäftigen und zu bezahlen. Gerade in Deutschland ist das Niveau der TV-Spielfilme sehr hoch, so dass sich ein Kinofilm in seiner Ästhetik, seinem Aufwand und seinen Darstellern hervorheben muss, um seine Berechtigung für die große Leinwand und auch seine Attraktivität für einen Kinobesuch des Zuschauers zu rechtfertigen.

Zur Erläuterung seien hier zwei unterschiedliche Kalkulationssysteme zu erwähnen. Das Kalkulationsschema der FFA und andere nationale Kalkulationsstandards sehen keinen Unterschied der „fixen" Kosten für Team und Technik und den flexiblen Kosten für die oft hoch dotierten Künstler und Stars. Hier werden alle zu erwartenden Kosten unabhängig voneinander aufgelistet.

Im internationalen Bereich wird innerhalb einer Kalkulation zwischen Kosten „Below the Line" und „Above the Line" unterschieden. Unter den „Below the Line"-Kosten werden die eher fixen Kosten erfasst, die zwar je nach Beschäftigungsdauer der Mitarbeiter und entsprechender Technik variieren, aber nicht annähernd an die Gestaltung der „Above the Line"-Kosten heranreichen. Unter diesen Kosten wird die Gage der „künstlerischen Gewerke", wie Produktion, Drehbuchautor, Regie und Darsteller verzeichnet, die pro Film bei internationalen Produktionen in die Millionen gehen kann. Die Regiegage in Deutschland hingegen war bis Juli 2006 gemäß der Grundsätze sparsamer Wirtschaftsführung des FFG, an die sich alle geförderten Filme halten müssen, anteilig zu den Gesamtherstellungskosten begrenzt.[117] Auch die Höchstgage für den

117 Bis zu 5% der Herstellungskosten bis 2.500.000,- Euro, maximal jedoch 75.000,- Euro und bis zu 3% der Herstellungskosten über 2.500.00 Euro, maximal jedoch 125.000,- Euro, gemäß FFG, Richtlinien für Projektfilmförderung § 25.

Herstellungsleiter war bis Juli 2006 nach FFG geregelt und durfte nicht mehr als 2/3 der jeweiligen Regiegage betragen, und das Produzentenhonorar „beträgt bis zu 2,5 v. H. der anerkannten Herstellungskosten bis zu deren Höhe von maximal 5.000.000,00 Euro".[118] Da die deutschen Gagen sich fern von Hollywood-Gehältern bewegen und somit das Budget eines Filmes sich nicht auf einmal komplett multipliziert, hat das „Above the Line/Below the Line"-Kalkulieren national nur bei wenigen Produktionen Einzug gehalten. Im Nachwuchsbereich findet es meist keine Beachtung.

Doch eine Filmkalkulation, die sich an marktübliche, tarifvertraglich gebundene Gagen hält, mindestens 25 Drehtage einrechnet und mit dem durchschnittlichen Aufwand an Team und Technik arbeitet, bewegt sich allein in diesen Bereichen oft schon im siebenstelligen Bereich. Eine solche Kalkulation unterscheidet sich grundsätzlich nicht von einem Fernsehspiel, einem Tatort oder einem Format, welches schon fast ausgestorben ist: dem TV Movie. Dieses ist zum Teil. schon den großen, hoch budgetierten TV-Events gewichen.

Neben den Gehältern für das Team und den Kosten für die Technik fallen bereits während der Dreharbeiten Kosten für die Gagen der Darsteller, Kosten für Drehorte, Ausstattung, Kostüme und Maske, Studiomiete, Fuhrpark, Logistik, Pyrotechnik, Special und Visual Effects[119], Kosten für Filmmaterial usw. an, die normalerweise die Kosten des Drehstabes weit übertreffen. Zusätzlich fallen noch weitere Kosten bei der Nachbearbeitung an, wie Schnitt, Synchronisation, Musikkomposition und Musikaufnahme, Mischung, Herstellung von Visual Effects, Farbkorrektur, Negativschnitt, ob auf dem klassischen analogen oder dem mittlerweile fast gängigen digitalen Weg. Es würde an dieser Stelle zu weit führen, die einzelnen Parameter aufzuführen, sind sie doch so individuell für jeden Film zu kalkulieren, dass eine detaillierte Beispielkalkulation an dieser Stelle keinen Sinn machen würde. Die nachfolgenden Kalkulationen geben daher nur mit zusammenfassenden Grobposten einen Richtungswert an. Aber auch hier gilt: Je besser die finanzielle Ausstattung des Films, desto mehr kann während des Drehs und bei der Nachbearbeitung die Qualität des Films exponiert werden.

---

118 Ebd.

119 Unter Special Effects werden Effekte genannt, die bereits während der Dreharbeiten durch Kameratricks, Matte Paintings, Niederschläge, Rauch usw. entstehen, Visual Effects hingegen sind Effekte, die im Nachhinein per Computer in den Film eingefügt werden. Diese müssen jedoch während des Drehs berücksichtigt werden, damit sie in der Post Produktion auch entsprechend eingefügt werden können.

Exotische Schauplätze, Star-Besetzung, historische oder futuristische Ausstattung und Kostüme, eine komplett digitale Nachbearbeitung, wie es heute im Kinobereich schon fast Standard ist, und auch notwendige, attraktive Special und Visual Effects sind bei einem durchschnittlichen Budget und Zahlung von Tarifgagen für das Team für die Herstellung eines Films, der internationalen Standards gerecht werden soll, kaum möglich. Dass sich der deutsche Markt internationalen Standards anpasst, wird durch die Aufhebung der maximalen Regiegage deutlich.Letztendlich gilt dieser Standard auch für zukünftige Nachwuchsprojekte.

Natürlich muss nicht jeder Film eine solch umfangreiche Kalkulation aufweisen, doch unabhängig von der Größe eines Budgets ist bei jedem Projekt eine professionelle Produktionsplanung auf der Basis einer soliden Kalkulation und Finanzierung unabdingbar.

Selbst die so sehr reduzierten Filme, die z. B: mit dem Label „Berliner Schule" oder, französisch gehalten, „La Nouvelle Vague Allemande" international auf sich und auf das deutsche Nachwuchskino in der internationalen Festivallandschaft und dem Feuilleton – leider jedoch nicht bei den deutschen Kinozuschauern – aufmerksam machten, sollten nicht unter selbstausbeuterischen Umständen realisiert werden.

Für die im weiteren Verlauf der Arbeit beschriebenen Modellbeispiele, die bei Einzelprojekten in drei verschiedenen Größenordnungen Kalkulation, Finanzierung und Rückflussplanung vorgestellt werden, beginnt an dieser Stelle die exemplarische Darstellung von möglichen Kalkulationen. Da eine solche Kalkulation in ihrem Umfang 20 bis 50 Seiten lang sein kann, gibt es an dieser Stelle lediglich die Zusammenfassungen.

Zusammenstellung Beispiel Low-Budget-Film

Bei dieser Beispielkalkulation werden weder Tarifgagen gezahlt, noch sind Studioaufnahmen geplant. An günstigen Originalschauplätzen wird ohne viel Aufwand und teurer Technik alles auf ein Minimum beschränkt. Trotzdem entstehen Kosten von 750.000 Euro für ein Minimum an Gage, nötiger Technik, Motiven und Infrastruktur. Grundsätzlich ist es auch möglich, in der so genannten „Guerillataktik" Filme weit unter diesem Budget zu realisieren, doch orientiert sich diese Arbeit an marktüblichen Eckdaten.

Position		Kalkuliert in €
I.	**Vorkosten**	5.000,00
II.	**Rechte und Manuskript**	15.000,00
III.	**Gagen**	
a)	Produktionsstab	45.000,00
b)	Regiestab	45.000,00
c)	Ausstattungsstab	20.000,00
d)	Sonstiger Stab	20.000,00
e)	Darsteller	40.000,00
f)	Musiker	10.000,00
g)	Zusatzkosten Gagen	45.000,00
IV.	**Atelier**	
a)	Atelier-Bau	0,00
b)	Außenbau durch Atelier	0,00
c)	Atelier-Dreh	0,00
d)	Abbau Atelier und Außenbau	0,00
V.	**Ausstattung und Technik**	
a)	Genehmigung und Mieten	30.000,00
b)	Bau und Ausstattung	50.000,00
c)	Technische Ausrüstung	85.000,00
VI.	**Reise- und Transportkosten**	
a)	Personen	10.000,00
b)	Lasten	10.000,00
VII.	**Filmmaterial und Bearbeitung**	110.000,00
VIII.	**Endfertigung**	90.000,00
IX.	**Versicherungen**	25.000,00
X.	**Allgemeine Kosten**	30.000,00
XI.	**Kostenmindernde Erträge (./.)**	0,00
A.	**Fertigungskosten**	685.000,00
B.	**Handlungskosten (7,5 % von A)**	51.375,00
C.	**Zwischensumme**	736.375,00
D.	**Finanzierungskosten**	7.625,00
E.	**Treuhandgebühren**	6.000,00
F.	**Herstellungskosten**	750.000,00

Abbildung 23: Beispiel 1 Modellkalkulation für einen Spielfilm im Low-Budget-Bereich mit einem Budget von 750.000,- Euro

Zusammenstellung Beispiel Medium-Budget-Film

	Position	Kalkuliert in €
I.	**Vorkosten**	20.000,00
II.	**Rechte und Manuskript**	90.000,00
III.	**Gagen**	
a)	Produktionsstab	100.000,00
b)	Regiestab	100.000,00
c)	Ausstattungsstab	80.000,00
d)	Sonstiger Stab	65.000,00
e)	Darsteller	100.000,00
f)	Musiker	20.000,00
g)	Zusatzkosten Gagen	105.000,00
IV.	**Atelier**	
a)	Atelier-Bau	0,00
b)	Außenbau durch Atelier	0,00
c)	Atelier-Dreh	0,00
d)	Abbau Atelier und Außenbau	0,00
V.	**Ausstattung und Technik**	
a)	Genehmigung und Mieten	120.000,00
b)	Bau und Ausstattung	105.000,00
c)	Technische Ausrüstung	150.000,00
VI.	**Reise- und Transportkosten**	
a)	Personen	15.000,00
b)	Lasten	20.000,00
VII.	**Filmmaterial und Bearbeitung**	180.000,00
VIII.	**Endfertigung**	250.000,00
IX.	**Versicherungen**	50.000,00
X.	**Allgemeine Kosten**	50.000,00
XI.	**Kostenmindernde Erträge (./.)**	0,00
A.	**Fertigungskosten**	1.620.000,00
B.	**Handlungskosten (7,5 % von A)**	121.500,00
D.	**Zwischensumme**	1.741.500,00
E.	**Finanzierungskosten**	30.000,00
F.	**Treuhandgebühren**	28.500,00
H.	**Herstellungskosten**	1.800.000,00

Abbildung 24: Beispiel 2 Modellkalkulation für einen nationalen Spielfilm im Medium-Budget-Bereich mit einem Budget von 1.800.000,- Euro

Bei diesem Beispiel wird wiederum von einem Dreh an Originalmotiven ausgegangen, Gagen werden gezahlt und es steht Geld für Technik, Ausstattung und Kostüme zur Verfügung. Weiterhin muss bei der Nachbearbeitung nicht gespart werden. Doch auch hier orientiert sich die Kalkulation an Durchschnittskosten, die aufwändigere Dreharbeiten, historische Stoffe o. ä. nicht berücksichtigen.

Zusammenstellung Beispiel High-Budget-Film

Bei dem dritten Beispiel High-Budget-Film einer internationalen Co-Produktion könnte es sich um ein aufwändigeres Projekt handeln, welches im europäischen Rahmen sogar noch im durchschnittlichen Bereich agiert und nicht annähernd mit großen Studioproduktionen vergleichbar ist. Für einen unabhängigen Produzenten – speziell Nachwuchsproduzenten – stellt dies eine Beispielkalkulation für ein Projekt dar, welches in der Regel noch finanzierbar ist. In dieser Kalkulation ist ein Studiodreh möglich, außerdem sind teure Darsteller und ein größerer Aufwand an Technik, Ausstattung und Motiven in diesem Beispiel eingeplant.

	Position	Kalkuliert in €
I.	**Vorkosten**	75.000,00
II.	**Rechte und Manuskript**	100.000,00
III.	**Gagen**	
a)	Produktionsstab	240.000,00
b)	Regiestab	250.000,00
c)	Ausstattungsstab	100.000,00
d)	Sonstiger Stab	250.000,00
e)	Darsteller	1.100.000,00
f)	Musiker	100.000,00
g)	Zusatzkosten Gagen	800.000,00
IV.	**Atelier**	
a)	Atelier-Bau	1.100.000,00
b)	Außenbau durch Atelier	0,00
c)	Atelier-Dreh	500.000,00
d)	Abbau Atelier und Außenbau	0,00
V.	**Ausstattung und Technik**	
a)	Genehmigung und Mieten	360.000,00
b)	Bau und Ausstattung	450.000,00
c)	Technische Ausrüstung	375.000,00
VI.	**Reise- und Transportkosten**	
a)	Personen	30.000,00
b)	Lasten	25.000,00
VII.	**Filmmaterial und Bearbeitung**	250.000,00
VIII.	**Endfertigung**	750.000,00
IX.	**Versicherungen**	80.000,00
X.	**Allgemeine Kosten**	100.000,00
XI.	**Kostenmindernde Erträge (./.)**	0,00
A.	**Fertigungskosten**	7.035.000,00
B.	**Handlungskosten** (bis HK von 1 Mio. 7,5%, danach 5%)	376.750,00
C.	**Zwischensumme**	7.411.750,00
D.	**Finanzierungskosten**	40.250,00
E.	**Treuhandgebühren**	48.000,00
F.	**Herstellungskosten**	7.500.000,00

Abbildung 25: Beispiel 3 Modellkalkulation für einen internationalen Spielfilm im High-Budget-Bereich mit einem Budget von 7.500.000,- Euro

Bei all diesen Modell-Budgets sei angemerkt, dass es sich hier ausdrücklich um Beispielkalkulationen handelt und jeder einzelne Film entsprechend seinem Drehbuch, des Drehplans und der Prioritätensetzung seitens Produzent und Regie individuell ausgearbeitet werden muss. Des Weiteren sollte eine Kalkulation neben der Aufstellung der zu entstehenden Kosten auch berücksichtigen, in welcher Höhe diese kalkulierten Kosten auch finanziert werden können. Eine Kalkulation muss stets in Verbindung mit dem entsprechenden bzw. realistischen Finanzierungsplan gebracht werden, denn sonst ist sie nicht mehr als eine pure Zahlenaufstellung. Grundsätzlich gilt bei einer Kalkulation, eine angemessene Relation zwischen Aufwand und Möglichkeiten auszuarbeiten, um dem Projekt von Anfang an eine solide, professionelle Aufstellung für potentielle Finanziers zu bieten.

Gleichzeitig müssen unzählige Angebote eingeholt werden, und je nach Drehorten und beteiligter Darsteller und Teammitglieder sind fast alle Kalkulationsposten individuell verhandelbar. Das beteiligte Team sollte nach Tarifgagen (bereits oben angesprochen) entlohnt werden, was bei dem erstgenannten Beispiel des Low-Budget-Films nicht gewährleistet werden kann. Doch gerade diese Kostenklasse ist bei vielen Nachwuchsproduktionen üblich, und wie die anschließenden Ausführungen zeigen werden, haben eben genau diese Filme im Low-Budget-Bereich extrem zugenommen.

Bei der anschließenden Darstellung der Finanzierung wird deutlich, dass es für deutsche Nachwuchsproduzenten bereits sehr schwierig sein wird, ein solches Budget als Newcomer zusammenzutragen. Wie weitere Ausführungen jedoch unter Beweis stellen, gelang es in jüngster Zeit auch Nachwuchsunternehmen, größere nationale Produktionen wie auch aufwändige internationale Co-Produktionen zu realisieren.

Insgesamt zeigt sich aber, dass auch ein Nachwuchsprojekt schnell auf ein Budget von mehreren hunderttausend Euro oder sogar auf ein Budget von mehreren Millionen Euro ansteigen kann. Wie im weiteren Verlauf der Arbeit noch ausführlicher besprochen, betrug 2001 das durchschnittliche Budget eines Spielfilms 2,6 Mio. Euro, 2006 waren es bei nationalen Produktionen durchschnittlich 3,2 Millionen Euro.[120]

Somit sind die Gesamtkosten für Spielfilme in Deutschland angestiegen. Dieser Tatsache müssen sich natürlich die jungen Produktionsunternehmen stellen. Bei der zunehmenden Anzahl der realisierten Filme und

120 Vgl. SPIO 2007. S. 18.

der auf den Markt treffenden Talente und Produktionsunternehmen im Nachwuchssektor ist im Vergleich zu den vorhandenen und zur Verfügung stehenden Fördermitteln, Senderplätzen, Verleihunternehmen und sogar Festivalpräsenzen und Auszeichnungsmöglichkeiten der bereits bestehende Konkurrenzdruck noch gewachsen.

Für ein Produktionsunternehmen bedeutet dies, dass jedes einzelne Filmprojekt so kalkuliert und finanziert werden muss, dass das Risiko minimal gehalten wird. Außerdem müssen Unternehmensfinanzierung, Projektfinanzierung und die jeweiligen Cash Flow Pläne aufeinander abgestimmt werden.

Weiterhin muss ein (Nachwuchs-)Produzent unterscheiden zwischen der Unternehmensfinanzierung und der jeweiligen Projektfinanzierung einzelner Filmvorhaben. Aber wie ist eine Finanzierung eines Nachwuchsprojektes in Deutschland möglich? Mögliche und gängige Finanzierungselemente werden im folgenden Kapitel dargestellt.

Doch nicht nur das Finanzierungsrisiko obliegt dem Produzenten. Bereits während der Stoffauswahl in der Entwicklungsphase beginnt das Risiko eines Unternehmens. Welche Projekte akquiriert und welche Anfangsinvestitionen getätigt werden, um einen Stoff zu einer präsentablen Form zu entwickeln und um überhaupt ein Projekt für potentielle Finanziers attraktiv zu gestalten, muss mit Bedacht entschieden werden. Somit ist unabhängig von den folgenden Ausführungen zur Projektfinanzierung das feine Gespür für Filmstoffe und Talente und vor allem das unternehmerische Geschick des Produzenten sehr wichtig, denn bis zur Premiere, bis der erste mögliche Rückfluss eines Films überhaupt stattfinden kann, liegen beim Produzenten neben dem Finanzierungsrisiko außerdem noch das Herstellungsrisiko und das Vermarktungsrisiko (s. o.).

Abschließend als Überleitung zu der Vorstellung der möglichen Finanzierungsmittel für Nachwuchsproduktionen ist zur Kalkulation noch zu bedenken, dass diese immer in Relation zu einer realistischen Finanzierung gesehen werden muss. Denn schließlich können nur solche Kosten kalkuliert werden, die später auch finanziert und als Kosten abgerechnet werden können.

3.2 Finanzierung von Spielfilmen in Deutschland – ein Überblick über die einzelnen Finanzierungselemente unter besonderer Betrachtung von Nachwuchsprojekten

Wie bereits angesprochen, finanziert sich ein deutscher Spielfilm in der Regel nicht ausschließlich aus Eigenmitteln des Filmherstellers. Eine geschlossene Finanzierung für einen Spielfilm ist vielmehr eine Kumulation aus unterschiedlichen Finanzierungsquellen. Für jeden Film erstellt der Filmhersteller ein Finanzierungsmuster, um von unterschiedlichen Seiten unter gewissen Auflagen Finanzierungsbeteiligungen zu erhalten. Da der Film an sich ein hybrides Produkt zwischen Konsumartikel und Kulturgut ist, bewegen sich die möglichen Finanzierungselemente und Investoreninteressen in ihrer Art zwischen finanziellen, wirtschafts- und standortpolitischen sowie kulturellen Interessen. Daher gestalten sich die entsprechenden Erwartungen, Auflagen und Bedingungen einer Finanzierungsbeteiligung je nach Interesse des Investors unterschiedlich. Gerade im Nachwuchsbereich bestehen bei einigen Förderungen z. B. „weichere" Bedingungen für Nachwuchsproduktionen oder es bestehen spezielle Programme in Zusammenarbeit mit Sendern. Im Verlauf dieses Kapitels werden die klassischen Finanzierungselemente vor allem in Bezug auf Nachwuchsprojekte vorgestellt und auch die jeweiligen Programme und Redaktionen benannt. Anschließend folgen Modellbeispiele der Filmfinanzierung, um anhand dieser eine Recoupmentplanung zu veranschaulichen.

Die hier dargestellten Finanzierungselemente beziehen sich vornehmlich auf die reine „Projektfinanzierung", eine zur Herstellung eines Filmprojektes hinzugezogene Finanzierungsmöglichkeit. Auch wird in diesem Fall davon ausgegangen, dass die erste Auswertungsstufe die Kinoleinwand ist. Reine Fernsehstoffe, allgemein fiktionaler „content" für die Verwertung auf mobilen Endgeräten oder PC- und Spielekonsolen, sollen als primärer Auswertungsaspekt nicht gesehen werden. Wie die Marktdaten und Prognosen (unter anderem. der PwC[121]) aufzeigen, sind diese Auswertungsmärkte (neben der DVD-Auswertung auch Games, Internet, Soundtrack, Merchandising usw.) sicher nicht mehr als „Nebenrechte", Zweitauswertungsmärkte oder reine Zusatzgewinne anzurechnen, denn die Erlöse, die aus diesen Auswertungen zu generieren

121 Vgl. Price Waterhouse Coopers (2005): S. 12 ff., die Wirtschaftsprüfungsgesellschaft veröffentlicht regelmäßig den German Entertainment and Media Outlook, der Trends aller Unterhaltungsbranchen aufzeigt. www.pwc.de.

sind, werden immer bedeutsamer. So kann ein Kinospielfilm als ein hybrides Produkt für einen diversifizierten Markt betrachtet werden.

Weiterhin beziehen sich die anschließend dargestellten Finanzierungsformen nicht auf eine Unternehmensfinanzierung, sondern auf die reine Projektfinanzierung. Jedoch werden bei den meisten der heute geförderten Filme die Kosten zur Führung des Unternehmens als HUs (Handlungskosten)[122] in die Kalkulation der Projekte eingeführt und mitfinanziert. Da die meisten Förderungen und Senderbeteiligungen in mehreren Raten ausgezahlt werden und die Produzenten sich nicht ausschließlich auf die Unternehmensfinanzierung durch Projektmittel verlassen sollten, sind hier die im weiteren Verlauf der Arbeit erläuterten Zwischenfinanzierungen und Einbindung von Banken sowohl in die Unternehmens- als auch in die Projektfinanzierung zu beachten.

Weiterhin müssen sich die Produzenten an die „Grundsätze sparsamer Wirtschaftsführung" des FFG halten (§10 der Richtlinie der Referenzförderung und §19 der Richtlinie der Projektfilmförderung).[123] Außerdem ist bei der Kalkulation darauf zu achten, dass der Produzent – der im Nachwuchsbereich in den meisten Fällen auch als Produktionsleiter, Producer oder Herstellungsleiter agiert – neben dieser Gage und den HU's noch Producer's fee (i. H. v. max. 2,5% der Netto-Herstellungskosten) und eine Überschreitungsreserve i. H. v. 5% kalkulieren kann. Dieses ist für ihn sozusagen der Verdienst aus der Herstellung des Films, so dass die Einnahmen des Produzenten nicht ausschließlich von den Gewinnerwartungen an der Kasse abhängen. Aus der Sicht des

122 Zu den Handlungskosten gehören: Aufwendungen für Einrichtung und Unterhalt der ständigen Geschäftsräume, allgemeiner Geschäftsbedarf, allgemeine Post- und Telefongebühren, allgemeine Personalkosten, soweit sie nicht das jeweilige Projekt speziell betreffen, Gewerbesteuer vom Ertrag und Personal, Aufwendungen für allgemeine Rechts-, Steuer- und Devisenberatungen sowie für Bilanzprüfungen, Zinsen und Bankspesen für allgemeine Kredite, allgemeine Aufwendungen für Gästebewirtung, Repräsentation, Blumen und Geschenke und Reisekosten und Aufwendungen im Rahmen der normalen Geschäftstätigkeit des Produzenten, sofern sie nicht für ein bestimmtes Projekt aufgewendet wurden. Diese dürfen nicht als Fertigungskosten des Projektes angesetzt werden. Gem. §18 der Richtlinien zur Projektfilmförderung des FFG.

123 „Im Rahmen der Grundsätze sparsamer Wirtschaftsführung liegen bei der Produktion von programmfüllenden Filmen die Handlungskosten des Produzenten bis zu einer Kostenhöhe von € 2.000.000,00 der Herstellungskosten oder des deutschen Herstellungskostenanteils (insoweit aber ohne Handlungs- und Finanzierungskosten) bei 7,5 v. H. Gehen die kalkulierten Kosten über den Betrag von € 2.000.000,00 hinaus, so erhöhen sich die Handlungskosten pro € 50.000,00 weiterer Herstellungskosten um jeweils € 2.500,00 bis höchstens zu € 350.000,00." Gem. §18 der Richtlinien Projektfilmförderung des FFG.

(Nachwuchs-)Produzenten sollte vermieden werden, diese Posten aus Mangel an direkten Mitteln zurückzustellen und so lediglich als indirekten Eigenanteil in die Finanzierung einzubringen.

Doch diese Problematik wird im Verlauf der Arbeit noch mehrmals aufgegriffen und bei der Betrachtung der Modellbeispiele dezidiert aufgezeigt. Nachfolgend werden die wichtigsten und gängigsten Finanzierungselemente und Produktionspartner (nicht nur) für Nachwuchsprojekte vorgestellt.

Eigenmittel des Produzenten

Die Eigenmittel des Produzenten setzen sich zusammen aus nachweisbaren monetären Mitteln, die dem Produzenten durch Eigenkapital oder Bankendarlehen zur Verfügung gestellt werden. Gemäß § 34 Abs. 2 FFG stehen Eigenleistungen Eigenmitteln gleich. Hier kann der Hersteller erbrachte Leistungen (z. B. als Kreativer Produzent, Herstellungsleiter, Hauptdarsteller, Regisseur oder Kameramann[124]) oder Werke (z. B. Drehbuch oder Filmmusik), die zur Herstellung des Films zur Verfügung gestellt werden, als Eigenmittel anrechnen[125]. Für Beistellungen gilt, wenn der Filmhersteller sachliche eigene Leistungen erbringt, diese höchstens mit den jeweils marktüblichen Preisen unter Reduzierung der Beträge um 25% angesetzt werden können.[126] Gemäß Anlage 2 Abs. 4 zur Richtlinie für die Projektfilmförderung im Hinblick auf die Errechnung des Eigenanteils nach § 34 dürfen diese Sachleistungen des Herstellers, wie auch Handlungskosten und Sachleisterkredite der technischen Firmen jedoch nicht auf den Eigenanteil angerechnet werden. Insgesamt dürfen höchstens bis zu 10% der in der Kalkulation angegebenen Kosten als Eigenleistungen zur Finanzierung des Eigenanteils angegeben werden.[127]

Innerhalb der Richtlinien der Länderförderer gelten zum Teil andere Definitionen der Eigenmittel und der geforderten prozentualen Minimalhöhe der Eigenmittel und des Eigenanteils. Hier gilt es, vor der Antragstellung die jeweils geforderten Anteile/Summen zu recherchieren.

124 Ein doppelter Gagensatz bei Mehrfachbetätigung ist nicht zulässig (§ 25 Richtlinien zur Projektfilmförderung).

125 Vgl. FFG § 34 Abs. 3.

126 Vgl. Richtlinien für die Projektfilmförderung § 25 Abs. 1 in Verbindung mit § 32 FFG.

127 Vgl. Anlage 2 Abs. 4 zur Richtlinie für die Projektfilmförderung im Hinblick auf die Errechnung des Eigenanteils nach § 34.

In der Regel kann somit ein Filmproduktionsunternehmen mit geringer Eigenkapitalbasis und kleinem finanziellen Risiko ein Projekt mit 90% Fremdkapital und nur 10% des Budgets an Eigenmitteln, die nicht aus eigenem Kapital bestehen müssen, einen Kinospielfilm herstellen. Bei einigen Länderförderern (z. B. dem Medienboard Berlin-Brandenburg) gelten für Nachwuchsunternehmen geringere Auflagen, so dass hier mindestens 5% Eigenmittel (und hier Barmittel) nachzuweisen sind. (vgl. Richtlinien einzelner Länderförderer)[128]. Daher sind Eigenmittel nicht zu verwechseln mit dem geforderten Eigenanteil, der gleich im Anschluss dargestellt wird.

Jedoch gibt es bei unterschiedlichen Förderungen und Finanzierungsbeteiligungen auch unterschiedliche Definitionen des Eigenanteils und der Eigenmittel. Denn bei einzelnen Förderungen werden Rück- und Beistellungen als Eigenmittel gezählt, bei den meisten Förderungen gelten sie jedoch als Eigenanteil, der zwar vorrangig zurückgeführt werden kann, aber nicht als Eigenmittel gerechnet wird. Grundsätzlich gelten alle Barmittel, die der Produzent über eigene monetäre Mittel oder Fremdmittel in die Produktion einbringt, als Eigenmittel.

Eigenanteil des Produzenten

Im Unterschied zu den Eigenmitteln kann der Eigenanteil des Produzenten, der gemäß § 34 FFG mindestens 15% der anerkannten Herstellungskosten betragen muss, aus Eigenmitteln, Eigenleistungen und Fremdmitteln, „die dem Hersteller darlehensweise mit unbedingter Verpflichtung zur Rückzahlung überlassen worden sind"[129], erbracht werden. Bei verschiedenen Länderförderern, wie. der Medienboard Berlin Brandenburg, wird ein Eigenanteil i.H.v. mindestens 30% verlangt. Bei Nachwuchsprojekten jedoch nur mindesten 20%.[130] Hierzu können neben Eigenmitteln und Eigenleistungen auch Verleih- und Vertriebsgarantien, Co-Produktionsbeiträge, Rückstellungen, Beistellungen o. ä. gerechnet werden. Auch Mittel der öffentlich-rechtlichen Rundfunkanstalten, soweit sie marktübliches Entgelt für die Übertragung der Senderechte darstellen, können auf den Eigenanteil angerechnet werden. Bei einer Gemeinschaftsproduktion mit öffentlich-rechtlichen Sendern muss das anrechen-

128 Vgl. § 2.3.5 der Vergaberichtlinien der Medienboard Berlin-Brandenburg GmbH.

129 Vgl. § 34 Abs. 2 FFG.

130 Vgl. §2.3.5 der Vergaberichtlinien der Medienboard Berlin-Brandenburg GmbH.

bare marktübliche Entgelt die gleiche Höhe wie der Minderungsbetrag unter Nr. 1 haben.[131] Somit wird die Beteiligung einer co-produzierenden öffentlich-rechtlichen Rundfunkanstalt aufgeteilt, und der Filmhersteller kann 50% des Finanzierungsanteils des Senders auf seinen Eigenanteil anrechnen, wobei er diese nicht – im Vergleich zu dem von ihm selber eingebrachten Eigenanteil – vorrangig zurückführen kann (vgl. Kapitel Recoupment). Förderungsmittel der Bundes- und Länderförderungen können jedoch nicht auf den Eigenanteil des Filmherstellers angerechnet werden. Referenzmittel können zwar auf den Eigenanteil angerechnet werden, aber nicht vorrangig zurückgeführt werden.

Lediglich bei den ersten beiden programmfüllenden Filmen eines Herstellers kann eine Ausnahme der Regelungen zur Bestimmung des Eigenanteils gemacht werden.[132]

Betrachtet man insgesamt die Regelungen des FFG und den damit anhängenden Richtlinien, nach denen alle von der FFA unterstützten Filme kalkuliert und finanziert werden müssen, so hat der Produzent Eigenmittel, die über Eigenleistungen, z. B. zurückgestellte Gagen, beigestellte Werke oder direktes Barvermögen aufgebracht werden können, insgesamt mindestens 10% (bis Ende 2008, seit Anfang 2009 sind es max. 2%) der Gesamtfinanzierung zu erbringen. Der anteilig höher definierte Eigenanteil (min. 15% gem. FFG, bei manchen Länderförderern bis zu 30%) grenzt sich von den Eigenmitteln insofern ab, da er auch andere Mittel außer der direkten Eigenleistung beinhaltet – z. B. Fremdfinanzierungen über Bankendarlehen, Rückstellungen, Verleihverträge und Fernsehanteile. Weiterhin muss beachtet werden, dass Länderförderungen zum Teil eigene Richtlinien besitzen, die von den FFA-Richtlinien abweichen können. Für den Produzenten gilt es somit, soviel Eigenanteil wie möglich mit dem geringsten Risikoeinsatz wie nötig in die Finanzierung einzubringen.

Co-Produktion mit anderen Produktionsunternehmen

Sowohl auf dem nationalen als auch auf dem internationalen Filmproduktionsmarkt besteht die Möglichkeit einer Co-Produktion mit weiteren pri-

131 Vgl. Anlage 2 Abs. 6 zur Richtlinie für die Projektfilmförderung im Hinblick auf die Errechnung des Eigenanteils nach § 34FFG.

132 Vgl. Anlage 2 Abs. 7 zur Richtlinie für die Projektfilmförderung im Hinblick auf die Errechnung des Eigenanteils nach § 34FFG.

vatwirtschaftlichen Produktionsunternehmen. Hierbei werden die Rechte, Risiken und damit die Erlöse auf die einzelnen Co-Produktionsparteien aufgeteilt. Im nationalen Bereich macht diese Konstellation einerseits Sinn, wenn ein junges Produktionsunternehmen sich mit einem etablierten und finanzstarken Haus verbindet, um von dessen Know How und starker Kapitalbasis zu profitieren. Andererseits kann somit ein etabliertes Unternehmen junge Filmemacher und kreative Talente an sich binden.

Im internationalen Bereich, vor allem innerhalb der Europäischen Union, können Co-Produktionsparteien nationale Gelder der jeweiligen Länder bündeln und zusätzlich europäische Fördermaßnahmen, wie „MEDIA 2007“ und „Eurimages", in Anspruch nehmen. Auf diese Art der europäischen Förderung wird in einem separaten Kapitel im Verlauf dieser Arbeit genauer eingegangen. Das Recoupment wird dann jeweils auf die Co-Produktionsparteien ausgeschüttet. Wie sich die Refinanzierung im Einzelnen gestaltet, wird im Lauf der Arbeit erläutert. Doch grundsätzlich sei hier bemerkt, dass sich bei nationalen Co-Produktionen die Anteile der Co-Produktionspartner in der Regel pari passu aufteilen, das heißt, jeder erhält den Anteil der Erlöse, der sich nach seinem jeweiligen Finanzierungsanteil richtet. Hat ein Co-Produktionspartner also 10% der Finanzierung in die Gemeinschaftsarbeit eingebracht, so erhält dieser auch 10% aller Erlöse.

Nicht nur für Nachwuchsfirmen mit einer geringen Kapitaldecke bietet sich eine solche Zusammenarbeit an.

Co-Produktion mit Filmhochschulen

Junge Produktionsfirmen, die z. B. von ehemaligen Studierenden gegründet wurden, gehen oftmals eine Co-Produktion mit einer Filmhochschule ein. Hier bieten sich Vorteile für beide Seiten. Auf der einen Seite kann die Produktionsfirma von der Filmschule, deren Infrastruktur und technischer Ausstattung sowie von jungen, obwohl nicht so erfahrenen, aber dafür kreativen und hoch motivierten Studenten profitieren. Die Filmschüler lernen mit erfahrenen Produzenten zu arbeiten und in den meisten Fällen ihren Abschlussfilm in einem professionellen Umfeld zu produzieren. Über die externe Produktionsfirma ist es ihnen darüber hinaus möglich, Fördermittel einzuwerben, denn einige der Filmhochschulen dürfen als öffentlich finanzierte Ausbildungsinstitution nicht direkt Fördermittel akquirieren.

Innerhalb einer solchen Co-Produktion, oftmals in Verbindung mit einer öffentlich-rechtlichen Fernsehanstalt, können Abschlussfilme als Langfilme mit einem Budget von über 500.000,- Euro hergestellt werden. Einzelne Länderförderungen bieten speziell für diese Abschlussarbeiten besondere Fördertöpfe in Zusammenarbeit mit den Filmhochschulen an. So arbeitet z. B. die Filmstiftung NRW mit den dort ansässigen Filmschulen, der Kunsthochschule für Medien (KHM) und der international filmschool (ifs), zusammen. Die Medien- und Filmgesellschaft Baden-Württemberg (Mfg) kooperiert mit der Filmakademie Ludwigsburg; der FFF Bayern mit der HFF München sowie das Medienboard Berlin-Brandenburg mit der HFF „Konrad Wolf" in Potsdam als auch der dffb in Berlin.

Jede einzelne Förderung hat spezielle Nachwuchsprogramme, auf die im weiteren Verlauf der Arbeit eingegangen wird, die auch die Unterstützung von Hochschulprojekten am jeweiligen Medienstandort beinhalten. In einigen Fällen geschieht dies auch direkt mit der Einbindung der dort ansässigen Rundfunkanstalt, wie z. B. in Baden-Württemberg. Hier gibt es eine enge Zusammenarbeit zwischen der Nachwuchsredaktion des SWR, der Förderung durch die Mfg für Abschlussprojekte der Filmakademie Ludwigsburg. In Berlin und Brandenburg fördert das Medienboard innerhalb ihrer Nachwuchsförderung jeweils zwei Abschlussfilme der dort ansässigen Filmschulen dffb und HFF pro Jahr mit bis zu 200.000,- Euro pro Projekt.[133]

So sind in den letzten Jahren viele Abschlussprojekte entstanden, mit denen Nachwuchsfirmen aufgrund einer solchen Kooperation national und international auf sich aufmerksam machen konnten, z. B: credofilm mit „Valerie" – einem Abschlussprojekt der dffb – und „Jadghunde" mit der HFF Potsdam, die Produktionsfirma Junifilm mit dem Cannes-Beitrag „PingPong", der gleichfalls in Co- Produktion mit der HFF Potsdam entstand, die Produktionsfirma NiKo-Film mit dem dffb-Abschlussfilm „Das Fremde in mir", der 2008 auf dem Festival in Cannes seine Uraufführung fand. Weiterhin sind Filme wie „Parkour", „Novemberkind" oder „Shahada" entstanden, die auf Festivals und beiden Zuschauern in jüngster Zeit Erfolge feierten.

Die Möglichkeit der Co-Produktion mit einer Hochschule ist somit für junge Produktionsfirmen eine große Möglichkeit, mit jungen Talenten zu arbeiten und gleichzeitig bestehende Kooperationen zu nutzen.

133 Vgl. Förderrichtlinien unter www.medienboard.de (Letzter Zugriff 30.03.2010).

Co-Produktion mit TV-Anstalten und Vorlizenzabkauf von TV-Anstalten

Weitere wichtige, elementare Partner für (Nachwuchs-)Produzenten bei der Herstellung und Finanzierung von Kinofilmen sind die Fernsehanstalten, insbesondere die öffentlich-rechtlichen Sender, die speziell für Nachwuchsprojekte eigene Redaktionen und Sendeplätze besitzen. Allen voran ist das ZDF „Kleine Fernsehspiel" eine der wichtigsten Adressen für Abschluss- und Debütprojekte. Außerdem betreiben die ARD-Sender über ihren Programmplatz „Debüt im Ersten" und die Nachwuchsredaktionen in den einzelnen ARD-Anstalten, wie dem Bayerischen Rundfunk (BR), dem Hessischen Rundfunk (hr), dem Norddeutschen Rundfunk (NDR) dem Rundfunk Berlin-Brandenburg (rbb), dem Mitteldeutschen Rundfunk (MDR), dem Südwestdeutschen Rundfunk (SWR) und dem Westdeutschen Rundfunk (WDR) sowie bei 3sat und arte gezielt Nachwuchsarbeit.

Fast alle deutschen Kinofilme, die in den letzten Jahren im Nachwuchsbereich entstanden sind, kamen ohne die öffentlich-rechtlichen Fernsehanstalten als Produktions- und Finanzierungspartner kaum aus. Weiterhin bieten die Sendeplätze – auch wenn sie in den letzten Jahre weiter weg von der Prime Time gerückt sind – einen zusätzliche Weg zum Publikum über die Festivalteilnahmen und die Kinoauswertung hinaus. Da mit der Zunahme der Nachwuchstalente auch die Anfrage bei den entsprechenden Redaktionen nicht abgenommen hat, ist eine frühzeitige Einbindung der Redaktion – schon im Stadium der Entwicklung –für die Realisierung eines Projektes von Bedeutung. Neben dem großen Engagement der öffentlich-rechtlichen Fernsehanstalten an der Herstellung von Kinoproduktionen und hier auch speziell von Nachwuchsprojekten innerhalb der deutschen Kinofilmlandschaft liegen diesem Interesse auch rechtliche Regelungen zugrunde, die im Weiteren erläutert werden.

Doch nicht nur die öffentlich-rechtlichen Sender, auch die privaten Sendeanstalten interessieren sich für Nachwuchsprojekte, und nicht selten werden Redakteure der privaten Sendeanstalten auf den jährlichen „Werkschauen", „Highlights", „Redakteurstreffen", „Filmmessen" usw. der Filmhochschulen gesehen.

Neben dem Interesse zur Entdeckung von Talenten (die Bedeutung dieser Werkschauen der Filmschulen sollte nicht unterschätzt werden; dazu wird im Verlauf der Arbeit noch eingegangen) sind die Sender auch verpflichtet, sich an der Herstellung von Kinoprojekten direkt und indirekt zu beteiligen. Die folgenden Ausführungen werden dies erläutern.

Rechtliche Regelungen zur Beteiligung von Fernsehanstalten an der Herstellung von Kinofilmen

In Deutschland gibt es innerhalb des FFG keine Regularien, welche die öffentlich-rechtlichen Fernsehsender verpflichten, in die Herstellung von Kinofilmen zu investieren. Dies resultiert vornehmlich aus der föderalistischen Struktur Deutschlands, innerhalb dieser die einzelnen Bundesländer für Rundfunkangelegenheiten zuständig sind, das FFG aber ein Bundesgesetz ist.[134]

So ist es für die öffentlich-rechtlichen Rundfunkanstalten im Rundfunkstaatsvertrag § 6 Abs. 4 festgelegt, dass die Förderung von Kinofilmen Bestandteil des „Grundversorgungsauftrages" sein kann.[135] Länderweit und innerhalb ihrer eigenen Grundsätze verpflichten sich die Fernsehsender aber sehr wohl, in die Förderung von Kinofilmen zu investieren.

Neben der Tatsache, dass einige Rundfunkanstalten direkt als Gründer und Gesellschafter von Förderinstitutionen agieren (z. B. HH, Filmstiftung und Bayern), hat der Westdeutsche Rundfunk WDR gemäß § 47 des Gesetzes über den Westdeutschen Rundfunk „zusätzliche Rundfunkgebühren für die Film- und Hörspielförderung der „Filmstiftung Nordrhein-Westfalen GmbH" zu verwenden. Der Landesgesetzgeber hat durch diese Vorschrift von seinem Recht aus Art. 40 Abs. 2 Rundfunkstaatsvertrag Gebrauch gemacht, der Landesmedienanstalt, welche die Aufsicht über die privaten Veranstalter ausübt, nur einen Teil der ihr zugedachten Rundfunkgebühr zuzuweisen. Ein Teil in Höhe von 45% dieser Gebühren ist zu den genannten Zwecken an den WDR zurückzuleiten."[136]

Nicht nur der WDR, auch viele andere öffentlich-rechtlichen Anstalten der ARD und das ZDF sind der freiwilligen Verpflichtung gemäß Rundfunkstaatsvertrag, eigener Länderregelungen und des FFG nachgekommen und haben sich gegenüber der FFA freiwillig verpflichtet, zur Film-

134 Vgl. Europäische Audiovisuelle Informationsstelle (2006), S. 39.

135 „Im Rahmen seines Programmauftrages und unter Berücksichtigung der Grundsätze von Wirtschaftlichkeit und Sparsamkeit ist der öffentlich-rechtliche Rundfunk zur qualitativen und quantitativen Sicherung seiner Programmbeschaffung berechtigt, sich an Filmförderungen zu beteiligen. Weitere landesrechtliche Regelungen bleiben unberührt" Rundfunkstaatsvertrag unter: http://www.lfk.de/fileadmin/media/recht/12_RStV_Juni09.pdf.

136 gl. Europäische Audiovisuelle Informationsstelle (2006). S. 40.

förderung beizutragen und gleichzeitig verschiedene Filmfonds der einzelnen Bundesländer zu unterstützen. Diese Selbstverpflichtung ist ein grundsätzlicher Unterschied zur gesetzlichen Verpflichtung der Kinobetreiber und hat in den letzten Monaten für enorme Probleme in der deutschen Filmlandschaft gesorgt. Doch dies soll hier nicht vertieft werden, sondern kann der Fachpresse entnommen werden. Grundsätzlich werden bei der Beteiligung von Fernsehsendern Kinofilme indirekt über die Einzahlung an Förderungen und direkter Beteiligung durch Co-Produktionen unterstützt. Das Filmförderabkommen (im weiteren Verlauf als FF-Abkommen bezeichnet) unterscheidet zwei Arten der Förderung: Gemeinschaftsproduktionen und Projektfilmförderung.

Gemeinschaftsproduktionen

Zur Durchführung von Gemeinschaftsproduktionen stellen ARD und ZDF gemäß § 2 Abs. 1 FF-Abkommen je zur Hälfte einen Betrag von 4,5 Millionen Euro[137] zur Verfügung. Über die Verwendung dieser Mittel können sie jedoch selber entscheiden. Sie wählen mithin den Film aus, den sie co-produzieren wollen. Das Geld wird direkt der Produktion zugeführt, ohne dass es vorher an die FFA gezahlt wird. Die Rolle der FFA beschränkt sich in diesem Falle darauf, die Beteiligung der Rundfunkanstalten in Gemeinschaftsproduktionen zu organisieren und zu überwachen."[138]

Die Verteilung der Verwertungserlöse von Gemeinschaftsproduktionen regelt § 5 FF-Abkommen. Nach Deckung der Produktionskosten wird unter den Partnern entsprechend ihrer Beteiligung an den Kosten der Verwertungserlös aufgeteilt. Dabei ist von den Rundfunkanstalten die Verwertungsmöglichkeit des Films im Fernsehen angemessen zu berücksichtigen.

Positiv für den Produzenten sei hier noch hinzugefügt:
„Die Rundfunkanstalten müssen die ihnen innerhalb von 3 Jahren ab Abnahme des Films zufließenden Erlösanteile an die FFA abführen. Diese setzt die Mittel nach dem Referenzprinzip für neue Co-Produktionen mit der jeweiligen Rundfunkanstalt ein. Diese hat die Gelder für die

137 Diese Summe ist jährlich für die Jahre 2004-2008 im Rahmen ihrer genehmigten Haushaltsmittel bereitzustellen. S. o.

138 Ebd. S.40.

Herstellung eines neuen Kinospielfilms zu verwenden. Alternativ kann die Rundfunkanstalt den Erlös auch unmittelbar an den filmwirtschaftlichen Partner zahlen, aus dessen Co-Produktion das Geld erwirtschaftet wurde. Ein Vertrag mit dem erfolgreichen Produzenten muss aber innerhalb von 12 Monaten nach Eingang des Geldes geschlossen werden, ansonsten fällt das Geld wieder der FFA zu, die diese Beträge für die Projektfilmförderung zur Verfügung stellt. Da es im Abkommen keine entsprechende Regelung gibt, werden die Erlösanteile nicht auf die Verpflichtung der Rundfunkveranstalter angerechnet."[139]

Weiterhin wird bemerkt: „Grundsätzlich soll vermieden werden, dass die Rundfunkveranstalter mit Herstellern koproduzieren, die von ihnen wirtschaftlich abhängig sind oder auf die sie einen bestimmten Einfluss haben (§3 Ab. 2 FF-Abkommen)."[140]

Bei der weiteren Ausarbeitung dieser Arbeit war es leider nicht möglich, eine aktuelle Version des Filmfernsehabkommens zu erhalten, hier werden wohl gerade neue „Terms oftrades" erarbeitet. Doch dies sollte nicht den weiteren Verlauf der Arbeit stoppen, sondern vielmehr den Einfluss der Fernsehsender auf die Förderung von (Nachwuchs-)Projekten und zwar nicht nur durch direkte redaktionelle Beteiligung dokumentieren.

Projektfilmförderung

Rundfunksender haben sich bereit erklärt, Mittel für die Herstellung von Kinofilmen sowohl für die FFA als auch für Länderförderungen zur Verfügung zu stellen.

„Die von den öffentlich-rechtlichen Rundfunkanstalten für die Projektfilmförderung zur Verfügung gestellten Mittel werden von der FFA zweckgebunden und summenmäßig zur Herstellung von neuen programmfüllenden Filmen verwendet, an denen eine Rundfunkanstalt des öffentlichen Rechts beteiligt ist oder Auswertungsrechte erwirbt oder erworben hat (§7 Abs. 2 FF-Abkommen). Diese Regelung bedeutet gleichzeitig eine Mittelbindung. Eine derartige Festlegung der Mittelverwendung enthält auch § 7 Abs. 4 FF-Abkommen. Diese Vorschrift besagt, dass 25% der Beträge zur Projektfilmförderung für hoch qualifizierte fernsehgeeignete Filmprojekte, Dokumentationen und Kinder- und Jugendfilme ein-

139 Ebd. S.41.

140 Ebd. S.41.

gesetzt werden können, wenn das Vorhaben einen Film erwarten lässt, der geeignet erscheint, die Qualität und Publikumsattraktivität von deutschen Fernsehprogrammen zu verbessern. Diese Mittel können für Projektförderung, die Drehbuch- und Entwicklungsförderung verwendet werden."[141]

Voraussetzung für eine solche Förderung ist, dass es sich um einen Film nach den Definitionen in §§ 15 und 16 FFG handelt (s. o.).

Die finanzielle Verpflichtung der Rundfunkanstalten hinsichtlich der Projektfilmförderung beläuft sich gemäß § 7 Abs. 1 b) FF-Abkommen auf 11 Mio. Euro jährlich, welche sich aus Barmitteln der ARD i.H.v. 3,85 Mio. Euro und des ZDF i.H.v. 3,3 Mio. Euro zusammensetzen. Die restlichen Mittel werden als Sachleistungen (z. B. Werbezeiten) zur Verfügung gestellt.[142]

Die privaten Fernsehveranstalter erhalten keine finanziellen Erlöse aus dieser Zusammenarbeit bzw. der Beteiligung an der Finanzierung der Kinofilme, da deren Erlöse, wie oben beschrieben, wieder an die FFA weitergeleitet werden. Doch erhalten im Gegenzug die Rundfunkveranstalter bei Gemeinschaftsproduktionen die Fernsehverwertungsrechte. „Das ist nicht explizit im FF-Abkommen erwähnt, wird aber z. B. in § 3 des Abkommens deutlich, der bestimmt, dass für das Vorabspiel des Films eine Frist von 24 Monaten eingeräumt wird. Hier wird vorausgesetzt, dass der Fernsehveranstalter die Verwertungsrechte im Bereich Fernsehen erhält."[143]

Somit ist aus Sicht von Nachwuchsproduzenten das Fernsehen nicht nur ein hilfreicher Partner, Förderer und Unterstützer. Die Sender sind auch verpflichtet, Nachwuchsförderung zu betreiben und sind eng in die Förderungen der Länder und der FFA eingebunden.

Junge Filmemacher sollten sich dieser Infrastruktur zwischen Sendern, Förderern und Filmemachern bewusst sein. Und sie sollten niemals die Bedeutung der Sender bei Kinofilmen unterschätzen. Sowohl die öffentlich-rechtlichen Sender als auch die privaten Sender haben ein offenes Ohr für junge, kreative Talente. Doch die Talente sind mehr geworden und die Sendeplätze weniger.

Doch wie sieht es aus mit den privaten Sendern bei der Selbstverpflichtung zur Unterstützung von Kinofilmen?

141 Ebd. S.41.

142 Vgl. ebd. S.41.

143 Vgl. ebd.

Private Rundfunkveranstalter

Für den Bereich der privaten Rundfunkveranstalter gibt es in Deutschland keine rechtlich festgelegte Verpflichtung zur Förderung von Kinofilmen. Jedoch hat sich der VPRT[144] zu einer freiwilligen Verpflichtung – ähnlich die der öffentlich-rechtlichen Rundfunkveranstalter – bereit erklärt. Gemäß § 67 Abs. 1 FFG ist eine Vereinbarung über die Filmförderung von Seiten der privaten Rundfunkveranstalter vorgesehen, die im VPRT-Abkommen geregelt ist.

Außerdem bestehen weitere freiwillige Verpflichtungen der privaten Sender mit verschiedenen Länderförderern.

Die Parteien des VPRT-Abkommens sind neben der FFA die privaten Free-TV Veranstalter RTL, VOX, Super RTL, RTL 2 und ProSiebenSat.1.

Im Vergleich zu dem Abkommen mit den öffentlich-rechtlichen Sendern verpflichten sich die privaten Rundfunkveranstalter lediglich zu einer indirekten Förderung. Die Rundfunkveranstalter wenden der FFA Beiträge in Form von Barzahlungen und Medialeistungen zu, aber sie haben keinen Einfluss auf die konkrete Verwendung des Geldes. Weiterhin gibt es keine Bestimmungen über mögliche Gemeinschaftsproduktionen.

Die privaten Rundfunkveranstalter verpflichten sich, insgesamt jährlich rund 12 Mio. Euro zu zahlen. Dieser Betrag gliedert sich in Barleistungen i. H. v. ca. 5 Mio. Euro und in Medialeistungen i. H. v. 7 Mio. Euro. Gemäß § 3 Abs. 2 VPRT-Abkommen können alle dem Grunde nach förderungsfähigen Kinofilm-Projekte auch einen Antrag auf die Nutzung von Medialeistungen stellen.[145]

Die privaten Rundfunkveranstalter erhalten keine Gegenleistungen für ihre Leistungen gemäß §1 Abs. 1 des VPRT-Abkommens. Es gibt keine ausdrückliche Regelung über eine mögliche Gewinnbeteiligung oder einen Anspruch auf Verwertungsrechte; diese müssen individuell mit dem Produzenten geklärt werden.

Jedoch erfolgt die Kontrolle und Beeinflussung der Vergabe der Medialeistungen durch Entsendung eines Vertreters der Rundfunkanstalten in das Entscheidungsgremium der FFA.[146] Nach Gewährung einer Förderung lässt die FFA allen am Abkommen beteiligten privaten Sende-

144 Verband privater Rundfunk und Telemedien e.V.

145 Vgl. Europäische Audiovisuelle Informationsstelle (2006). S. 42f.

146 Gemäß § 3 Abs. 3 des VPRT-Abkommens handelt es sich hierbei um eine als Marketingkommission bezeichnete Unterkommission der Vergabekommission. (vgl. ebd. S. 43).

unternehmen eine schriftliche Mitteilung zukommen, mit der die Medialeistungen angefordert werden. Die Verleiher bzw. Produzenten der geförderten Filme werden von der FFA verpflichtet, den Kinostart sowie den Kampagnenzeitraum, für den die Medialeistungen zur Verfügung gestellt werden sollen, den betroffenen Sendeunternehmen rechtzeitig zu melden.[147]

Somit gibt es keine Verpflichtung seitens der privaten Sender, sich an Kino-Co-Produktionen zu beteiligen, doch stellen sie neben ihren Leistungen für die FFA zum Teil Gelder für einzelne Regionalförderer zur Verfügung.

Nur selten beteiligen sich die privaten Rundfunkanstalten an der Herstellung von Nachwuchsprojekten, was aber nicht grundsätzlich ausgeschlossen ist. Weiterhin bieten sie auch Nachwuchsproduzenten die Möglichkeit zur Produktion von TV-Movies[148] und beteiligen sich am Lizenzankauf bereits realisierter und im Kinoerfolg bestätigter Filme.

Die Beteiligung eines Fernsehsenders bei der Finanzierung von Spielfilmprojekten kann als TV-Beteiligung im Sinne einer Co-Produktion und als Vor-Lizenzankauf erfolgen. Als Co-Produzent agiert der Sender als Mithersteller des Films und hat somit Mitspracherecht vor allem bei Entscheidungen über Darsteller und Key Positions im Stab.

Ein Vorlizenzankauf durch einen Sender bedeutet, dass sich der Sender die exklusiven Ausstrahlungsrechte für ein begrenztes Territorium (meist deutschsprachige Länder) und für einen bestimmten Zeitraum bereits vor Herstellung des Films sichert.

Falls sich ein TV-Sender zur Beteiligung an einem Kinofilm entscheidet, teilt er seine finanzielle Beteiligung meist in einen Co-Produktionsanteil und in einen Vorlizenzabkauf auf.

Gemäß § 6 Absatz 3 des Rundfunkstaatsvertrages[149] sollen Fernsehvollprogramme „einen wesentlichen Anteil an Eigenproduktionen sowie Auftrags- und Gemeinschaftsproduktionen aus dem deutschsprachigen und europäischen Raum enthalten".[150] Zur Filmförderung in § 6 Absatz 4 steht ferner: „Im Rahmen seines Programmauftrages und unter Berücksichtigung

147 Vgl. ebd. S. 43.

148 Wie z. B. das TV-Event „Tsunami" – welches im Auftrag von Pro7 durch die Nachwuchsfirma av-independents und dem Nachwuchsregisseur Winfried Oelsner hergestellt wurde.

149 Der Rundfunkstaatsvertrag gilt für die öffentlich-rechtlichen Sendeanstalten.

150 Rundfunkstaatsvertrag unter: http://www.lfk.de/fileadmin/media/recht/12_RStV_Juni09.pdf.

der Grundsätze von Wirtschaftlichkeit und Sparsamkeit ist der öffentlich-rechtliche Rundfunk zur qualitativen und quantitativen Sicherung seiner Programmbeschaffung berechtigt, sich an Filmförderungen zu beteiligen. Weitere landesrechtliche Bestimmungen bleiben unberührt."[151]

Aus der Position der Produktionsunternehmen spielt jetzt die Rückfallquote eine Rolle, die beinhaltet, dass die Fernsehausstrahlungsrechte bei einer TV-Beteiligung nach fünf Jahren an den Produzenten zurückfallen, so dass dieser über eine Zweitverwertung zusätzliche Rückflüsse erzielen kann. Die Länge der Rechterückübertragungsfrist ist seit Jahren ein starker Diskussionspunkt zwischen Sendern und Produzenten (vgl. u. a. die Podiumsdiskussionen auf den Medienwochen Berlin/Brandenburg und den Aktionen von film20).[152]

Mit Neufassung der Richtlinien für Referenzfilmförderung und Projektfilmförderung vom 18.06.2004 und deren Genehmigung am 07.07.2004 wurde dieser Rückfall der Fernsehnutzungsrechte von sieben auf fünf Jahre gesenkt. Jedoch: „Im Einzelfall kann im Auswertungsvertrag für den Rückfall der Fernsehnutzungsrechte eine Frist von bis zu sieben Jahren vereinbart werden. Dies setzt voraus, dass die Beteiligung des Fernsehveranstalters bei einem Budget bis zu € 3 Mio. mindestens 50 v. H., bei einem Budget bis zu € 5 Mio. mindestens 45 v. H. und bei einem Budget über € 5 Mio. mindestens 40 v. H. beträgt. Das gilt jedoch nur, wenn die Beteiligung des Fernsehveranstalters mindestens € 300.000,00 beträgt."[153]

Dieser Punkt ist auch bei Nachwuchsproduktionen immer wieder ein wichtiger und heikler Diskussionspunkt, vor allem auch hinsichtlich der Kompatibilität mit beteiligten Förderungen, die gemäß FFG[154] einen Rechterückfall nach 5 Jahren fordern. Gleichzeitig ist es aber auch fragwürdig, ob bei einem Film, der die Auswertungskette gemäß FFG durchlaufen hat – Kinoauswertung, DVD- und Videoauswertung, Pay-TV und abschließend zwei Jahre nach Kinostart Free-TV –, nach fünf bzw. sieben Jahren Präsenz in der Öffentlichkeit überhaupt noch Marktpotential hat. Jedem (Nachwuchs-)Film ist dies zu wünschen!

Insgesamt ist das gebührenfinanzierte öffentlich-rechtliche Fernsehen derzeit einer der wichtigsten Partner für die Herstellung der meisten

151 Ebd.

152 Film20 bezeichnete sich als „Pressure Group" der Deutschen Filmproduzenten und war eine Art „Lobby-Gruppe" für deutsche Film- und Fernsehproduzenten. Nach Gründung der Produzenten-Allianz Anfang 2008 löste sich film20 auf.

153 Richtlinien für die Referenzfilmförderung § 6 Abs. 3 und Projektfilmförderung §3 Abs. 14.

154 FFG, § 3, Abs. 14 der Richtlinien für die Projektfilmförderung.

deutschen Nachwuchsfilme, die auf Festivals und im Kino ihre erste Auswertung finden.

Unabhängig von der direkten Beteiligung an der Finanzierung eines Films durch Co-Produktionsbeteiligungen und Vorlizenzabkäufe ist es gleichzeitig nach dem Rundfunkstaatsvertrag Pflicht, dass sich die öffentlich-rechtlichen Sender an der Förderung von Kinofilmen beteiligen.

> „Ob, wie und wie viel Rundfunkveranstalter zur Kinofilmförderung beitragen sollen ist ein erstrangiger Aspekt der Fördersysteme. Der öffentlich-rechtliche Auftrag legt es den öffentlich-rechtlichen Sendern nahe, Kultur auch durch Filmproduktion zu unterstützen. Insofern wird der öffentlich-rechtliche Auftrag des Fernsehens ohne Zweifel auch zukünftig eine zentrale Rolle sowohl für die Auferlegung von gesetzlichen Pflichten als auch für das Eingehen freiwilliger Verpflichtungen spielen. Private Rundfunkveranstalter werden aber gleichzeitig in die ‚kulturelle Pflicht' genommen. Vielleicht bedarf es nicht einmal unbedingt einer staatlich auferlegten Pflicht, um dem Kinofilm Unterstützung durch die Fernsehbranche zu sichern. Kinofilmförderung kann für Rundfunkveranstalter durchaus zum Geschäft gehören. Diesen Schluss legen jedenfalls die eingegangenen oder beabsichtigten Selbstverpflichtungen nahe, unter denen sich auch solche privater Rundfunksender befinden."[155]

Somit wird auch in Zukunft das Fernsehen für die meisten (Nachwuchs-) Projekte einer der elementarsten Finanzierungspartner zur Herstellung von Kinofilmen bleiben. Inwieweit diese freiwillige Verpflichtung der Sender im Vergleich zur gesetzlich verordneten Abgabe der Kinobetreiber an die FFA Unrechtsbehandlung darstellt und in jüngster Zeit die FFA in Schwierigkeiten brachte, kann an dieser Stelle nicht ausführlich dargestellt werden, da es einer eigenen Arbeit bedarf und den Rahmen der vorliegenden sprengen würde.

An dieser Stelle sollen weiterhin die wichtigsten Finanzierungspartner für die Herstellung von Nachwuchsfilmen aufgezeigt werden.

Verleihgarantie/Vertriebsgarantie

Eine Verleihfirma ist ein Unternehmen, welches Filmprojekte auf den nationalen Kino-, Video- oder TV-Markt bringt. Der Verleih kümmert sich um die Vermarktung des Films und die Korrespondenz mit den

155 Europäische Audiovisuelle Informationsstelle 2006, S. 13.

Kinobetreibern. Gleichzeitig lässt er die Kopien, die später an die Kinos geliefert werden, herstellen. Diese Ausgaben werden „printsandad's" (p+a-Kosten) genannt. Eine genaue Auflistung, welche Ausgaben der Verleiher bei geförderten Filme als vorrangig rückführbare p+a-Kosten geltend machen kann, wird in der Darstellung des Recoupmentsdieser Arbeit aufgeführt.

Ein Verleih kann einen Film vor oder nach seiner Fertigstellung erwerben, um ihn dann auf dem nationalen Markt zu vertreiben. Meist jedoch beteiligt sich ein Verleih bereits vor Drehbeginn in die Herstellung eines Filmes, damit er ihn nach seiner Fertigstellung auch bestmöglich platzieren kann. Ist es auch für Nachwuchsprojekte bei den meisten Förderungen noch nicht absolut obligatorisch, die Einbindung eines Verleihs in die Herstellung eines Films bereits vor Drehbeginn nachzuweisen, so ist es jedoch für diese meist sinnvoll und erhöht die Chance auf Förderung.

Möchte ein Nachwuchsprojekt in die Finanzierung den 2007 eingeführten DFFF einbinden, ist es unabdingbar für eine Förderung, einen verbindlichen Verleihvertrag eines vom DFFF anerkannten Verleihunternehmens[156] vorzulegen. In diesem Vertrag muss bereits festgelegt sein, dass der Verleih sich verpflichtet, den Film mit mindestens 30 Kopien (bei einer DFFF Zuwendung von über 320.000 Euro) zu starten. Bei einer geringeren Zuwendung des DFFF muss der Verleih den Film mit mindestens 15 Kopien und bei Erstlingswerken von Nachwuchsproduzenten mit mindestens 10 Kopien in die Kinos bringen.

Um sich die exklusiven Verwertungsrechte für ein bestimmtes Territorium und einen bestimmten Zeitraum zu sichern, kann der Verleih dem Produzenten bereits vor Drehbeginn eine so genannte Minimumgarantie oder Verleihoption zahlen, deren Höhe von der Erfolgserwartung des Projekts abhängt. Diese Minimumgarantie wird als Finanzierungsmittel für die Herstellung des Filmes verwendet. Aber auch wenn ein Verleih ohne Minimumgarantie sich bereits in einem früheren Stadium der Herstellung an ein Projekt bindet, ist es in den meisten Fällen v. a. im Nachwuchsbereich nur positiv für das Projekt, da dieses den Zugang zum Filmmarkt eröffnet, Unterstützung durch den DFFF möglich macht (bei einem Budget von mind. 1 Mio. Euro) und so potentielle weitere

156 Die vom DFFF anerkannten Verleihunternehmen befinden sich auf der Verleiherliste unter: http://www.ffa.de/downloads/dfff/richtlinie/Verleihliste_Filmfoerderfonds.pdf, (letzter Zugriff 30.03.2010).

Finanzierer und Fürsprecher auf das Projekt aufmerksam machen kann, in die Herstellung zu investieren.[157]

Derzeit (Stand 12. April 2010) befinden sich insgesamt 37 deutsche Verleihunternehmen auf der Liste des DFFF. Diese Unternehmen müssen in den letzten 24 Monaten mindestens drei Filme mit jeweils mehr als 15 Kopien in die Kinos gebracht haben.[158] Außerdem gibt es weitere kleine Verleihunternehmen, die nicht auf der DFFF-Liste geführt werden, da sie eher kleinere Filme mit einer geringen Kopienanzahl herausbringen. Daher sollten Nachwuchsproduzenten sich nicht ausschließlich auf die großen Verleihunternehmen konzentrieren, sondern möglicherweise ist es für ihren kleinen Low-Budget-Film strategisch sinnvoll, mit einem eher kleinen Verleih zusammenzuarbeiten. Hier muss jeder Produzent für den jeweiligen Film den geeigneten Partner suchen.

Der Verleih kann die Kosten für diese Garantie und Ausgaben für „printsandad's" vorrangig aus den Erlösen des Filmes zurückführen. Gleichzeitig erhält er aus den Kinoerlösen eine frei aushandelbare Provision, die meist ca. 30%-40% der Erlöse ausmacht. Sollte der herzustellende Film Förderung erhalten, die im Rahmen der „Grundsätze sparsamer Wirtschaftsführung" des FFG zu verwenden sind, dürfen gemäß §28 der Richtlinien der Projektfilmförderung des FFG die Verleihspesen bei „bis zu 35% der Verleiheinnahmen liegen, solange aus dem übrigen Anteil der Verleiheinnahmen (Produzentenanteil) Förderdarlehen zurückgezahlt werden."[159]

Nur „in besonders gelagerten begründeten Ausnahmefällen kann die zuständige Kommission oder der Vorstand höhere als die vorgenannten Verleihspesen zulassen."[160]

Somit ist für Nachwuchsproduzenten die Zusammenarbeit mit einem Filmverleih bereits vor Beginn der Dreharbeiten von Bedeutung. Auf der einen Seite kann der Verleih eine Minimumgarantie in die Finanzierung

157 Als Ausnahmebeispiele sind im Nachwuchsbereich der dffb-Abschlussfilm „Berlin is in Germany" und „Die fetten Jahre sind vorbei" zu nennen, die nach ihrem Erfolg auf der Berlinale bzw. im Wettbewerb von Cannes das Privileg hatten, ohne einen bereits im Vorfeld eingebundenen Verleih nach ihrem Festivalerfolg die Angebote mehrerer Verleihe abzuwägen.

158 Vgl. §6 Abs. 3 der Richtlinie des BKM „Anreiz zur Stärkung der Filmproduktion in Deutschland (Deutscher Filmförderfonds) vom 23. Dezember 2009 unter http://www.dfff-ffa.de/.

159 Vgl. FFG, Richtlinien Projektfilmförderung § 28 Absatz 1. Dieses findet auch Geltung in den anschließenden Beispielen der Mittelrückflussplanung.

160 Vgl. FFG, Richtlinien Projektfilmförderung § 28 Absatz 2.

einbringen, auf der anderen Seite ist die Bestätigung eines Verleihs der Schritt zur Kinoauswertung und möglicher weiterer Finanzierungsmittel.

Die Aufgabe eines Weltvertriebs (engl. „Sales Agent") besteht in der weltweiten Vermarktung eines Films, das heißt, dass er den Film auf internationalen Märkten an die unterschiedlichen ausländischen Verleihfirmen verkaufen kann, damit diese ihn dann in ihrem jeweiligen Land verleihen. Je nach Erfolgserwartung des entsprechenden Films (s. o.) zahlt der Vertrieb eine Minimumgarantie und bestimmt die Höhe seiner Provision im Falle eines internationalen Verkaufs. In den meisten Fällen sind seine Vorkosten[161] vorrangig rückführbar.

Eine Einbindung eines Weltvertriebs in der Finanzierungsphase einer deutschen Nachwuchsproduktion inkl. der möglichen Zahlung einer bereits in die Produktion einfließenden Garantie ist relativ selten. Aber Filmvertriebe sind auch ohne Zahlung einer Garantie wichtige Partner für Nachwuchsprojekte, um diese „reisen zu lassen". Bei internationalen Co-Produktionen muss zusätzlich beachtet werden, dass die an der Herstellung beteiligten Länder die Lizenzen für ihr eigenes Territorium bereits okkupiert haben.

Beteiligung von Investoren

Die Beteiligung von Investoren, die ihr Privatkapital in die Finanzierung von Filmen einbrachten, war in den letzten Jahren immer wieder Diskussionsstoff. Die Investition von Privatkapital geschieht meist gebündelt innerhalb von Filmfonds. So wurden in den letzten Jahren mehrere Milliarden Euro als Privatkapital in die Herstellung von Filmen investiert, meist jedoch in die Herstellung von Hollywood-Produktionen, die für die deutschen Anleger eine Steuervergünstigung des investierten Kapitals bedeuteten. Der größte Teil dieser Investorengelder wirkte sich jedoch nicht bereichernd auf die deutsche Produktionslandschaft aus. Denn die Produktion von rein deutschen Filmen oder auch europäischen Co-Produktionen fand lediglich in einzelnen Fällen z. B. durch den German Film Fonds statt. Vom deutschen Fiskus erhielten diese Anleger Steuervergünstigungen. Mit dem Medienerlass wurde versucht, diese Handhabung einzudämmen, was nicht gelang. Vielmehr

161 Z. B. Herstellung einer internationalen Fassung, Werbung, Vorführräume auf Filmmessen usw.. Vgl. auch Kapitel 3.4 „Recoupment".

wurde durch die Betriebsstättenproblematik[162] die Herstellung von Co-Produktionen auch ohne Beteiligung von Fondsgeldern erschwert. Die Steuervergünstigungen für Investmentgelder, die in die Herstellung von Filmen flossen, wurden im Sommer 2005 eingestellt. Als Alternative bzw. neues Fördermodell von Seiten der Regierung wurde dafür zum 01.01.2007 der Deutsche Filmförderfonds (DFFF) eingeführt. Dieser sieht jedoch keine direkte Steuervergünstigung für Privatanleger vor, sondern bezieht sich auf die Erstattung von Herstellungskosten eines Filmwerkes von bis 20% der anerkannten deutschen Herstellungskosten. Eine detaillierte Beschreibung dieses Erstattungsmodells findet sich im Verlauf dieser Arbeit.

Somit ist die Chance, einen deutschen oder internationalen Investor zu finden, der Risikokapital in die Finanzierung eines Filmwerkes investiert, sehr gering. Vor allem aus Sicht von Nachwuchsprojekten, die noch keinen Track record von erfolgreichen Filmen nachweisen können und – wie im weiteren Verlauf der Arbeit aufgezeigt wird – geringe Erwartungen für eine Rendite bzw. wirtschaftlichen Erfolg des Filmes versprechen können, ist es in der Praxis sehr unüblich, Privatinvestoren in die Finanzierung des Projektes einzubinden.

Um einen Fonds bzw. privaten Anleger als Finanzier für ein Filmprojekt zu gewinnen, muss der Film bzw. das Anlageprojekt bestimmte Voraussetzungen erbringen.

Der wichtigste Punkt ist vor allem, bereits im Vorfeld eine überzeugende Rückflussplanung mit entsprechenden Renditeaussichten zu präsentieren. Da diese Renditeversprechungen bei Filmprojekten generell nicht vorhersehbar und bei Nachwuchsprojekten noch viel unsicherer sind, da hier weder die Produzenten noch die Talente Erfahrung, Refe-

162 Def. Betriebsstättenproblematik: „Nach dem Medienerlass von 2001 bilden die Koproduzenten eines Films grundsätzlich eine Mitunternehmerschaft mit der Folge, dass jeder Koproduzent an seinem Sitz für den jeweils anderen Koproduzenten eine Betriebsstätte begründet. Bei internationalen Koproduktionen wird deswegen ein Teil der Gewinne und Verluste der nicht-deutschen Koproduzenten aus dem Film der deutschen Betriebsstätte zugerechnet und in Deutschland steuerpflichtig, ohne entsprechende Anrechnungsmöglichkeiten in den Sitzstaaten der nicht-deutschen Koproduzenten. Umgekehrt ist ein Teil der Gewinne und Verluste des deutschen Koproduzenten den ausländischen Betriebsstätten zuzurechnen, unter anderem mit der Folge, dass nur ein Teil der Verluste des deutschen Koproduzenten in Deutschland verrechenbar ist, die Erlöse aus dem Film also unter Umständen noch vor Rückführung der Herstellungskosten zu versteuern sind." Radau, Dr. Hans: „Gastkommentar: Betriebsstättenproblematik gelöst". Kommentar vom 15.07.2009 unter http://www.mediabiz.de/film/news/gastkommentar-betriebsstaettenproblematik-geloest/276885; letzter Zugriff: 10.04.2010.

renzprojekte usw. nachweisen können, und da gleichzeitig weder die Fertigstellung des Films, noch die angegebenen Rückflüsse vom Produzenten garantiert werden können, fordern private Geldgeber, diese „Versprechungen" abzusichern. Der Produzent muss also zusätzlich zu den Versicherungen, die üblicherweise bei der Herstellung von Filmwerken abgeschlossen werden[163], sich dahingehend absichern, dass die Fertigstellung des Films garantiert wird („Completion Bond").

Des Weiteren fordern Privatkapitalgeber eine Zusicherung ihrer Erlöse. Der Filmhersteller muss dementsprechend eine Versicherung abschließen, die den Investoren ihren Rückfluss garantiert, obwohl der Film im Falle eines Flops seine Erlöserwartungen nicht erfüllen kann („Short Fall Guarantee").

Viele Investoren möchten das Risiko ausschalten, der Film könne aufgrund möglicher Forderungen Dritter, z. B. durch Verletzung des Persönlichkeitsrechts, Rechtsansprüche für Musik oder dramaturgische Elemente, nicht ausgewertet werden. Daher fordern sie auch hierfür eine entsprechende Versicherung („errors and omission guarantee" bzw. „e+o Versicherung").

Die Policen für die drei oben genannten. Versicherungen werden entsprechend des Produktionsbudgets und eventueller anderer Risiken berechnet und betragen insgesamt ca. 10% der gesamten Herstellungskosten.

Gleichzeitig werden die Versicherungen während des gesamten Herstellungsprozesses über alle Schritte informiert (Tagesberichte, Tagesdispositionen und ständige Kostenüberwachung). Sollte eine Versicherung in Kraft treten, so übernimmt die Versicherungsgesellschaft das komplette Filmprojekt, und dem Produzenten werden sämtliche Rechte an dem Filmwerk entzogen. Aus rein betriebswirtschaftlicher Sicht ist sicherlich die Einbeziehung von Investorengeldern mit entsprechender Versicherung vor eventuell auftretenden Risiken die am nächsten gelegene Form der Filmfinanzierung. Doch diese Finanzierungsform ist auch – im Vergleich zu den anderen genannten Formen – eine sehr teure. Inwieweit das Investment in welcher Form zurückbezahlt werden muss, ist jeweils Verhandlungssache zwischen Produzent und Investor. Welche rechtlichen Rahmenbedingungen und Rückflussmodalitäten in Frage kommen und beachtet werden müssen, wird im weiteren Verlauf der Arbeit im

163 U.a. Filmausfall-, Haftpflicht-, Negativ-, Requisiten-, Feuerregress- und Kassenversicherung.

Kapitel „Recoupment“ detailliert betrachtet. Aufgrund all dieser Risiken, der Abschaffung der Steuervergünstigungen bei Privatinvestitionen über Fonds in nationale Filmwerke, der teuren Absicherungen und der schlechten Erfahrung deutscher Investoren mit nationalen Projekten ist eine Einbindung von Privatinvestoren in der Regel. bei Nachwuchsprojekten derzeit sehr unwahrscheinlich. Doch bleibt hier von jungen, innovativen Produktionsunternehmen zu wünschen, dass sie aufgrund neu gefundener Auswertungsstrategien und Businessmodellen in Zukunft für neue Finanzierungsstrategien Türen aufstoßen werden.

Finanzierung durch Banken

Da Film ein Hochrisikogeschäft ist, jeder einzelne Film für sich ein nicht abzuwägendes Herstellungs- und Auswertungsrisiko birgt und gleichzeitig in seiner Herstellung mit hohen Kosten verbunden ist, sind Banken grundsätzlich vorsichtig mit Firmen und Projekten aus der Filmwirtschaft.

Banken als Partner sind für die Produzenten nicht zu unterschätzen, sowohl bei der Unternehmensfinanzierung als auch bei der einzelnen Projektfinanzierung. Die Darstellung der Aufgabe von Banken bei der Unternehmensfinanzierung soll nicht Aufgabe der vorliegenden Arbeit sein, dies ist bereits bei der Unternehmensgründung der Produktionsfirma von Bedeutung.

Doch neben der reinen Unternehmensfinanzierung und Einrichtung eines Firmenkontos spielen Banken auch bei der Projektfinanzierung eine wichtige Rolle. Über eine so genannte „Gap Finanzierung“ könnten sie noch Lücken in der Finanzierung schließen.

Unter Gap Finanzierung (engl. gap = Lücke) wird ein Teil der Filmfinanzierung bezeichnet, welcher – wie die Bezeichnung es schon andeutet – eine Lücke in der Finanzierung schließt. In der Regel ist der größte Teil der Finanzierung des Projektes schon gesichert, und lediglich eine noch nicht finanzierte Schlussfinanzierung würde durch die Banken abgedeckt werden. In jedem Fall ist eine Gap Finanzierung mit hohem Risiko verbunden und fordert daher entsprechend viele Sicherheiten und Rendite. Nur wenige Banken und Investoren lassen sich derzeit auf spezielle Gap Finanzierungen ein. Meist sind die geforderten Sicherheiten eine Erlösbeteiligung im ersten Rang[164] und der Abschluss der bereits

164 Vgl. nachfolgendes Kapitel „Recoupment“.

im Vorfeld genannten Versicherungen (E&O-Versicherung, Short Fall Versicherung und Completion Bond).

Selbst wenn die Finanzierung über Fördermittel und Sender eigentlich geschlossen ist, sind Banken wichtig bei der Projektfinanzierung. Die meisten Sendergelder und Fördermittel werden in einzelnen Raten gezahlt, so dass dem Produzenten die zugesicherten Mittel nicht komplett vor Drehbeginn ausgezahlt werden. Somit muss der Produzent für jedes Projekt eine genaue Cash Flow Planung vornehmen, damit er während der Dreharbeiten nicht plötzlich in Liquiditätsengpässe kommt. Diesen muss er mit seiner Bank besprechen und Möglichkeiten der Zwischenfinanzierung in Erwägung ziehen.

Da für viele privatwirtschaftlich organisierte Banken das Filmgeschäft v. a. hinsichtlich des deutschen Filmmarktes und hier vornehmlich die finanzarmen und daher mit wenigen Sicherheiten ausgestatteten Nachwuchsproduzenten mit zu vielen Risiken verbunden ist, halten sie sich von diesem zunehmend fern.

Daher sind die einzelnen Landesbanken für Nachwuchsproduzenten eine wichtige Anlaufstelle. Nicht nur während der Unternehmensgründung, sondern auch bei den einzelnen Projektfinanzierungen.

Gerade für Nachwuchsproduzenten ist z. B. eine Einrichtung der Investitionsbank des Landes Brandenburgs zu nennen, die unter anderem Nachwuchsunternehmen der Region Berlin-Brandenburg die Möglichkeit für Avale und Zwischenfinanzierungen gewährt.

Insgesamt treten Banken somit meist nicht direkt als Finanzierungsbeteiligte an den Herstellungskosten eines Filmwerkes auf. Doch ihre Bedeutung bei einzelnen Projektfinanzierungen als Zwischenfinanzierer und Hausbank des Produzenten ist nicht zu unterschätzen.

Merchandiseoption, Product Placement und weitere Auswertungsoptionen

Das Buch zum Film, das Game zum Film, der passende Klingelton, der Soundtrack, Bettwäsche, Figuren, Tassen, Popcorntüten – die Möglichkeiten zur Cross Promotion scheinen unendlich zu sein, sofern der Film attraktiv genug für eine solche Auswertung ist. Selten in Deutschland geschieht jedoch der Verkauf von Merchandiseoptionen bereits im Vorfeld zur Finanzierung eines Nachwuchsprojektes. Erst bei erfolgreichen Filmen, die in ein Sequel gehen und eine junge Zielgruppe besitzen, die als Vorlage eine erfolgreiche Kinderbuchreihe bzw. Hörspielreihe nachweisen (z. B.

Wilde Kerle, Wilde Hühner, Bibi Blocksberg) ist eine solche Auswertung mit einer im Vorfeld gezahlten Merchandiseoption interessant.

Da bei der Herstellung der meisten deutschen Filme ein Fernsehsender involviert ist, bleibt eine Finanzierung durch Product Placement, wie sie in vielen US-amerikanischen Filmen (z. B. James Bond) üblich ist, ausgeschlossen. Die öffentlich-rechtlichen Sender sind an die Vorgaben des Rundfunkstaatsvertrages gebunden, der eine Platzierung von Produkten („Schleichwerbung") verbietet. Die privaten TV-Sender, die sich in wenigen Ausnahmefällen schon vor der Herstellung eines Films einbringen, sind an die Werberichtlinien für den privaten Rundfunk gebunden. In der letzten Zeit wurde aufgrund des Schleichwerbungsskandals innerhalb der Serie „Marienhof" eine breite Diskussion entfacht, und die Fernsehsender reagierten mit noch mehr Sensibilität und Vorsicht. Eine Finanzierungsmöglichkeit von Spielfilmen (und somit auch im Nachwuchsbereich) ist Product Placement also nicht.

Merchandiseoptionen über Games, Klingeltöne, Soundtracks usw. bieten eine mögliche weitere Auswertungsform des Cross Marketings, die bereits im Vorfeld in die Planung und Herstellung einfließen sollten. Gegenwärtig ist dieses Finanzierungsmittel zur Herstellung eines Spielfilms jedoch bei den meisten deutschen Kinofilmen (noch) unüblich. Aber auch hier sollten in Zukunft kreative Nachwuchsproduzenten mögliche Kooperationspartner finden können.

Finanzierung über Sponsoring, Beistellung und Co-Produktion von und mit Dienstleistern

Die Bedeutung von Kooperationspartnern, die kostenlos oder mit verminderten Preisen (z. B. als Beistellung) Leistungen zur Verfügung stellen – sei es Fahrzeuge, Catering, Produktionstechnik, Post Produktionsleistungen oder auch die Handys am Set und der Bäcker um die Ecke, der jeden Morgen die Brötchen zur Verfügung stellt – sind wichtig für jede Nachwuchsproduktion. Sie hier als Finanzierungselement anzugeben, scheint auf den ersten Blick vielleicht erstaunlich, doch sind es genau diese Partner, die es oftmals überhaupt ermöglichen, viele Nachwuchs- und Low-Budget-Produktionen herzustellen.

Gerade im so umtriebigen Nachwuchsbereich, in dem sich so viele Talente bewegen, sind einzelne Projekte und auch Produktionsfirmen auf diese Kontakte, deren Unterstützung und die daraus oftmals resultierende Anbahnung langfristiger Partnerschaften und Kooperationen angewiesen.

Jeder Filmemacher fängt meist klein an, und wenn es ihm/ihr gelingt, Unterstützer bei den ersten Projekten zu finden, kann das eine für beide Seiten ertragreiche, nachhaltige Geschäftsverbindung hervorbringen. Viele Kooperationspartner bei der Filmherstellung sehen in der Unterstützung von Nachwuchsprojekten auch das Potential der langfristigen Zusammenarbeit und der frühzeitigen Bindung zukünftiger zahlender Kunden an sich. Daher ist vielen Firmen und Dienstleistern die Unterstützung von Nachwuchsprojekten wichtig, denn hier wird von Anfang an eine nachhaltige Partnerschaft – oder auch Kundenbindung – avisiert. Nachwuchsproduzenten sollten sich dieser Tatsache bewusst sein, diese nutzen, jedoch nicht ausnutzen!

Diese einzelnen Leistungen und Unterstützungen, auch wenn sie nicht bezahlt werden, können als Beistellungen in die Finanzierung eingebunden werden.

Zukünftig ist es vorstellbar, dass bei solchen Kooperationen neue Geschäftsmodelle entwickelt werden können, die eine indirekte Beteiligung an Filmproduktionen noch attraktiver macht sei es weiterhin durch eine langfristige Kooperation beider Seiten oder auch in gebündelter Form mehrerer Filmschaffender gemeinsam mit Dienstleistern. Möglichkeiten und Ideen für neue Kooperationen mag es nicht nur aufgrund der vielen technischen Entwicklungen in den letzten Jahren geben. Hier sind die jungen, kreativen Produzenten gefragt, neue Modelle und Strategien zu entwickeln.

Finanzierung über Fördermittel

Schließlich bleibt die Finanzierung über Fördermittel. Im anglo-amerikanischen Sprachgebrauch wird bei der Finanzierung von Filmen oft von „Hard Money" und „Soft Money" gesprochen. Bei der Betrachtung der o. g. Finanzierungsformen handelt es sich in den meisten Fällen um unbedingt rückzahlbare Darlehen, die entsprechend verzinst und mit anderen Sicherheiten versehen dem Produzenten zur Verfügung gestellt werden. Neben den teuren Zinsen und möglichen Bürgschaften dienen auch Risikoabsicherungen, wie die bereits genannte „Errors and omissions-Versicherung", der „Completion Bond" und die „Short Fall Guarantee" zur Absicherung der zugesicherten Mindestrückflüsse. Für weitere Finanzierungsformen, z. B. Verleih- oder Fernsehbeteiligungen, muss der

Produzent Rechte an dem herzustellenden Filmwerk abtreten. Somit sind die bereits genannten Finanzierungsformen für den Produzenten verhältnismäßig teuer und werden im internationalen Sprachgebrauch als „Hard Money" bezeichnet.

Gleichzeitig ist es für Nachwuchsproduzenten ohne einen entsprechenden Katalog von Referenzen und daraus entstandener Erfahrung, Etablierung auf dem Markt und möglicherweise dadurch auch gebildetem Eigenkapitel sehr schwierig, diese Partner von ihrem Nachwuchsprojekt – und die Investition in diese – zu überzeugen. Hier sind vor allem die Redaktionen der öffentlich-rechtlichen Sender zu nennen (s. o.), die nachhaltig die Nachwuchsarbeit für den deutschen Kinofilm unterstützen. Gleichzeitig bestehen viele Fördermaßnahmen, die als direkte Projektunterstützung und -förderung nicht nur für Nachwuchsprojekte beantragt werden können.

Zur Förderung von Nachwuchsprojekten gibt es vielfältige Maßnahmen seitens der Politik. In Deutschland hat sich, wie bereits anfänglich erwähnt, die direkte Unterstützung in Form von bedingt rückzahlbaren Darlehen oder Zuschüssen am weitesten verbreitet. Die einzelnen Förderprogramme, ihre Bedeutung für die Nachwuchsprojekte, einzelne Auflagen und ein Gesamtüberblick für Nachwuchsprojekte werden an dieser Stelle vorgestellt.

Bei den bestehenden Förderinstitutionen und -möglichkeiten ist grundsätzlich zu unterscheiden zwischen bundesweiten Fördereinrichtungen und Länderförderungen. Außerdem bestehen noch weitere Förderprogramme neben den „klassischen" Bund- und Länderförderungen, auf die im Verlauf des Kapitels eingegangen wird. Jede einzelne Fördereinrichtung hat jeweils unterschiedliche Auflagen an ihre Antragsteller, die im Folgenden aufgezeigt werden.

Bundesweite Fördereinrichtungen

Wichtige bundesweite Institutionen für die Unterstützung der deutschen Filmindustrie ist das BKM (Beauftragter der Bundeskanzlerin für Kultur und Medien, derzeit Staatsminister Bernd Neumann), die in Berlin ansässige Filmförderungsanstalt (FFA) und speziell für Nachwuchsfilmemacher das „Kuratorium Junger Deutscher Film". Außerdem ist hier der ab 2007 durch das BKM gegründete und von der FFA verwaltete DFFF zu nennen, der im Verlauf des Kapitels dargestellt wird.

Neben der filmpolitischen Arbeit des BKM und der jährlichen Verleihung verschiedener Filmpreise[165], die mit der Vergabe von Preisgeldern, die zur Herstellung neuer Filmwerke verbunden ist, hat das BKM eine eigene Förderung. Diese Förderung richtet sich speziell an Nachwuchsprojekte und künstlerisch anspruchsvolle Filme. Einmal jährlich werden auch Kurzfilme gefördert.

Daher ist gerade für Nachwuchsproduzenten bzw. für die Finanzierung von Nachwuchsprojekten in Deutschland das BKM nicht nur als Institution, sondern auch als direkte Fördereinrichtung eine zentrale Anlaufstelle.

Die Förderung durch die FFA unterscheidet sich in Referenzförderung und Projektförderung. Sie ist eine bundesweit agierende Institution, deren Aufgabe darin besteht, die „Maßnahmen zur Förderung des deutschen Films sowie zur Verbesserung der Struktur der deutschen Filmwirtschaft durchzuführen".[166] Sie vergibt bedingt (d. h. im Erfolgsfall) rückzahlbare Darlehen für verschiedene Stufen der Filmherstellung und Vermarktung. Ein Teil der Gelder, die Projektfilmförderung, wird über ein Auswahlverfahren durch ein Gremium vergeben. Ein weiterer Teil der Fördergelder wird als Referenzmittel an Produktionsunternehmen vergeben. Ihnen werden bei Erfolg eines ihrer Filmwerke (sowohl auf künstlerischer als auch auf wirtschaftlicher Ebene) Referenzgelder zur Herstellung eines neuen Filmwerkes zur Verfügung gestellt.

Referenzmittel aus einem hergestellten und aufgeführten Film („Referenzfilm") werden nach § 22 FFG dem Hersteller gewährt, „wenn der Film mindesten 150.000 Referenzpunkte erreicht hat. Die Referenzpunkte werden aus dem Zuschauererfolg sowie dem Erfolg bei international bedeutsamen Festivals und Preisen ermittelt. Hat der Referenzfilm ein Prädikat der Filmbewertungsstelle Wiesbaden erhalten, beträgt die maßgebliche Referenzpunktzahl 100.000."[167] Die Referenzpunktzahl aus dem Zuschauererfolg entspricht der Besucherzahl im Zeitraum eines Jahres nach der Erstaufführung in einem Filmtheater im Inland gegen Entgelt. Die Berücksichtigung des Erfolges bei Festivals und Preisen setzt voraus, dass der Film im Inland eine Besucherzahl von mindestens 50.000 erreicht hat. Bei den Referenzmitteln handelt es sich um einen zweckgebundenen Zuschuss mit einer Höchstfördersumme von 2 Mio. Euro.

165 Z. B. Deutscher Filmpreis, Deutscher Drehbuchpreis, Deutscher Kurzfilmpreis.

166 FFG §2 Absatz 1.

167 FFG §22 Abs. 1.

Die Fördermittel, die vom BKM und dem Kuratorium junger deutscher Film vergeben werden, konzentrieren sich auf die Unterstützung von Nachwuchsfilmen, Kinderfilmen und sehr künstlerischen Werken. Im Vergleich zu allen anderen Förderungsarten handelt es sich hierbei meist um Zuschüsse, das heißt, die gezahlten Gelder müssen nicht zurückgezahlt werden. Diese beiden Institutionen sind sehr wichtige Anlaufstellen und Kontaktadressen für die Nachwuchsfilmer, und zwar nicht nur, weil sie explizit Förderungen für den Filmnachwuchs aussprechen. In ihren Gremien sitzen auch Mitglieder der Filmwirtschaft und der regionalen Förderinstitutionen. Sollte daher ein Projekt in diesem Rahmen z. B. Entwicklungsförderung erhalten, werden dadurch möglicherweise auch Türen zu anderen potentiellen Geldgebern, Kooperationspartnern und Fürsprecher geöffnet.

Eine relativ junge, aber für den deutschen Kinomarkt weichenstellende Förderung ist der im Jahr 2007 eingeführte Deutsche Filmförderfonds (DFFF). Dieser hat nach Abschaffung der Steuervergünstigungen für Privatinvestoren (s. o.), die in die Herstellung meist internationaler Filmproduktionen investierten, eine neue Realität und ein neues Bewusstsein der nationalen Filmproduktion generiert.

Der deutsche Filmförderfonds(DFFF) und seine Bedeutung (nicht nur) für junge Produktionsunternehmen

Die Grundsätze und Ziele des Deutschen Filmförderfonds geben eine klare Vorgabe zur Unterstützung der nationalen Filmwirtschaft:

„Die Maßnahme dient dazu, die wirtschaftlichen Rahmenbedingungen der Filmwirtschaft in Deutschland zu verbessern, die internationale Wettbewerbsfähigkeit der filmwirtschaftlichen Unternehmen zu erhalten und zu fördern und nachhaltige Impulse für den Filmproduktionsstandort Deutschland sowie weitere volkswirtschaftliche Effekte zu erzielen.

Die Maßnahme bezweckt insbesondere, die Finanzierung von Kinofilmen als Kulturgut für Hersteller in Deutschland zu erleichtern. Hierdurch sollen höhere Produktionsbudgets ermöglicht werden, um künstlerische Spielräume, die Qualität, die Attraktivität und damit auch die Verbreitung von Kinofilmen zu fördern.

Zugleich sollen die in Deutschland ausgegebenen Kosten im Zusammenhang mit der Herstellung von Kinofilmen gesteigert und damit eine verbesserte Auslastung der filmtechnischen Betriebe erreicht werden. Die Verbesserung der Filmfinanzierung

> für Produktionsunternehmen und das Vorhandensein der entsprechenden technischen Infrastruktur ist ihrerseits Voraussetzungen für eine langfristige kreative und erfolgreiche deutsche und europäische Filmkultur."[168]

Damit richtet sich der Deutsche Filmförderfonds nicht ausschließlich an filmspezifische Dienstleistungsunternehmen, sondern spricht die ansässigen Produktionsunternehmen und Kreativen explizit an und betont, dass es um die Förderung nationaler Inhalte und nicht allein um „Manpower" geht. Weiterhin ist in den Richtlinien festgehalten, dass die Maßnahme, die jährlich ein Fördervolumen von 60 Mio. Euro aus Mitteln des Bundeshaushalts erhält, auf maximal drei Jahre bis 2009 befristet ist.[169] Die Evaluation zur Vergabeentscheidung der einzelnen Projektmittel wird von einem Gremium übernommen, die jedoch nicht die inhaltliche Qualität des Stoffes, sondern „die Einhaltung der mit der Maßnahme verfolgten Ziele" kontrolliert.

Für die Vergabe gelten verschiedene Richtlinien, auf die im weiteren Verlauf eingegangen wird. Die Förderung wird ausschließlich Filmherstellern gewährt, die ihren Firmensitz in Deutschland haben und in den letzten fünf Jahren mindestens einen programmfüllenden Kinofilm (den so genannten Referenzfilm) in Deutschland oder einem anderen Mitgliedsstaat der Europäischen Union oder einem Vertragsstaat des Abkommens über den Europäischen Wirtschaftsraum hergestellt haben. Dieser Referenzfilm sollte weiterhin in Deutschland in den Kinos mit mindestens 30 Kopienausgewertet worden sein. Bei Filmen, deren Herstellungskosten maximal 2 Mio. € betragen, genügen mindestens 15 Kopien für die Auswertung. Bei einem Erstlingswerk des Herstellers sind 10 Kopien ausreichend und bei Dokumentarfilmen vier.[170]

Bei diesen genannten Voraussetzungen für den beantragenden Hersteller werden viele Produktionsfirmen, die im Low-Budget-Bereich agieren, von vornherein ausgeschlossen. Um diese harten Ausschlusskriterien abzuflachen und auch den kleinen Produktionsfirmen eine Chance zu geben, wird bei Erstlingsfilmen eine Ausnahme gemacht. Hier

168 Der Beauftragte der Bundesregierung für Kultur und Medien, 2006, S. 3.

169 Im Jahr 2009 wurde diese Maßnahme um weitere drei Jahre verlängert, vgl. Koalitionsvertrag zwischen CDU, CSU und FDP; sowie Grußwort des Staatsministers Bernd Neumann auf der homepage des dfff unter: http://www.dfff-ffa.de/, Letzter Zugriff: 01.05.2010.

170 Vgl. Richtlinien des BKM „Anreiz zur Stärkung der Filmproduktion in Deutschland" (Deutscher Filmförderfonds) .§3 Abs.5.

genügt als Referenz die „Zuerkennung einer Förderung durch BKM, Filmförderungsanstalt (FFA) oder einer Filmförderungseinrichtung der Länder".[171]

So bietet der DFFF auch Nachwuchsproduzenten eine Möglichkeit, ihr Projekt zu unterstützen, sofern es ein Budget von mindestens 1 Mio. Euro nachweist und die restliche Finanzierung gewährleistet ist.

Für das zu fördernde Filmprojekt bekommen die Hersteller bei Spielfil"men mit einem Budget von mindestens 1.000.000,- Euro 20% der anerkannten Herstellungskosten, die in Deutschland ausgegeben werden, zurückerstattet. Auf den Begriff der anerkannten Herstellungskosten wird im weiteren Verlauf noch eingegangen. Die Beantragung der Förderung muss vor Drehbeginn vollzogen sein. Bis zum Zeitpunkt der Beantragung muss die Finanzierung zu 75% nachgewiesen sein, und drei Monate nach Zugang des Zuwendungsbescheides muss die Gesamtfinanzierung geschlossen sein. Sofern die FFA nicht einem Antrag auf Verschiebung des Beginns der Dreharbeiten zustimmt, darf mit den Dreharbeiten nicht vor Ausstellung des Bewilligungsbescheides und auch nicht vier Monate nach dessen Ausstellung begonnen werden.[172]

Gleichzeitig gelten die Voraussetzungen der Verpflichtung eines Verleihers, den Film mit einer bestimmten Kopienzahl in die Kinos zu bringen. Dies müssen die Verleiher bereits vor den Dreharbeiten definitiv zusagen (vgl. Kapitel Verleihoption).

Auch im geforderten Eigenanteil, den die Förderung von den Produktionsunternehmen verlangt, ist eine Sicherheit für den Nachwuchs eingebaut. Grundsätzlich wird die Zuwendung nur gewährt, „wenn der Antragsteller einen Eigenanteil von mindestens 15 v. H. der Herstellungskosten trägt".[173] Doch gleich im nachfolgenden Absatz steht, dass für die ersten beiden programmfüllenden Filme eines Herstellers der Vorstand der FFA eine Ausnahme zulässt, und in diesem Fall muss der Eigenanteil des Herstellers mindestens 5 v. H. der Herstellungskosten betragen.[174]

Bei nationalen Produktionen, die vornehmlich im Ausland hergestellt werden, muss sich der Gesamtanteil der deutschen Herstellungskosten auf mindestens 20% der Gesamtherstellungskosten belaufen. Bei Groß-

171 Vgl. ebd. §1 Abs. 1.

172 Vgl. ebd. §5 Abs. 5 und §17 Abs. 4.

173 Vgl. ebd. §8 Abs. 1.

174 Vgl. ebd. §8 Abs. 2.

projekten mit einem Budget von über 25 Mio. Euro müssen die in Deutschland getätigten Ausgaben mindestens 20% des Gesamtbudgets oder mindestens 15 Mio. Euro betragen.[175] Internationale Co-Produktionen mit einem minoritären deutschen Partner verlangen einen finanziellen Beitrag von mindestens 20% der Herstellungskosten oder bei Projekten mit einem Budget von über 25 Mio. Euro mindestens 5 Mio. Euro. Diese Regelung gilt ausschließlich für Co-Produktionen. Co-Finanzierungen finden bei der Förderung durch den deutschen Filmförderfonds keine Beachtung.[176]

Weiterhin muss das zu fördernde Projekt einen „kulturellen Eigenschaftstest" bestehen, der der Sicherung des kulturellen Zwecks der Maßnahme dient. Spielfilme müssen mindestens vier Kriterien aus der Kategorie „Kultureller Inhalt" erfüllen und insgesamt mindestens 48 Punkte erhalten. Für internationale Co-Produktionen gilt die entsprechende Regelung innerhalb der European Convention, die im weiteren Verlauf der Arbeit erläutert wird.

Die Förderung ist als Rabattmodell ausgerichtet und muss nicht – auch nicht im Erfolgsfall – zurückgezahlt werden. Sie gilt als Anteilsfinanzierung und setzt dementsprechend einen Finanzierungsbedarf mindestens in der Höhe der Zuwendung voraus.[177]

Die Bemessungsgrundlage für die Höhe der Zuwendung, die sich an den anerkannten Herstellungskosten orientiert, beträgt maximal 80% und die Zuwendung 20% der deutschen Herstellungskosten. Die anerkannten deutschen Herstellungskosten beinhalten nicht:[178]

- Vorkosten
- Kosten für Stoffrechte und Rechte an anderen vorbestehenden Werken (inkl. vorbestehender Musik)
- Rechtsberatungskosten
- Versicherungen
- Finanzierungskosten
- Reise- und Transportkosten für Schauspieler
- Handlungskosten
- Schauspielergagen, soweit sie 15 v. H. der Herstellungskosten übersteigen

175 Vgl. ebd. §9 Abs. 1f.

176 Vgl. ebd. §11 Abs. 1ff.

177 Vgl. ebd. §13 Abs. 1f.

178 Vgl. ebd. §14.

- Überschreitungsreserve, soweit sie nicht bei der Schlusskostenabrechnung zugunsten zuwendungsfähiger Lieferungen und Leistungen aufgelöst werden kann

Weiterhin beträgt die maximale Fördersumme 4 Mio. Euro pro Projekt, wobei in Ausnahmefällen die Summe auf 10 Mio. Euro erhöht werden kann, wenn für das Projekt mindestens 35% der Herstellungskosten in Deutschland ausgegeben werden oder das Projekt im Eigenschaftstest mindestens zwei Drittel der möglichen Gesamtpunktzahl erzielt. Voraussetzung für die Antragstellung ist der Nachweis von mindestens 75% der Herstellungskosten, die Gesamtfinanzierung muss mindestens drei Monate nach Erhalt des Bewilligungsbescheides nachgewiesen werden (s. o.).

„Die Auszahlung der Zuwendung an den Antragsteller erfolgt nach Fertigstellung des Films, Schlusskostenprüfung und Nachweis der Bewilligungsvoraussetzungen. Der Nachweis der tatsächlich durchgeführten Kinoauswertung kann auch nach der Auszahlung erbracht werden."[179] Sie muss jedoch sechs Monate nach Fertigstellung des Films erfolgen (s. o.).

Für die gewährte Förderung ist also von Seiten des Produzenten zu überlegen, wie er diese Förderung zwischenfinanziert, denn der gewährte Zuschuss fließt in die Herstellung des Filmes; Finanzierungskosten werden aber nicht anerkannt. In diesem Fall kann auf Antrag eine ratenweise Auszahlung nach Produktionsfortschritt erfolgen.[180] Bei Zuwendungen von über 2 Mio. Euro muss in diesem Fall eine Fertigstellungsversicherung („Completion Bond" s. o.) abgeschlossen werden. Eine Bürgschaft ist hier ausgeschlossen. Dieser Anspruch auf Auszahlung ist aber nur zum Zweck der Zwischenfinanzierung an Banken oder sonstige Kreditinstitute abtretbar.[181]

Somit ist der DFFF ein wichtiges Finanzierungselement für deutsche Filmproduktionen geworden. Mit seiner Hilfe konnten nicht nur internationale Großproduktionen nach Deutschland geholt werden, auch viele Nachwuchsprojekte konnten mit seiner Hilfe realisiert werden. Eine Evaluierung soll an dieser Stelle nicht stattfinden, da es hier darum geht, Finanzierungsmöglichkeiten für Nachwuchsprojekte aufzuzeigen.

179 Vgl. ebd. §18 Abs. 1.

180 Jeweils 33% bei Drehbeginn, bei Fertigstellung des Rohschnitts und nach Prüfung des Schlusskostenstandes. Vgl. ebd. § 18 Abs. 2.

181 Vgl. ebd. § 18 Abs. 1ff.

Doch der Einfluss dieses Fördermodells auf die deutsche Filmwirtschaft und deren Bedeutung für die Nachwuchsproduzenten wird im weiteren Verlauf der Arbeit verdeutlicht.

Ein weiterer wesentlicher Bestandteil der Finanzierung von Nachwuchsprojekten sind die Länderförderungen. Im Vergleich zu den bundesweiten Förderungen agieren sie mit einem regionalen Fokus auf das jeweilige Filmschaffen der Bundesländer.

Länderförderungen

Seit Anfang der 90er Jahre haben die Bundesländer ihre eigenen Länderförderungen, mit denen sie allein (Filmstiftung NRW und FFF – FilmFernsehFond Bayern u.a.) oder in Zusammenarbeit (Medienboard Berlin-Brandenburg, MDM Mitteldeutsche Medienförderung[182] usw.) monetäre Förderung vergeben. Alle Förderungen wurden bereits im Vorfeld benannt, doch seien sie nochmals explizit aufgeführt:

- FFF - Filmförderfonds Bayern
- Filmstiftung Nordrhein-Westfalen
- MBB - Medienboard Berlin-Brandenburg
- FFHSH Filmförderung Hamburg – Schleswig-Holstein
- MFG Baden Württemberg
- MDM – Mitteldeutsche Medienförderung
- Nordmedia – Förderung für Niedersachsen und Bremen

Dies sind die in der FFA-Publikation FFA-Info aufgeführten Länderförderer. Weiterhin ist hier die Förderung durch Hessen Invest zu nennen (mit einem Gesamtetat von 20. Mio. Euro von 2010 bis 2013[183]) und einzelne Kulturstiftungen der Länder, auf die im folgenden Kapitel eingegangen wird.

Neben dem kulturellen Aspekt dieser Institutionen ist die hauptsächliche Motivation der Länderförderungen von wirtschaftlicher und struktureller Natur. So muss bei allen Länderförderungen mindestens ein inhaltlicher, kultureller oder wirtschaftlicher Bezug des Projektes zu dem entsprechenden Bundesland gewährleistet sein. Grundsätzlich müssen

182 Die Länder Sachsen, Sachsen-Anhalt und Thüringen.

183 Vgl. Homepage Hessen Invest unter: http://www.hessen-invest-film.de; letzter Zugriff 30.04.2010.

jedoch Ausgaben in Höhe der geförderten Summe in dem jeweiligen Bundesland/den jeweiligen Bundesländern investiert werden, dem so genannten Regionaleffekt. Bei einigen Länderförderern liegt der geforderte Regionaleffekt sogar bei 150% der geförderten Summe, in der Praxis beträgt der durchschnittliche Regionaleffekt sogar weitaus mehr und kann mehr als 400% aller vergebenen Förderungen betragen.[184]

Nicht nur im Nachwuchsbereich ist es auch von Bedeutung, ob die Filmemacher, bzw. die beantragende Firma aus der Region stammt und somit eine nachhaltige Nachwuchsförderung über die einzelne Projektförderung hinaus gewährleistet ist.

Jede Förderung hat ihre einzelnen Programme, Auflagen und Richtlinien.[185] An dieser Stelle soll jedoch vornehmlich auf die speziellen Nachwuchsförderungen eingegangen werden.

Ein grundsätzlich positiv zu bewertender Punkt aus der Sicht von Nachwuchsproduzenten ist, dass Länderförderungen kumuliert werden können. Trotzdem ist darauf zu achten, dass dies möglicherweise einer optimierten Logistik oder im schlimmsten Fall der Dramaturgie des Films widersprechen kann. Auf diese Weise ist in den letzten Jahren der Begriff „Fördertourismus" entstanden, der Drehorte, unabhängig von den Anforderungen des Drehbuches, in die jeweils fördernden Bundesländer verschiebt. Filmmaterial wird quer durch die Republik versendet, um in einem anderen Land den Regionaleffekt während der Post Produktion zu generieren. Für den Produzenten ist dieses Prozedere jedoch immer noch einfacher zu handhaben, als auf diese so risikoarmen Projektmittel zu verzichten.

Aber bei einer zunehmenden Anzahl deutscher Filme, die sich meist im Low-Budget-Bereich bewegen, bei dem Anstieg gut ausgebildeter Talente – und bei einem eher stagnierenden Fördervolumen für diese Projekte – wird der Ansturm auf diese Förderungen immer größer.[186] Daher ist für eine optimale Aufstellung der einreichenden Firmen bzw. der einzureichenden Projekte gerade im Nachwuchsbereich eine langfristige Planung der Projekte und eine frühe Einbindung aller Produktions- und Finanzierungspartner immer wichtiger geworden.

184 So betrug der Regionaleffekt der Medienboard Berlin-Brandenburg GmbH im Jahr 2007 insgesamt 432%. Vgl. Tätigkeitsbericht 2008, S. 19, unter http://www.medienboard.de/WebObjects/Medienboard.woa/wa/CMSshow/2607937.

185 Vgl. Richtlinien der Förderer, aber auch Castendyk, O. und KPMG. .

186 Die Anzahl der Anträge für Filmförderung sind z. B. beim Medienboard Berlin-Brandenburg von 2004 bis 2008 um 34% von 341 auf 458 gestiegen. Vgl. ebd. S. 50.

In der Regel vergeben die genannten Förderinstitutionen Mittel für die Stoff- und Projektentwicklung, für den Verleih eines Filmes und vor allem für die Produktion eines Films.

Die meisten Länderförderungen bieten spezielle Unterstützungsmaßnahmen oder Programme für die Förderung von Nachwuchsprojekten. Die Filmstiftung NRW bietet gemeinsam mit dem WDR eine Unterstützung, die sich Six Pack nennt und Filme mit Gesamtherstellungskosten von bis zu 800.000 Euro fördert. Außerdem werden Nachwuchsfilme im Rahmen der regulären Förderprogramme unterstützt. Einen zusätzlichen Etat von ca. 1,5 Millionen jährlich stehen bei der Filmstiftung im Rahmen der Produktionsförderung 2 zur Verfügung. Der Schwerpunkt dieser Förderung liegt bei kleineren bzw. Low-Budget-Produktionen aller Genres: Kurzfilme, Dokumentarfilme, Spielfilme, Experimentalfilme, Animationsfilme und innovative Projekte aus dem Bereich Multimedia. Außerdem können in diesem Rahmen Abschlussfilme von Filmschulen aus Nordrhein-Westfalen unterstützt werden.[187]

Die MFG Filmförderung Baden-Württemberg unterstützt junge Filmemacher im Rahmen ihrer allgemeinen Filmförderung. Außerdem besteht gemeinsam mit dem SWR und dem ZDF das Förderprogramm „fifty-fifty“ für Nachwuchsprojekte mit einem Gesamtetat von nicht mehr als 900.000 Euro, wovon bis zu 50% des Etats über das „Fifty-Fifty“-Programm gestellt werden kann. Für Abschlussfilme und Absolventen der Filmakademie Baden-Württemberg besteht darüber hinaus das Förderprogramm „Junger Dokumentarfilm“, das seit 1998 gemeinsam von der Filmakademie, dem SWR und der MFG getragen wird.[188]

Beim Medienboard Berlin-Brandenburg findet die Förderung von Nachwuchsprojekten auch im Rahmen der allgemeinen Filmförderung statt, wobei für Nachwuchsprojekte „weichere“ Bedingungen (z. B. geringerer Eigenanteil) gelten. Die maximale Fördersumme von Nachwuchsprojekten beträgt in der Regel maximal 200.000 Euro. Für Abschlussfilme der beiden regionalen Filmhochschulen Deutsche Film- und Fernsehakademie Berlin (dffb) und der Hochschule für Film und Fernsehen Konrad Wolf (HFF) Potsdam gelten besondere Bedingungen. Abschlussfilme anderer Hochschulen sind von der Förderung ausgeschlossen. Mindestvoraussetzungen für einen Förderantrag für Abschlussfilme sind gegeben, wenn das Filmvorhaben:

187 Vgl. http://www.filmstiftung.de/Foerderungen/Produktion2/main_produktion2.php.
188 Vgl. http://www.mfg.de/film/.

1. den Qualitätskriterien der Medienboard Berlin-Brandenburg GmbH entspricht,
2. eine schriftliche Empfehlung des Rektors/Präsidenten der jeweiligen Hochschule auf herausragende Qualität erhält;
3. majoritär von einem außerhalb der Hochschule stehenden, möglichst erfahrenen Produzenten realisiert wird Produktionsfirmen, deren Gesellschafter oder Inhaber eingeschriebene Studenten einer der beiden Hochschulen sind, können in der Regel keine Förderung beantragen,
4. mindestens zwei Studenten die Möglichkeit gibt, ihr Studium abzuschließen (Abschluss-/, Diplomfilm) – davon sollte ein Abschluss im Bereich Regie und/oder Produktion erfolgen.[189]

Beim FilmFernsehFonds Bayern gibt es eine spezielle Nachwuchsförderung von Abschlussarbeiten der Hochschule für Fernsehen und Film (HFF) sowie der Athanor Akademie Burghausen; für Erstlingswerke der Absolventen dieser beiden Schulen und für „Andere Nachwuchsfilme". Der Gesamtetat dieser Förderung beträgt pro Jahr ca. 1,2 Millionen Euro, wobei Abschlussfilme in der Regel mit bis zu 50.000 Euro unterstützt werden können, Erstlingswerke mit bis zu 600.000 Euro, bei anderen Nachwuchsfilmen Kurzfilme nicht mit mehr als 25.000 Euro und Langfilme mit maximal 30.000 Euro gefördert werden.[190]

Die Mitteldeutschen Medienförderung (MDM) bietet keine spezielle Nachwuchsförderung an, sie unterstützt jedoch Nachwuchsprojekte innerhalb der allgemeinen Projektförderung. In ihren Richtlinien wird explizit darauf hingewiesen, dass Nachwuchsprojekte besonders gefördert werden können.[191]

Die Filmförderung Hamburg Schleswig-Holstein unterscheidet in ihrer Förderung unter Gremium 1 für Projekte mit Herstellungskosten von über 800.000 Euro und Gremium 2 mit Herstellungskosten von bis zu 800.000 Euro. Grundsätzlich können Nachwuchsprojekte Fördermittel bei beiden Gremien beantragen. Auch die Förderung der nordmedia (der Förderung der Länder Niedersachsen und Bremen) weist keine spezielle Nachwuchsförderung aus.

189 Vgl. Merkblatt „Nachwuchsförderung" unter http://www.medienboard.de/WebObjects/Medienboard.woa/wa/CMSshow/2607798.

190 Vgl. Nachwuchsförderung des FFF Bayern unter : http://www.fff-bayern.de/index.php?id=38.

191 Vgl. § 4.1.2 der Förderrichtlinien der MDM unter http://www.mdm-online.de/index.php?option=com_content&task=view&id=72&Itemid=304.

Grundsätzlich gilt für alle Länderförderungen, dass bei Beantragung der Fördermittel mit den Dreharbeiten noch nicht begonnen wurde und die Förderungen i. d. R. als bedingt (d. h. im Erfolgsfall) rückzahlbare Darlehen vergeben werden (lediglich die Nachwuchsförderung in Bayern wird als Zuschuss vergeben). Weiterhin können mehrere Länderförderungen miteinander kombiniert werden, sofern sie die Auflagen (v. a. den jeweiligen Regionaleffekt) erfüllen.

Somit bieten die bundesweiten und die regionalen Förderungen die größte und risikoärmste Finanzierungsquelle zur Herstellung von Kinofilmen in Deutschland. Kaum ein Filmemacher oder ein Kinofilm könnte auf diese essentielle Förderung verzichten und – wie bereits angesprochen – besteht ein großer Teil des Filmbudgets aus Fördermittel. Gerade für Nachwuchsfilmemacher sind diese von wichtiger Bedeutung, denn für sie ist es noch schwieriger, Banken, Verleiher und Investoren für ihr Projekt zu gewinnen, da sie noch keine große Expertise und erfolgreichen Filme nachweisen können. Daher betonen auch die meisten der Förderinstitutionen, dass ein Schwerpunkt und wichtiges Anliegen ihrer Arbeit und Förderung die Unterstützung von Nachwuchsprojekten und -talenten ist. Jedoch ist die Auswahl dieser Talente mit zunehmender Anzahl der Anträge sowie die Chance auf Fördermittel zur Unterstützung von Filmprojekten in den letzten Jahren nicht einfacher geworden.

Neben den nationalen und regionalen Förderungsmöglichkeiten, die in Deutschland bestehen, kann ein Produzent bei internationalen Co-Produktionen zusätzlich europaweite Fördermittel beantragen. Sowohl für die Stoff- und Projektentwicklung als auch für die Vermarktung seines Filmes besteht das MEDIA Programm. Für die Produktion von Filmen, die in europäischer Co-Produktion entstehen, hat die EU zur Unterstützung das Programm „Eurimages" ins Leben gerufen.

Darauf wird im weiteren Verlauf der Arbeit eingegangen. Grundsätzlich sollten aber an dieser Stelle, wenn die gängigsten Finanzierungsmöglichkeiten von Nachwuchsprojekten aufgezeigt werden, die internationalen Fördermöglichkeiten nicht komplett ignoriert werden. Während sie erst im Verlauf der Arbeit explizit vorgestellt werden, folgt kurz eine Einführung der Anforderungen an (Nachwuchs-)Produzenten.

Neben der Tatsache, dass ein Produktionsunternehmen bereits auf dem nationalen Markt reüssiert hat, d. h., dass es bereits zwei Projekte in seinem eigenen Land in die Kinos gebracht haben muss, benötigt es für sein jeweiliges Filmprojekt in seinem Land den Status einer nationalen Produktion, um Förderungen der EU und auch Unterstützung der jeweiligen Länder zu erhalten. Dafür ist in Deutschland das Statistische Bundesamt für Ausfuhrkontrolle (BAFA) zuständig, welches der Produktionsfirma ein „Ursprungszeugnis"[192] ausstellt. Bei europäischen Co-Produktionen müssen die Projekte den Vorgaben des bilateralen Co-Produktionsabkommens zwischen den jeweils co-produzierenden Ländern oder den Richtlinien des „Europäischen Übereinkommens über die Gemeinschaftsproduktion von Kinofilmen" vom 02.10.1992 entsprechen. Eine detaillierte Erläuterung dieser Abkommen befindet sich im weiteren Verlauf dieser Arbeit. Da auf das Recoupment und die Refinanzierung der einzelnen Nachwuchsprojekte und die jeweiligen Finanzierungsmodelle noch einzugehen ist, wird anschließend die Bedeutung der europäischen Förderprogramme behandelt.

Weiterhin bestehen neben den bundesweiten und regionalen Fördereinrichtungen weitere wichtige Institutionen zur speziellen Förderung von Nachwuchsprojekten.

Weitere Fördereinrichtungen

Neben den bereits benannten Fördereinrichtungen von Bund und Ländern bestehen für einzelne Projekte je nach ihrem Schwerpunkt und ihrer Ausrichtung weitere Fördereinrichtungen, die innovative, künstlerisch ambitionierte und teilweise international ausgerichtete Projekte fördern. So gibt es künstlerische Förderungen der einzelnen Bundesländer, diverse Kulturstiftungen sowie private Stiftungen, die einzelne Filmprojekte unterstützen. Weiterhin wurden ambitionierte Filme von Ministerien, von NGOs und auch privatwirtschaftlichen Unternehmen unterstützt.

Die Vielfalt der potentiellen Geldgeber hängt sicherlich vom Inhalt, von der Qualität und auch der Ambition jedes einzelnen Films ab.

Einige Stiftungen unterstützen die Herstellung von Filmen; viele Bundesländer haben einzelne Fördermittel als kulturelle Förderungen, so z. B. in Mecklenburg-Vorpommern, Thüringen und Sachsen.

Ist der Film ein Projekt mit einem osteuropäischen Partner, so könnte hierfür eine Unterstützung der Robert Bosch Stiftung in Betracht gezogen werden. Diese Stiftung unterstützt Filmprojekte, die mit osteuropäischen Ländern co-produziert werden.

192 Die Bedeutung des Ursprungszeugnisses wird im weiteren Verlauf der Arbeit erläutert.

Speziell für Nachwuchsfilmemacher bietet dieser Filmförderpreis Unterstützung, wenn sie einen osteuropäischen Co-Produktionspartner haben.[193]

Innerhalb der Entwicklung eines jeweiligen Projektes/Stoffes könnte das Nipkow-Programm eine richtige und wichtige Anlaufstelle sein. Denn hier können europäische Filmemacher 3-6-monatige Arbeitsstipendien erhalten, um ihre Projekte weiterzuentwickeln.[194]

Außerdem bietet die DEFA Stiftung Möglichkeiten der Unterstützung einzelner herausragender Filmprojekte und Filmemacher und „fördert die deutsche Filmkunst und Filmkultur durch die Vergabe von Projektmitteln, Stipendien und Preisen".[195]

Für junge Produzenten gibt es weitere Unterstützungsmaßnahmen neben den klassischen Existenzgründerprogrammen. So bietet z. B. das Studio Hamburg mit seinem „Haus für Produzenten" Jungunternehmern im audiovisuellen Bereich Büroräume inkl. Infrastruktur ohne große Nebenkosten und mit Einbindung in das dort etablierte Mediennetzwerk.

Weiterhin unterstützt die VFF (Verwertungsgesellschaft für Film- und Fernsehproduzenten) nicht nur einzelne Produktionsstudenten mit jährlichen Stipendien, sie stellt außerdem ausgewählten jungen Produktionsunternehmen ein spezielles Business-Angel-Stipendium zur Verfügung, welches sie in den Anfangsjahren mit Know How, professionellen Mentoren und monetären Mitteln unterstützt.

Alle diese Unterstützungsmaßnahmen sind speziell für eine konzentrierte Nachwuchsförderung konzipiert.

Von der Medienboard und der MDM initiiert gibt es den Deutsch-Polnischen Co-Developmentfonds, der die Weiterentwicklung von Stoffen unterstützt, die gemeinsam von deutschen und polnischen Filmemachern entwickelt werden.

Nicht nur im deutschsprachigen Raum gibt es viele Unterstützungsmaßnahmen zur Förderung, auch international gibt es z. B. über das MEDIA Programm weitere Unterstützungsmaßnahmen zur Entwicklung von Stoffen und der Weiterbildung und Professionalisierung von Produktionsunternehmen, die im weiteren Verlauf der Arbeit vorgestellt werden.

193 Vgl. http://filmfoerderpreis.bosch-stiftung.de/content/language1/html/8778.asp (letzter Zugriff 24.04.2010).

194 Vgl. www.nipkow.de (letzter Zugriff 24.04.2010).

195 Vgl. www.defa.de (letzter Zugriff 24.04.2010).

Grundsätzlich beinhaltet dieses Kapitel die wichtigsten Finanzierungselemente von Nachwuchsproduktionen, um nachfolgend mögliche Finanzierungsbeispiele und die entsprechenden Recoupmentszenarien darzustellen.

3.3 Finanzierungsbeispiele

Bei näherer Betrachtung aller oben genannten Finanzierungsformen, mit Konzentration auf die Finanzierung von Nachwuchsprojekten, ist zu erkennen, dass es sich um unterschiedliche Motivationen bei der Investition in und Förderung von Nachwuchsprojekten handelt.

Gleichzeitig lassen sie sich auf eine Formel bringen: Erkennen von Talent (sowohl künstlerisch-kreatives als auch unternehmerisches), nachhaltige Förderung dieses Talents und die Hoffnung auf Erfolg der Filme auf Festivals, im Kino, im Fernsehen und bei Folgeprojekten.

Doch was bedeutet „Erfolgsfall" für einen deutschen Kinofilm? Neben der enormen Bedeutung von Festivals, auf die später noch eingegangen wird, sollen im folgenden Kapitel die bereits vorgestellten kalkulierten Budgets als Modellbeispiele für mögliche Finanzierungskonstruktionen und anschließend auf deren mögliche Refinanzierungsstruktur und Recoupmentplanung untersucht werden.

Je nach Budget und Finanzierungsstruktur kann sich die Finanzierung eines Spielfilms unterschiedlich gestalten.

Nachdem die einzelnen Finanzierungsmöglichkeiten theoretisch vorgestellt wurden, folgen nun – in Bezug auf die o. g. Budgetbeispiele – drei unterschiedliche Finanzierungsmodelle, an denen im Verlauf der Arbeit beispielhaft dokumentiert wird, inwieweit die Herstellung, Finanzierung, aber auch das Recoupment bei unterschiedlichen Budgetformen variieren kann.

Bei dem ersten Finanzierungsbeispiel Low-Budget-Film kann es sich z. B. um ein Debütprojekt handeln, möglicherweise kann dies auch den Finanzierungsplan eines Abschlussprojektes einer Filmhochschule darstellen (dann würde aber eine Förderung durch das Kuratorium nicht möglich sein) oder eines sehr niedrig kalkulierter Arthouse-Films.

Bei dem zweiten Beispiel Medium-Budget-Film kann es sich um ein sehr gut aufgestelltes Nachwuchsprojekt, z. B. als Nachfolgeprojekt eines Debütfilms handeln. Um eine solche Finanzierung zusammenzustellen, ist anzunehmen, dass ein Verleih schon von Anfang an beteiligt ist, dieser aber keine Minimumgarantie zahlt. Außerdem könnte bei dieser Variante auch als Förderung 2 der DFFF eingebunden werden, wenn das Projekt alle Auflagen (vgl. Kapitel DFFF) dieser Förderung erfüllt.

Low-Budget-Film national	
	in Euro
Förderung 1	175 000
Förderung 2	100 000
Kuratorium	25 000
TV-Lizenz/ Co-Prod.	250 000
Rückstellungen/ Beistellungen	150 000
Eigenmittel	50 000
Summe	**750 000**

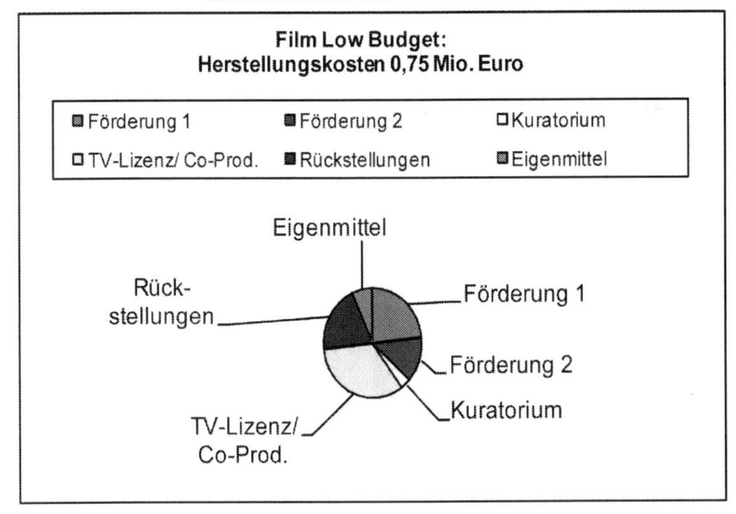

Abbildung 26 und Abbildung 27: Finanzierungsbeispiel Low-Budget-Film[196]

196 Quelle: Eigene Berechnung und Darstellung anhand marktüblicher Finanzierungsbeteiligungen.

Medium-Budget-Film national	
	in Euro
FFA	350 000
Förderung 1	250 000
Förderung 2	200 000
BKM	150 000
TV-Sender 1	350 000
TV-Sender 2	150 000
Beistellungen	250 000
Eigenmittel	100 000
Summe	**1 800 000**

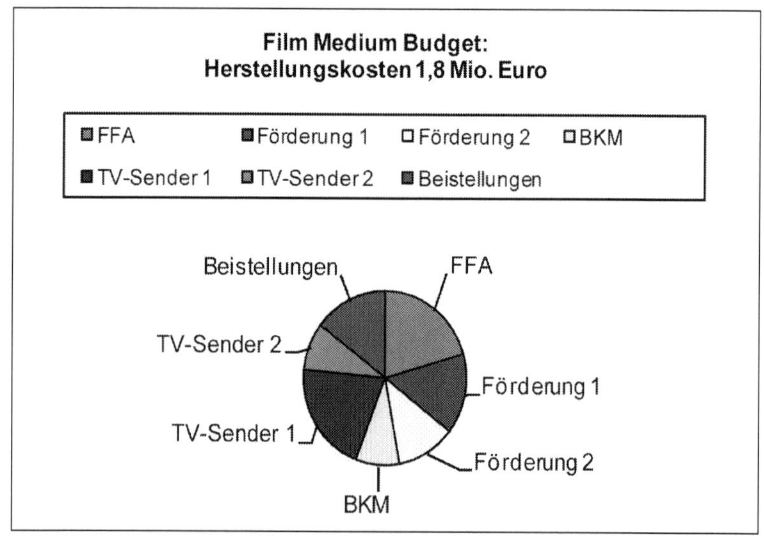

Abbildung 28 und Abbildung 29: Finanzierungsbeispiel Medium-Budget-Film[197]

197 Quelle: Eigene Berechnung und Darstellung anhand marktüblicher Finanzierungsbeteiligungen.

High-Budget-Film international	
	in Euro
Co-Prod. 1	2 500 000
Co-Prod. 2	1 600 000
Eurimages	750 000
TV-Lizenz	500 000
Minimumgarantie	150 000
Vertrieb	100 000
Referenzmittel	350 000
Förderung 1	700 000
Förderung 2	550 000
Eigenmittel	300 000
Summe	**7 500 000**

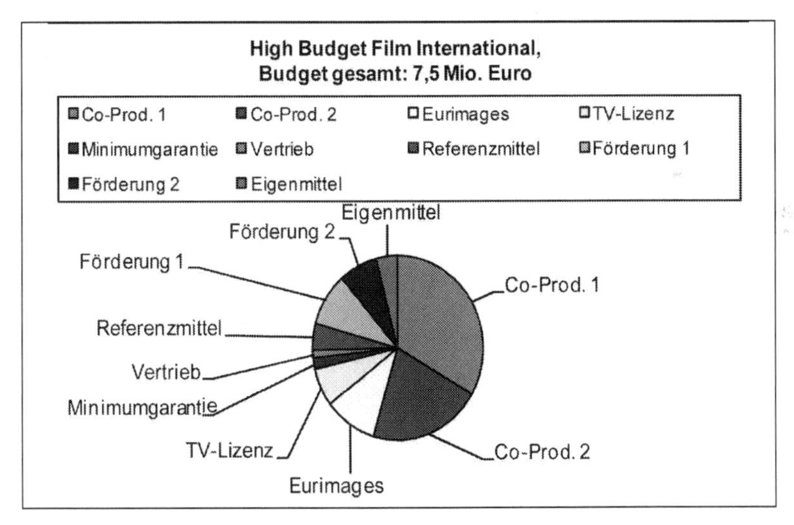

Abbildung 30 und Abbildung 31: Finanzierungsbeispiel High-Budget -Film international[198] (Eurimages[199])

198 Quelle: Eigene Berechnung und Darstellung anhand marktüblicher Finanzierungsbeteiligungen.

199 In der Regel ist die Eurimages Beteiligung nicht ganz so hoch. Dieser Betrag erleichtert jedoch die weitere Darstellungdes möglichen Recoupments sehr. (Anm. d. Verf.).

Das erste Beispiel kann als klassisches Modell einer Nachwuchsfinanzierung gesehen werden, das zweite Modell ist sicherlich für Nachwuchsproduzenten schon eine enorme Herausforderung und bedeutet, dass es schon ein gut aufgestelltes und überzeugungskräftiges Nachwuchsunternehmen sein muss, um eine solche Finanzierung auf die Beine zu stellen. Das dritte Beispiel orientiert sich eher an schon etablierten Produktionsfirmen, die auf dem nationalen Markt bereits Erfahrungen gesammelt haben und soll für Nachwuchsproduktionen hier lediglich als Beispiel und Motivation gelten. Denn im Vergleich zu den „klassischen" Nachwuchsproduktionen sind in diesem Bespiel die an der internationalen Finanzierung partizipierenden Parteien nicht mehr vornehmlich Sender und Förderungen, sondern auch Referenzmittel aus vorhergehenden Filmen und Eigenmittel, die dementsprechend auch eine höhere Erwartung an mögliche Rückflüsse stellen.

3.4 Recoupment von Kinofilmen

Wie bei allen Investitionen ist es auch bei der Herstellung von Kinofilmen der Fall, dass jede Partei, die in einen Film investiert, etwas von seinem Investment zurückbekommen möchte. Diese Erwartung ist nicht rein auf ein monetäres Reinvestment aller an der Finanzierung beteiligten Investoren zu beziehen, sondern kulturelle, strukturelle und ideelle Werte sind hier ebenso ein wichtiger Faktor. Gleichzeitig sollte der langfristige Investitionsanreiz über Nachwuchsförderung, Talentbindung, Imagepflege oder regionale Aspekte der Wirtschaft (von Beschäftigungsfaktoren bis hin zur Tourismuswirtschaft) nicht außer Acht gelassen werden.

Manchmal ist sogar die politische Intention des Films förderungswürdig, so dass bei Low-Budget-Projekten auch Zuschüsse entsprechender Stiftungen und Ministerien ein Bestandteil der Finanzierung sein können. Da diese aber Einzelfälle sind, wurden sie im vorhergehenden Kapitel nicht explizit benannt.

All diese Finanzierungsintentionen sind von Seiten des Produzenten hinsichtlich seines eigenen Engagements und Investments, aber auch bei Verhandlungen der Finanzierungsakquise zu beachten.

Bei den im vorherigen Kapitel genannten Finanzierungselementen wurde schon kurz auf die Motivation der Finanzierung hingewiesen.

Filmwerke haben eine immer kürzer werdende Auswertungszeit, und die im FFG festgelegte „Sperrfrist“[200] wird immer häufiger unterwandert. Da das FFG nur bei geförderten Filmen greift, bestimmt bei internationalen Produktionen der Markt diese Sperrfristen, und in letzter Zeit ist es sogar schon zu Filmboykotten seitens der Kinos gekommen, da der Verleih die DVD schon wenige Wochen bzw. Monate nach der Kinopremiere auf dem Markt anbieten wollte.[201] Ein Beispiel hierfür ist der Dokumentarfilm „Deutschland. Ein Sommermärchen“ (Regie: Sönke Wortmann), der nach seinem Kinostart am 05.10.2006 mit über 4 Millionen Zuschauern, gleich zwei Monate später, am 06.12.06, in der ARD ausgestrahlt wurde. Damit zog er nicht nur den Unmut der Filmtheaterbranche auf sich, sondern er wurde auch nicht zur Verleihung des deutschen Filmpreises 2007 zugelassen. [202]

Grundsätzlich gelten nach bestehendem FFG die folgenden Auswertungsfenster:

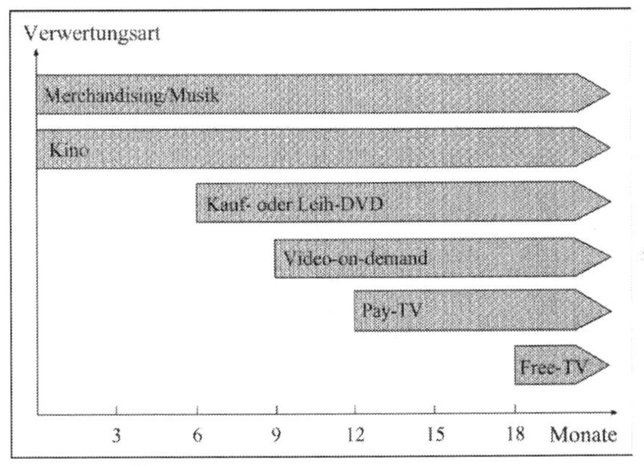

Abbildung 32: Die einzelnen Verwertungsfenster innerhalb der bestehenden Sperrfristen:[203]

200 Vgl. § 20 Abs. 1 FFG, Die Sperrfrist für die Video- und DVD-Auswertung beträgt seit der letzten Novellierung des FFG vom 01.01.2009 insgesamt 6 Monate nach Beginn der regulären Filmtheaterauswertung, für Video-on-Demand 9 Monate, für Pay-TV 12 Monate und Free-TV 18 Monate. Vor der Novellierung betrugen die Fristen 6 Monate/12 Monate/18 Monate/24 Monate (Anm. d. Verf.).

201 Z. B. „Herbie Full loaded“ (USA) im Sommer 2005.

202 Vgl. Daten unter cinebiz.de; www.mediabiz.de/film/news/sommermaerchen-ohne-lola-chancen/222636; (Zugriff: 10.04.2010).

203 Vgl. Schweitzer, (1999) S.19, Duvvuri/Schellmoser (1996), S. 12 und Brehm (2000), S. 144ff. Zitiert aus Duvvuri (2007), S. 16. Die originäre Darstellung bezog sich auf die ursprünglichen Auswertungsfenster und wurde für die vorliegende Arbeit aktualisiert.

Doch bevor die Refinanzierung durch die Zweitauswertung durch Heimvideo/-DVD-Markt überhaupt greifen kann, muss der Film im Kino Präsenz zeigen. Je kürzer die Zeit dafür bleibt, desto wichtiger ist eine aufwändige (und teure!) Marketingkampagne und ein Start mit vielen Kopien. Wie die vorangegangenen Ausführungen zur Entwicklung des Kinomarktes gezeigt haben, ist es immer schwieriger geworden, für Festivalfilme, Nachwuchsprojekte und Arthouse-Perlen langfristig per Mundpropaganda und Feuilleton mit wenigen Kopien, aber kontinuierlich ein breites Publikum in die Kinosäle zu ziehen.

Eine weite Kinoauswertung ist neben der entsprechenden Marketingkampagne auch mit einer von Beginn an starken Präsenz in der Kinolandschaft Deutschlands verbunden. Wie die vorangegangenen Ausführungen über die Entwicklung der Kinostruktur in Deutschland verdeutlichten, ist die Auswertung rein über den Arthouse-Sektor mit kleiner Kopienanzahl für einen deutschen Produzenten nur über Subventionen tragbar. Aber wie viele Filme starten mit wie vielen Kopien in Deutschland?

Anzahl Kopien	Anzahl Spielfilme							
	2002		2003		2004		2005	
	Anzahl	In %	Anzahl	in %	Anzahl	in %	Anzahl	in %
1 bis < 10	114	30,9	111	30,9	127	29,5	126	28,2
10 bis < 50	83	22,5	78	21,7	95	22,1	130	29,1
50 bis < 100	39	10,6	30	8,4	62	14,4	48	10,7
100 bis < 200	30	8,1	45	12,5	20	4,7	41	9,2
200 bis < 300	19	5,1	21	5,8	41	9,5	33	7,4
300 bis < 500	39	10,6	35	9,7	41	9,5	36	8,1
500 und mehr	45	12,2	39	10,9	44	10,2	33	7,4
Summe	369	100,0	359	100,0	430	100,0	447	100,0

Abbildung 33: Langfilme nach Kopienklassen 2002 bis 2005[204]

204 Quelle: SPIO (2005), S. 23, S. 28 und SPIO (2006), S. 23, S. 27.

Anzahl Kopien	Anzahl Spielfilme			
	2006		2007	
	Anzahl	in %	Anzahl	in %
1 bis < 10	168	34,5	149	30,2
10 bis < 50	113	23,2	130	26,4
50 bis < 100	41	8,4	57	11,6
100 bis < 200	58	11,9	44	8,9
200 bis < 300	27	5,5	37	7,5
300 bis < 500	44	9,0	41	8,3
500 und mehr	36	7,4	35	7,1
Summe	487	100,0	493	100,0

Abbildung 34: Langfilme nach Locationklassen 2006 und 2007[205]

Leider ist es hier nicht möglich, alle uraufgeführten Filme zu dokumentieren, sondern lediglich die Anzahl aufzuzeigen, die der SPIO vorliegt. Daher weicht die Gesamtsumme von vorhergehenden Ausführungen der Anzahl uraufgeführter Filme ab.

Die vorangegangenen Tabellen zeigen auf, dass bei einem Gesamtanstieg der aufgeführten Filme in all den Jahren mehr als 50% aller Filme pro Jahr mit weniger als 50 Kopien gestartet wurden. Dass aber die Gesamtsumme auch noch zugenommen hat, lässt daraus schließen, dass die meisten dieser Filme auch wieder schnell aus den Kinos genommen wurden, denn es musste Platz bzw. eine Abspielfläche für die nächsten anstehenden Filme geschaffen werden.

Schon bis 2005 zeigen diese Zahlen eine starke Entwicklung hin zu vielen uraufgeführten Filmen, die mit wenigen Kopien starteten, danach in den Kopienklassen ein solides Mittelfeld bildeten und wenige richtige Highlights zeigten, denn diese waren meist US-amerikanische Blockbuster.

Nicht nur deutsche Filme strömen immer mehr auf den Markt, es gibt auch eine größere Anzahl internationaler Starts (die o. g. Tabelle führt Filme unterschiedlichster Herstellungsländer auf, die in Deutschland gestartet sind). Dass diese sich irgendwann nicht nur konkurrieren, sondern auch kannibalisieren werden, ist eine logische Konsequenz. Dies

205 Quelle: SPIO (2008), S. 29. Seit 2006 werden hier nicht mehr die Kopienzahl angezeigt, sondern die Anzahl der Locations, d. h. der bespielten Kinos, daher werden sie in einer gesonderten Tabelle aufgezeigt. Diese Statistik wird im aktuellen SPIO Jahrbuch 2009 nicht mehr aufgeführt. (Anm. d. Verf.)

macht sich auch für die Besucheranzahl der einzelnen Filme bemerkbar. Die meisten der gezeigten Filme werden eine Gesamtbesucherzahl von weniger als 10.000 Zuschauer erreichen (im Jahr 2008 waren es 83,9% aller gezeigten Filme[206]). Insgesamt 90,9% aller 2008 gezeigten Filme haben nicht mehr als 50.000 Zuschauer erreicht.[207]. Gleichzeitig haben es nur wenige Filme geschafft, Besuchermillionäre zu werden (2008 waren es 63 Filme – aller Herkunftsländer, auch US-amerikanische Produktionen) und damit allein 57,5% aller Besucher ins Kino zu locken.

Bereits hier zeigt sich die große Differenz zwischen Low-Budget-Film und groß angelegtem und beworbenem Film. Gerade die Differenz im Mittelfeld ist sehr erstaunlich und dokumentiert die Ambivalenz zwischen Arthouse und Mainstream in Deutschland. Die folgende Grafik zeigt diese Differenz nochmals anschaulich. Obwohl die Auswertung im kleinen Bereich sich ein wenig bezüglich der Auswertung bis zu 100 Kopien hin entwickelt hat, ist der Graben zu einer Auswertung im großen Stil ersichtlich.

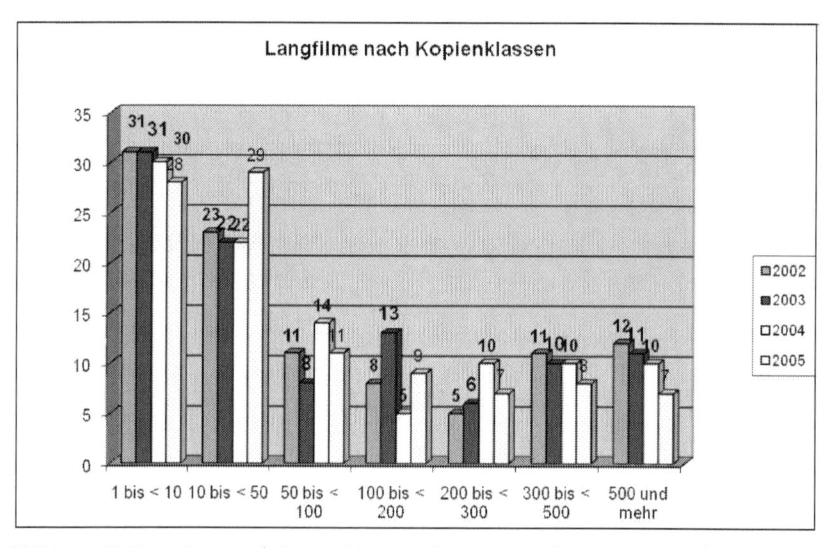

Abbildung 35: Langfilme nach Kopienklassen aller in Deutschland uraufgeführten Filme 2002 bis 2005, Angaben in % (Grafik)[208]

206 Vgl. SPIO, 2009, S. 28.

207 Vgl. ebd.

208 Quelle: ebd., Eigene Darstellung.

Die vorangegangene Darstellung zeigt, dass die meisten aller uraufgeführten Filme in deutschen Kinos mit einer geringen Kopienanzahl von bis zu 50 Kopien in den Kinos uraufgeführt werden. Wie diese Zahlen dokumentieren, ist es mit einer solch geringen Kopienanzahl meist nicht möglich, ein breites Publikum zu erreichen. Nimmt man in der Gegenwart die deutschen Filme hinzu, die mit Hilfe des DFFF entstanden sind und sich somit schon vor der Produktion verpflichtet haben, mit einer bestimmten Zahl in den Kinos zu starten, so stehen für die ganz kleinen Filme noch weniger Abspielstätten zur Verfügung.

Werden die oben belegten Zahlen betrachtet und mit den bereits vorangegangenen Kinoentwicklungszahlen verbunden, dann ist gleichzeitig ersichtlich, warum ein breiter Kinostart mit einer großen Kopienanzahl für die Auswertung eines Films wichtig ist. Da seit 2006 nicht mehr die Kopienanzahl, sondern die Locationanzahl gewertet wird, würde ein direkter Vergleich hier möglicherweise zu Verzerrungen führen; daher werden lediglich die Jahre bis 2005 erwähnt.

Da die Darstellung der folgenden Jahre keine wesentlichen Veränderungen hinsichtlich der Kopienanzahl innerhalb der einzelnen Kopienklassen aufweist, wird an dieser Stelle auf eine aktualisierte Grafik der prozentualen Verteilung der Kopienklassen verzichtet.

Jedoch ist nach der Entwicklung des deutschen Kinomarktes und des Ausbildungsmarktes die Anzahl der mit wenigen Kopien angelaufenen Filme noch weiter angestiegen. Der Trend war schon 2005 zu sehen, doch hat sich dieser noch mehr hin zu breiten Starts großer Filme und weg von kleinen– sich auf dem Arthouse-Markt gegenseitig ausstechenden – Filmen entwickelt.

Gleichzeitig bringt in den meisten Fällen nur ein schneller, breiter Start mit vielen Kopien in den großen Kinos eine starke Refinanzierung; eine kleine, langsame Auswertung führt nicht nur im Kino, sondern bei den weiteren Auswertungsstufen (vor allem bei DVD) immer seltener zu starken Rückflüssen.

Filme, die mit wenigen Kopien starten, haben kaum Chancen, die Aufmerksamkeit der Zuschauer auf sich zu ziehen. Hier kommt es dann nicht mehr auf die Qualität des Filmes an, sondern lediglich auf seine Präsenz.

Für den deutschen Nachwuchsfilm ist die in den letzten Jahren noch präsenter und stärker gewordene Konsequenz, dass, wenn er nicht von Anfang an mit vielen Kopien startet, er immer weniger Zuschauer bekommt. Dafür ist die Konkurrenz zu groß, der Kinomarkt zu schnelllebig und die durchschnittliche Kopienzahl von Nachwuchsprojekten viel zu klein, als dass dieser viele Besucherzahlen erhalten wird. Auf der anderen Seite ist es für kleinere Low-Budget- Projekte extrem risikoreich, viel Geld in eine große Anzahl von Kopien und teure Werbung zu investieren, welches dann im Falle eines Flops zusätzlich verloren wäre. Daher ist eine gut überlegte Strategie bei der Herausbringung für jeden einzelnen Film zu treffen. Ob diese sich einlöst, ist seit Beginn der Filmgeschichte die große Frage („Nobody knows anything"[209]), doch wie die genannten Zahlen dokumentieren, ist es nicht einfacher für den einzelnen Film geworden.

Für viele (Nachwuchs-)Projekte wird eine Sperrfristverkürzung von den Produzenten bei den beteiligten Förderungen beantragt, damit der Film schon vor den gesperrten 18 Monaten im Fernsehen gezeigt werden kann, um hier von seiner Festival- und Kinowerbung bzw. der damit verbundenen Berichterstattung bei seiner Fernsehausstrahlung zu profitieren. Diese schmälert möglicherweise dann auch die Möglichkeiten der DVD-Auswertung.

Eine seltene Ausnahme dieses Geschehens war der schwedische Film „Wie im Himmel" (Schweden 2004, Regie: Kay Pollak) im Verleih von Prokino. Dieser Film zog seit seinem Kinostart am 20.10.2005 mit konstanter Zuschauerzahl bis zum Ende seiner Kinoauswertung am 5.11.2006 insgesamt 1.258.236 zahlende Zuschauer in die deutschen Kinos.[210]

Betrachtet man die marktüblichen Refinanzierungsränge, wann welche Partei in welcher Höhe an den Rückflüssen partizipiert, so steht der Produzent nach dem Kino und dem Verleih an hinterster Stelle. Hat er sich keinen Korridor[211] eingebaut, ist er bei der Herstellung zwar von Anfang an beteiligt und mit Finanzierungsmitteln involviert, sein Recoupment findet aber erst an letzter Stelle statt, nachdem die Verleihoption bereits getilgt wurde. Oftmals wird sogar einem Produzenten, der sich selber einen Korridor einräumen möchte, bei Vertragsverhandlungen vorgeworfen, er würde nicht an seinen Film glauben. Gerade bei diesen Verhandlungen über die Auswertungen, Ränge und Beteiligungen am Recoupment sind das Geschick und die Professionalität des Produzenten gefragt.

209 Das berühmte Zitat des US-amerikanischen Drehbuchautoren William Goldman.

210 Vgl. cinebiz.de, Zugriff am 10.04.09.

211 Unter „Korridor" wird eine direkte anteilige Rückführung ab dem ersten Rang verstanden. Einige Stars, Regisseure oder Produzenten sind an dem Recoupment des ersten Euro (z. B. mit 5%) aus den zurückgeführten Kinoerlösen beteiligt. Dieser Korridor zieht sich dann durch alle Ränge des Recoupments.

Die Refinanzierung der eingesetzten Fördermittel ist erst danach, das heißt nach der Refinanzierung des „vorrangig rückführbaren Eigenanteils“ des Produzenten gemäß FFG und den Richtlinien der einzelnen Länderförderer vorgesehen. Bezogen auf die vorangegangenen Ausführungen ist als vorrangig rückführbarer Eigenanteil der Beitrag des Produzenten zu bezeichnen, den dieser als Eigenmittel, Sachleistungen oder Rückstellungen in die Finanzierung eingebracht hat.

Grundsätzlich gilt bei der Rückzahlung der Förderung durch die FFA folgende Recoupmentklausel: Nach Abdeckung des vorrangig rückführbaren Eigenanteils partizipiert die FFA an den Produzentenerlösen zu 10% bis zur Abdeckung von 20% der anerkannten Herstellungskosten, danach mit 20% bis zur Abdeckung von 60% der anerkannten Herstellungskosten und abschließend mit 50% der Produzentenerlöse bis zur Tilgung der FFA Förderung. Sollte ein Projekt sowohl von der FFA als auch von anderen Förderinstitutionen mit bedingt rückzahlbaren Darlehen unterstützt worden sein, so beteiligt sich die FFA gemeinsam mit den anderen involvierten Förderungen an den Rückflüssen bis zur vollständigen Tilgung der jeweiligen Darlehen. In diesem Fall ergibt sich die Tilgungsquote der jeweiligen Förderungen aus dem prozentualen Anteil der Gesamtförderung. Nach Rückführung des vorrangig rückführbaren Eigenanteils des Produzenten werden dann 50% der Produzentenerlöse zur Tilgung der Förderdarlehen verwendet.

Wie viel Gelder aus jeder Kinokarte bzw. bei welcher Anzahl von Zuschauern fließen an den Produzenten zurück, um daraus seinen Eigenanteil und die anderen an der Finanzierung beteiligten Parteien zurückzuführen? Die folgende Modellrechnung zeigt ein solches Szenario auf:

Anzahl Zuschauer	10.000	50.000	100000
Einspielergebnis Kino, Karte à 6,12 €	61.200,00 €	306.000,00 €	612.000,00 €
abzgl. 7% MwSt.	4.284,00 €	21.420,00 €	42.840,00 €
Zwischensumme	56.916,00 €	284.580,00 €	569.160,00 €
abzgl. 2,5% FFA-Abgabe	1.422,90 €	7.114,50 €	14.229,00 €
Theaternetto	**55.493,10 €**	**277.465,50 €**	**554.931,00 €**
abzgl. Filmmiete von 55%	30.521,21 €	152.606,03 €	305.212,05 €
Zwischensumme	24.971,90 €	124.859,48 €	249.718,95 €
abzgl. Verleihprovision von 35%	8.740,16 €	43.700,82 €	87.401,63 €
Produzentenanteil	16.231,73 €	81.158,66 €	162.317,32 €
abzgl. Verleihvorkosten (Angaben in € geschätzt)	50.000,00 €	50.000,00 €	150.000,00 €
Rückflüsse Kino (Produzentennetto)	**-33.768,27 €**	**31.158,66 €**	**12.317,32 €**
Recoupment, nur Kino:			
Produzentenerlöse Kino:	-33.768,27 €	31.158,66 €	12.317,32 €
abzgl. Minimumgarantie			
	z. B. Modellrechnung Low-Budget-Film	z. B. Modellrechnung Low-Budget-Film	z. B. Modellrechnung Medium-Budget-Film
abzgl. vorrangig rückführbarer Eigenanteil	200.000,00 €	200.000,00 €	350.000,00 €
Erlöse Produzent	**-233.768,27 €**	**-168.841,34 €**	-337.682,68 €

Abbildung 36a: Recoupmentplan (Beispiel Teil 1)[212]

212 Eigene Berechnung anhand fester Parameter, die durch das FFG festgelegt sind, und marktüblicher Werte. Anlehnend an ein vorgestelltes Recoupmentszenario von Kai May und Michael Schmidt am Erich Pommer Institut am 25.09.2007.

Anzahl Zuschauer	500.000	1.000.000	1.500.000
Einspielergebnis Kino, Karte à 6,12 €	3.060.000,00 €	6.120.000,00 €	9.180.000,00 €
abzgl. 7% MwSt.	214.200,00 €	428.400,00 €	642.600,00 €
Zwischensumme	2.845.800,00 €	5.691.600,00 €	8.537.400,00 €
abzgl. 2,5% FFA-Abgabe	71.145,00 €	142.290,00 €	213.435,00 €
Theaternetto	**2.774.655,00 €**	**5.549.310,00 €**	**8.323.965,00 €**
abzgl. Filmmiete von 55%	1.526.060,25 €	3.052.120,50 €	4.578.180,75 €
Zwischensumme	1.248.594,75 €	2.497.189,50 €	3.745.784,25 €
abzgl. Verleihprovision von 35%	437.008,16 €	874.016,33 €	1.311.024,49 €
Produzentenanteil	811.586,59 €	1.623.173,18 €	2.434.759,76 €
abzgl. Verleihvorkosten (Angaben in € geschätzt)	400.000,00 €	850.000,00 €	1.000.000,00 €
Rückflüsse Kino (Produzentennetto)	**411.586,59 €**	**773.173,18 €**	**1.434.759,76 €**
Recoupment, nur Kino:			
Produzentenerlöse Kino:	411.586,59 €	773.173,18 €	1.434.759,76 €
abzgl. Minimumgarantie		150.000,00 €	150.000,00 €
	z. B. Modellrechnung Medium-Budget-Film	z.B. Modellrechnung High-Budget-Film	z.B. Modellrechnung High-Budget-Film
abzgl. vorrangig rückführbarer Eigenanteil	350.000,00 €	300.000,00 €	300.000,00 €
Erlöse Produzent	**61.586,59 €**	**323.173,18 €**	**984.759,76 €**

Abbildung 36b: Recoupmentplan (Beispiel Teil 2)

Wie viele Erlöse bei einer Kinoauswertung bei den jeweiligen Modellbeispielen an den Produzenten zurückgeführt werden, zeigt diese Abbildung. Die Erlöse kann der Produzent aber nicht gleich als seinen Gewinn geltend machen, denn von den positiven Rückflüssen müssen noch nach der Rückführung seines über Barmittel oder Rückstellungen investierten Eigenanteils die als bedingt rückzahlbare Darlehen in die Finanzierung eingebrachten Fördermittel getilgt werden. Sollten mehrere Förderungen beteiligt sein, so teilen sich diese 50% der Produzentenerlöse jeweils anteilig ihrer Finanzierungsbeteiligung. Bei internationalen Gemeinschaftsproduktionen beziehen sich diese Angaben auf den Anteil der deutschen Finanzierung. Bei der Gemeinschaftsproduktion mit Fernsehsender ist weiterhin darauf zu achten, dass diese ihre Finanzierungsbeteiligung meist in Vorlizenzabkauf und Co-Produktionsanteil im Verhältnis 50/50 aufteilen und ggf. aufgrund ihres Co-Produzentenstatus an den Erlösen aus den Kinorückflüssen beteiligt sind. Wie die einzelnen Recoupmentpositionen mit den jeweiligen Rängen für die drei Modellbeispiele aussehen kann, wird nachfolgend dokumentiert, doch vorab sollen noch die angesprochenen Verleihvorkosten näher definiert werden.

Diese im Verlauf der Arbeit und in dem o.g. Recoupmentplanbeispiel erwähnten Verleihvorkosten werden dem Verleih zurückgezahlt, bevor der Produzent und andere Finanzierungsbeteiligten ihre Finanzierung oder den anteiligen Gewinn zurück erhalten. Die vom Verleih abrechnungsfähigen Verleihvorkosten sind in § 17 FFG der Richtlinien zur Projektfilmförderung festgelegt und beinhalten:

1. Beiprogrammfilm;
2. Kopien für Hauptfilm, Werbevorspannfilm und Beiprogrammfilm zuzüglich Verpackung und Transport, soweit nicht in den Herstellungskosten enthalten;
3. Lavendelpositiv und Dupnegativ bzw. Interpositiv und Internegativ, soweit nicht in den Herstellungskosten enthalten;
4. Synchronisation sowie IT-Band, soweit nicht in den Herstellungskosten enthalten;
5. Kopienversicherung;
6. Negativ-Versicherung und sonstige filmbezogene Versicherung, soweit nicht in den Herstellungskosten enthalten;
7. Beschichtung, Instandhaltung und Wiederherstellung der Kopien für Haupt-, Vorspann- und Beiprogrammfilm, soweit diese Arbeiten außerhalb der Betriebsräume oder auch innerhalb der Betriebsräume des Verleihers, soweit sie zu marktüblichen Preisen durchgeführt werden und zur Auswertung erforderlich sind;

8. Herstellung des Werbevorspannfilms sowie der zur redaktionellen Berichterstattung bestimmten Materialien z. B. electronic Press kit, und „making of" falls diese nicht vom Produzenten geliefert werden;
9. Standard-Werbematerial;
10. Kosten von Marketing-/Promotionsagenturen zu marktüblichen Preisen, ohne Aufschlagsberechnungen auf weitere Spesen/Provisionen bei Einschaltung von Drittagenturen;
11. Ur- und Erstaufführungswerbemaßnahmen, die sich unmittelbar an Filmbesucher richten sowie filmbezogene Inserate in der Filmfachpresse und etwaigen Filmpremierenveranstaltungen;
12. Produktionspresse sowie Verleihpresse und sonstige filmbezogene Promotion im Einvernehmen mit dem Produzenten, soweit nicht in den Herstellungskosten enthalten;
13. Untertitelung für Hörgeschädigte, Audiodescription für Sehbehinderte;
14. Rechtsverfolgung gegenüber filmbezogenen Ansprüchen;
15. Finanzierung, soweit nicht in den Herstellungskosten enthalten, allerdings höchstens bis zu 8 v. H. über dem jeweiligen Basiszinssatz der Europäischen Zentralbank;
16. Abgaben, insbesondere Zoll im grenzüberschreitenden Verkehr;
17. Gebühren der FSK[213], soweit nicht ausnahmsweise in den Herstellungskosten enthalten;
18. Gebühren der FBW[214], soweit nicht ausnahmsweise in den Herstellungskosten enthalten;
19. Abrechnungskontrolle des Verleiherverbandes.

Wird die Liste aller vorrangig für den Verleih rückzuführenden Verleihvorkosten – die noch vor einem Rückfluss an den Produzenten komplett refinanziert werden – betrachtet, ist zu erkennen, dass der Produzent im sehr viel höheren Risiko der Refinanzierung steht als der Verleiher, und gleichzeitig aus eigenem Interesse sogar von einer breiteren Verwertung des Films über viele Kopien abraten muss. Da die Herstellung einer Kinokopie bei durchschnittlich ca. 2.500,- Euro liegt und diese dem Verleih erstattet werden, bevor der Produzent auch nur einen Cent recoupt, kann jede zusätzliche Startkopie ein höheres Risiko für den Produzenten innerhalb der Erlösaufteilung bedeuten. Gleiches gilt für die Marketingkampagne, die vor dem Produzentennetto komplett getilgt

213 Freiwillige Selbstkontrolle, die über die Altersfreigabe des Films bestimmt.

214 Filmbewertungsstelle, die Prädikate vergibt, welche zwar nicht direkt für die Auswertung des Films relevant sein müssen, aber für die Referenzmittelvergabe der FFA von Bedeutung sind.

wird. Gerade bei der Bewerbung des Films über Fernsehwerbung steigen Marketingkampagnen auch in Millionenbeträge. Somit wäre es quasi im Sinne des Produzenten, auf eine aufwändige Bewerbung seines Films zu verzichten. Gerade aus der Sicht von Nachwuchsproduzenten ist daher ein breiter Start mit vielen Kopien und in Verbindung mit einer aufwändigen Marketingkampagne mit einem solch großen finanziellen Risiko verbunden, dass für sie ein kleiner Start in der Hoffnung auf eine gute Aufnahme ihrer Filme gleich beim Startwochenende und eine langfristige Präsenz im Kino sehr viel mehr Sinn macht. Dass diese lange Präsenz aufgrund der Kinoentwicklung und der Anzahl der jede Woche in den Kinos neu uraufgeführten Filme im Lauf der letzten Jahre noch unsicherer und wenig erfolgversprechend ist, zeigen die bereits genannten Zahlen.

Doch nur eine ausreichende Präsenz im Kino wird die weitere Auswertungskette die Verbraucher auf den Film aufmerksam machen und hohe Verkaufszahlen erwarten lassen.

Aber wie viele Zuschauer benötigt ein Kinofilm, um lediglich das eingesetzte Budget durch eine Kinoauswertung auf dem nationalen Markt wieder einzuspielen?

Um dieses zu dokumentieren, sei hier noch einmal kurz die Berechnung der zahlenden Zuschauer angegeben, die jedes dieser Modellbeispiele benötigen müsste, um alle Investitionen, d. h. die reinen Herstellungskosten, über den Kinomarkt zu refinanzieren (und das ohne Verleih- und Marketingkosten!).

Für den kleinen Low-Budget-Film mit einem Budget von 750.000,- Euro würde das bedeuten, dass er von fast 500.000 Zuschauern in den Kinos gesehen werden müsste, wie die folgende Abbildung dokumentiert.

Berechnung Break Even Kinoauswertung		
Recoupment		**750.000,00 €**
Verleihprovision	35,00%	403.846,15 €
Maximum gem. FFG		
Zwischensumme		1.153.846,15 €
Filmmiete	55,00%	1.410.256,41 €
variabel		
Theaternetto		2.564.102,56 €
FFA-Abgabe	2,50%	2.629.848,78 €
MwSt.	7,00%	2.827.794,39 €
Box Office		**2.827.794,39 €**
Kinokarte	6,12 €	
Zuschauerzahl, um o. g. Rückfluss zu generieren		**462.058**

Abbildung 37: Zuschauersollplan national Low-Budget-Produktion[215]

Somit muss ein Film, wenn er über seine Kinoauswertung alle Investitionen recoupen und auch Gewinne erzielen soll, mindestens 462.058 zahlende Zuschauer in die Kinos ziehen. Die nachfolgenden Kapitel zeigen auf, wie schwierig dies für einen Low-Budget-Film ist. Dass dies bei den meisten dieser gering budgetierten Projekte kaum gelingt, zeigen sowohl die vorangegangenen als auch die folgenden Ausführungen.

215 Quelle: Eigene Berechnung anhand marktüblicher Daten.

Schon bei dem Medium-Budget-Film würde ein Break Even durch die Kinoauswertung bei über 1,1 Mio. gelöster Kinotickets liegen, was erfahrungsgemäß kaum möglich ist.

Berechnung Break Even Kinoauswertung		
Recoupment		**1.800.000,00 €**
Verleihprovision	35,00%	969.230,77 €
Maximum gem. FFG		
Zwischensumme		2.769.230,77 €
Filmmiete	55,00%	3.384.615,38 €
variabel		
Theaternetto		6.153.846,15 €
FFA-Abgabe	2,50%	6.311.637,08 €
MwSt.	7,00%	6.786.706,54 €
Box Office		**6.786.706,54 €**
Kinokarte	6,12 €	
Zuschauerzahl, um o. g. Rückfluss zu generieren		**1.108.939**

Abbildung 38: Zuschauersollplan national Medium-Budget-Produktion[216]

Nicht nur aus der Sicht von Nachwuchsproduzenten ist es daher enorm wichtig, eine für ihr Unternehmen risikoarme Finanzierung der jeweiligen Projekte zusammenzustellen, denn selbst durchschnittlich kleine

216 Quelle: Eigene Berechnung anhand marktüblicher Daten.

und günstige Kinofilme werden sich in der Regel kaum über den nationalen Markt refinanzieren. Daher ist vor allem für junge Unternehmen eine Projektfinanzierung durch Fördermittel so wichtig.

Auch in größeren Dimensionen ist die Problematik, der sich nationale Produzenten stellen müssen, ähnlich.

Der international produzierte Kinofilm im High-Budget-Bereich mit einem Budget von 7,5 Mio. Euro müsste allein, um seinen nationalen Anteil i. H. v. 2,65 Mio. Euro (exkl. des Eurimages-Anteils) an der Produktion zurückzuführen, über 1,6 Mio. Zuschauer in Deutschland in die Kinos locken.

Berechnung Break Even Kinoauswertung		
Recoupment		**2.650.000,00 €**
Verleihprovision	35,00%	1.426.923,08 €
Maximum gem. FFG		
Zwischensumme		4.076.923,08 €
Filmmiete	55,00%	4.982.905,98 €
variabel		
Theaternetto		9.059.829,06 €
FFA-Abgabe	2,50%	9.292.132,37 €
MwSt.	7,00%	9.991.540,18 €
Box Office		**9.991.540,18 €**
Kinokarte	6,12 €	
Zuschauerzahl, um o. g. Rückfluss zu generieren		**1.632.605**

Abbildung 39: Zuschauersollplan internationale Co-Produktion High Budget[217]

217 Quelle: Eigene Berechnung anhand marktüblicher Daten.

Diese gesamten Ausführungen machen deutlich, wie sehr der Kinomarkt auch von der Unterstützung der Fernsehsender und von Fördermitteln abhängig ist, denn nicht nur für Nachwuchsproduzenten müssen die Erlöserwartungen aus nationalen Produktionen in Verbindung mit der Entwicklung des Kinomarktes so hoch gesetzt werden, um alleine die eingesetzten Mittel zu recoupen, bevor eine Erlöserwartung, eine Etablierung der Firma auf dem Markt durch aus Nachwuchsprojekten generierten Eigenmittel des Unternehmens auch nur ansatzweise von einem wirtschaftlich agierenden Unternehmen der Filmwirtschaft gesprochen werden kann. Mit dieser Problematik wird sich früher oder später jedes Nachwuchsunternehmen der Kinofilmwirtschaft konfrontiert sehen.

Doch ohne ein Fazit hier vorwegnehmen zu wollen, sollen die drei Modelle der Finanzierung in ihrer theoretischen Rückflussplanung aller Investitionen aus den Rückflüssen des Produzenten aufgezeigt werden.

Der entsprechende Refinanzierungsplan für die eingesetzten Mittel des Produzenten und die bedingt rückzahlbaren Darlehen der Förderinstitutionen könnte unter Rücksichtnahme der Tilgungsgrundsätze der Förderer folgendermaßen aussehen, wobei zu bemerken ist, dass es sich bei den Förderungen des BKM und des Kuratoriums um Zuschüsse und nicht um bedingt rückzahlbare Darlehen handelt und diese somit nicht in der Mittelrückflussplanung berücksichtigt werden. Gleichzeitig gehen die ersten Rückflusspläne davon aus, dass die in der Herstellung und Finanzierung involvierten Sender (ob über Vorlizenzabkauf oder co-produzierend) sich nicht direkt an den Produzentenerlösen beteiligen, keine Korridore und Erfolgsbeteiligungen von Regisseuren und/ oder Darstellern eingeräumt werden und eine möglicherweise gezahlte Verleihgarantie vor der Tilgung des vorrangig rückführbaren Eigenanteils bereits abgeführt wurde.

Für Beispiel 1, den Low-Budget-Film hieße das bei der folgenden Finanzierung, dass sich der Mittelrückflussplan lediglich auf die beteiligten Förderinstitutionen bezieht und z. B. folgendermaßen aussehen könnte:

Pos.	Finanzierungs-partner	Summe (€)	%
1.	Förderung 1	175.000,00	23,33%
2.	Förderung 2	100.000,00	13,33%
3.	Kuratorium	25.000,00	3,33%
4.	TV-Lizenz / Co-Prod. Beteiligung	250.000,00	33,33%
5.	Rückstellungen	150.000,00	20,00%
6.	Eigenmittel	50.000,00	6,67%
	Gesamtsumme	**750.000,00**	**100,00%**

Abbildung 40: Finanzierungsplan Spielfilm Low-Budget-Beispiel

Für eine solche Finanzierung, bei der lediglich zwei Förderungen mit bedingt rückzahlbaren Darlehen beteiligt sind (in diesem Falle wäre die Beteiligung des Kuratoriums ein Zuschuss), könnte ein möglicher Mittelrückflussplan, wie in der folgenden Abbildung 41 dargestellt, aussehen.

Weiterhin verdeutlicht dieser Rückflussplan die Praxis der Darlehenstilgung der Förderungen, die sich nach Rückführung des Eigenanteils des Produzenten aus den weiteren Mitteln 50% der Produzentenerlöse anteilig ihres Finanzierungsanteils am Gesamtbudget bis zur kompletten Tilgung ihrer Förderung teilen. Somit kann der Produzent – selbst bei noch nicht erfolgter Rückzahlung aller Finanzierungsmittel – ab diesem Punkt einen ersten Gewinn aus der Verwertung seiner Produktion verbuchen.

Inwieweit der Produzent in diesem Fall noch anderen Beteiligten, wie Sendern, Darstellern, Regisseur usw., Beteiligungen einräumt, ist jeweils Vertragsverhandlung und müsste dann in den folgenden Plan eingearbeitet werden. Die Rückstellungen und die Eigenmittel, die in die Finanzierung als Eigenanteil des Produzenten geflossen sind, werden in den 200 Tsd. Euro des 1. Ranges des vorrangig rückführbaren Eigenanteils berücksichtigt.

Rang	1.	2.	3.	Summe
von €	0,00	200.000,00	750.000,00	
bis €	200.000,00	750.000,00	offen	
verfügbar	200.000,00	550.000,00		
Förderung 1	0,00	175.000,00		**175.000,00**
in % der Erlöse	0,00%	31,82%	0,00%	
Förderung 2	0,00	100.000,00		**100.000,00**
in % der Erlöse	0,00%	18,18%	0,00%	
Produzent	200.000,00	275.000,00		**475.000,00**
in % der Erlöse	100,00%	50,00%	100,00%	

Abbildung 41: Mittelrückflussplan Beispiel 1: Low-Budget-Film

1. Rang: bis Abdeckung des vorrangig rückführbaren Eigenanteils (hier Barmittel sowie Rück- und Beistellungen, die der Produzent in die Finanzierung eingebracht hat)
2. Rang: bis Abdeckung der Förderdarlehen von FFA, Förderung 1 und 2, die sich 50% der Produzentenerlöse teilen
3. Rang: nach Rückzahlung aller Darlehen

Das vorangegangene Beispiel eines Mittelrückflussplanes aus der Kinoauswertung einer möglichen nationalen Nachwuchsproduktion ist ein einfaches Beispiel, wie die beteiligten Förderungen am Einspiel eines Films ihre gewährten Darlehen zurückführen. Dies ist das denkbar einfachste Modell eines Mittelrückflussplanes aus Sicht von Nachwuchsproduzenten. Beteiligungen von Sendern, Co-Produzenten, ein Korridor für Produzent, Star oder Regisseur sind hier nicht eingebaut.

Gleichzeitig ist die Refinanzierung in Ränge aufgeteilt, die die einzelnen Stufen der Refinanzierung bestimmen. Innerhalb jeder Finanzierungsbeteiligung wird natürlich auch genau bestimmt, wer in welcher Reihenfolge an den Rückflüssen eines Filmes partizipiert. Innerhalb dieses Rückflusses ist auch keine Erfolgsbeteiligung des Verleihunternehmens aufgeführt, da dessen Erlöse vor Rückführung an den Produzenten als Verleihprovision direkt abgeführt werden und somit nicht mehr dem Produzentennetto zu entnehmen sind.

Da die Senderbeteiligungen als ihren Anteil an den Erlösen die Fernsehauswertung erhalten, sind auch sie an dieser Stelle nicht an den Rückflüssen aus den Kinoerlösen beteiligt. Wenn sie jedoch als Co-Produktionspartner beteiligt sein, erhalten sie in der Regel nach Rückführung der Förderdarlehen Rückflüsse anteilig in Höhe ihrer prozentualen Finanzierungsbeteiligung. Alle beteiligten Länderförderer partizipieren an den Rückflüssen der Filmauswertung nur bis zur kompletten Tilgung ihrer bedingt rückzahlbaren Förderdarlehen aus 50% der Nettoeinkünfte des Produzenten vor Abzug seines eingebrachten Anteils und haben keine weiteren Ansprüche über diese Abdeckung hinaus. Das bedeutet in diesen Fall, dass alle weiteren Rückflüsse an den Produzenten übergehen, sollten nicht weitere Finanzierungspartner, Regie oder Darsteller am Recoupment beteiligt sein.

Da alle Gewinne, die den vorrangig rückführbaren Eigenanteil betreffen, im ersten Rang zum Ausgleich von Rückstellungen und Investitionen des Produzenten aufzuwenden sind, werden an dieser Stelle vom Produzenten keine Gewinne generiert. Obwohl der Produzent die Darlehen der Förderer recoupt, partizipiert er zu 50% am Gewinn, sollte dieser kleine Low-Budget-Film es zu einem Kinoerfolg bringen. Zusätzlich sei noch erwähnt, dass die Verpflichtung zur Tilgung der Darlehen und der Abrechnung der Länderförderer in der Regel 5 Jahre nach Beginn der Kinoauswertung erlischt.[218]

Wie könnte ein mögliches Recoupment für das in den vorausgegangenen Ausführungen des Medium Budget Films aussehen? Wie gesagt, hier handelt es sich jeweils um Modellbeispiele, da jede einzelne Recoupmentposition über die Regelungen der Förderer und des FFG hinaus freier Vertragsverhandlung bedarf. Hier sei nicht nur eine Partizipation von Regisseur und/oder Hauptdarsteller Verhandlungssache, auch die Beteiligung des Autoren, der nach Einführung des so genannten Bestsellerparagraphen bei einer bestimmten Anzahl von Zuschauern eine Bonuszahlung oder sogar eine Beteiligung am Einspiel geltend machen kann.[219] Hier muss bei jeder einzelnen Produktion der Produzent – am besten in

218 Vgl. Förderrichtlinien der einzelnen Förderer, u.a. http://www.medienboard.de/WebObjects/Medienboard.woa/wa/CMSshow/2607735.

219 Der so genannte Bestsellerparagraph ist eine gesetzliche Regelung über eine nachträgliche Erhöhung der Vergütung zu Gunsten des Urhebers (z. B. des Drehbuchautors) und ist in § 32a des Urheberrechts verankert. Er besagt, dass, wenn die ursprünglich vereinbarte Nutzungsvergütung in einem auffälligen Missverhältnis zu den Erträgen und Vorteilen aus der Nutzung des Werkes steht, dann hat der Urheber das Recht, eine Vertragsänderung zu verlangen, nach der er an den Erträgen angemessen zu beteiligen ist. Unerheblich ist, ob die Vertragsparteien die Höhe der erzielten Erträge und Vorteile vorhergesehen haben oder hätten vorhersehen können.

Zusammenarbeit mit einem erfahrenen Anwalt – alle Verträgen mit dem Mittelrückflussplan abstimmen.

Bei dem vorangegangenen Beispiel des Medium-Budget-Films könnte sich die Finanzierung wie folgt gestalten:

Pos.	Finanzierungs-partner	Summe (€)	%
1.	FFA	350.000,00	19,44%
2.	Förderung 1	250.000,00	13,89%
3.	Förderung 2	200.000,00	11,11%
4.	BKM	150.000,00	8,33%
5.	TV 1	350.000,00	19,44%
6.	TV 2	150.000,00	8,33%
7.	Beistellungen	250.000,00	13,89%
8.	Eigenmittel	100.000,00	5,56%
Σ	**Gesamtsumme**	**1.800.000,00**	**100,00%**

Abbildung 42: Finanzierung Spielfilm national Beispiel Medium Budget

Die mögliche entsprechende Mittelrückflussplanung könnte wie folgt aussehen:

Rang	1.	2.	3.	Summe
von €	0,00	350.000,00	1.950.000,00	
bis €	350.000,00	1.950.000,00	offen	
verfügbar	350.000,00	1.600.000,00		
FFA	0,00	350.000,00	0,00	**350.000,00**
in % der Erlöse	0,00%	21,88%		
Förderung 1	0,00	250.000,00	0,00	**250.000,00**
in % der Erlöse	0,00%	15,63%		
Förderung 2	0,00	200.000,00	0,00	**200.000,00**
in % der Erlöse	0,00%	12,50%		
Produzent	350.000,00	800.000,00		**1.150.000,00**
in % der Erlöse	100,00%	50,00%		

Abbildung 43: Mittelrückflussplan Beispiel Medium Budget

1. Rang: bis Abdeckung des vorrangig rückführbaren Eigenanteils

2. Rang: bis Abdeckung der Förderdarlehen von FFA, Förderung 1 und 2, die sich 50% der Produzentenerlöse teilen

3. Rang: nach Rückzahlung aller Darlehen

Rang	**1.**	**2.**	**3.**	**Summe**
von €	0,00	350.000,00	1.950.000,00	
bis €	350.000,00	1.950.000,00	offen	
verfügbar	350.000,00	1.600.000,00		
Korridor	17.500,00	80.000,00		**97.500,00**
in % des Korridors	5,00%	5,00%		
FFA	0,00	350.000,00	0,00	**350.000,00**
in % der Erlöse	0,00%	21,88%		
Förderung 1	0,00	250.000,00	0,00	**250.000,00**
in % der Erlöse	0,00%	15,63%		
Förderung 2	0,00	200.000,00	0,00	**200.000,00**
in % der Erlöse	0,00%	12,50%		
Produzent	332.500,00	720.000,00		**1.052.500,00**
in % der Erlöse	95,00%	45,00%		

Abbildung 44: Mittelrückflussplan Beispiel Medium Budget inkl. Korridor

1. Rang: bis Abdeckung des vorrangig rückführbaren Eigenanteils unter Berücksichtigung des Korridors
2. Rang: bis Abdeckung der Förderdarlehen von FFA, Förderung 1 und 2, die sich 50% der Produzentenerlöse teilen
3. Rang: nach Rückzahlung aller Darlehen

Bei der in Abbildung 43 dargestellten Mittelrückflussplanung handelt es sich, wie auch bei der vorhergehenden Abbildung, um eine klassische Rückflussplanung durch Rückführung des Eigenanteils und der anteiligen Rückführung der gewährten Darlehen. In der anschließenden Rückflussplanung (Abbildung 44) ist ein Korridor eingeräumt, der z. B. Produzent, Regisseur, Darsteller, aber auch möglicherweise anderen Investoren eine Beteiligung von Beginn des Recoupments an gewährt. Dies ist bei jedem Projekt Verhandlungssache. Andererseits bietet es Nachwuchsproduzenten die Chance, im Vorfeld Spielraum für Verhandlungen mit kreativen und finanziellen Partnern zu ermöglichen und diese nicht vorab auszuzahlen, sondern sie am Erfolg zu beteiligen. Erfahrungsgemäß ist dies in Deutschland noch keine gängige Praxis, sollte aber Nachwuchsproduzenten und auch -talenten eine neue Option jenseits von Rückstellungen und Beistellungen geben. Gesetzt den Fall, der Film bietet auch die Möglichkeiten für einen potentiellen Mittelrückfluss!

Abschließend folgt ein möglicher Rückflussplan für das Modellbeispiel des High-Budget-Films, der sich hier – da es sonst den Rahmen der Arbeit sprengen würde und es sich nicht explizit um ein potentielles Beispiel für „klassische" Nachwuchsprojekte handelt – lediglich auf die Mittelrückflüsse der nationalen Kinoauswertung bezieht.

Pos.	Finanzierungspartner	Summe (€)	%
1.	Co-Prod. 1	2.500.000,00	33,33%
2.	Co-Prod. 2	1.600.000,00	21,33%
3.	Eurimages	750.000,00	10,00%
4.	TV-Lizenz	500.000,00	6,67%
5.	Min. Garantie	150.000,00	2,00%
6.	Vertrieb	100.000,00	1,33%
7.	Referenzmittel	350.000,00	4,67%
8.	Förderung 1	700.000,00	9,33%
9.	Förderung 2	550.000,00	7,33%
10.	Eigenmittel	300.000,00	4,00%
Σ	**Gesamtsumme**	**7.500.000,00**	**100,00%**

Abbildung 45: Finanzierung Spielfilm international Beispiel

Durch die Finanzierungsbeteiligung von Eurimages, die ihren Anteil und die entsprechenden Rückflüsse auf die beteiligten internationalen Co-Produzenten pari passu aufteilen, ergibt sich für die deutsche Rückflussplanung folgende Regelung:

Aufteilung auf die internationalen Partner in €:		%-Anteil an der Finanzierung exkl. Eurimages	Anteil an Eurimages in €
Co-Prod. 1	2.500.000,00	33,33%	250.000,00
Co-Prod. 2	1.600.000,00	21,33%	160.000,00
Dt. Anteil	3.400.000,00	45,33%	340.000,00
Summe inkl. Eurimages	7.500.000,00	100,00%	750.000,00
Dt. Anteil Eurimages	340.000,00		
Summe dt. Anteil inkl. Eurimages	3.740.000,00		
Somit entfällt auf den deutschen Anteil von Eurimages 45,33% der Förderung von € 750 Tsd. – resultierend aus dem dt. Anteil an der Gesamtfinanzierung (also € 340 Tsd.) und muss entsprechend im Mittelrückflussplan berücksichtigt werden.			
Ergo zurückzuführende Förderdarlehen aus deutscher Sicht:			Tilgungsanteil
Förderung 1	700.000,00		22,01%
Förderung 2	550.000,00		17,30%
Eurimages	340.000,00		10,69%

Abbildung 46: Aufteilung von Eurimages bei trilateralem Co-Produktionsbeispiel

Bei Einräumung eines Korridors von 10% (z. B. für den Regisseur, den Hauptdarsteller, die Produktionsfirma, eine beteiligte Bank) – sofern alle an der Finanzierung beteiligten Parteien damit einverstanden sind – könnte die nationale Mittelrückflussplanung wie folgt aussehen.

Bei diesem Beispiel des Mittelrückflussplans werden alle Darlehen des deutschen Finanzierungsanteils nach Rückführung des Eigenanteils im gleichen Rang aus 50% des Produzentennettos zurückgeführt. Gleichzeitig ist ein Korridor von 10% eingebaut, für z. B. den Produzenten oder den Regisseur. Somit sind die im 2. Rang zu recoupenden Fördermittel 1.590.000,- Euro, die aus 50% der Produzentenerlöse getilgt werden.

Dadurch betragen die im 2. Rang aufgeführten und verfügbaren Mittel insgesamt 3.180.000,- Euro.

Rang	1.	2.	3.	Summe
von €	0,00	300.000,00	3.480.000,00	
bis €	300.000,00	3.480.000,00	offen	
verfügbar	300.000,00	3.180.000,00		
Korridor	30.000,00	318.000,00	offen	**348.000,00**
in % des Korridors	10,00%	10,00%	10,00%	
Eurimages	0,00	340.000,00	0,00	**340.000,00**
in % der Erlöse	0,00%	10,69%		
Förderung 1	0,00	700.000,00	0,00	**700.000,00**
in % der Erlöse	0,00%	22,01%		
Förderung 2	0,00	550.000,00	0,00	**550.000,00**
in % der Erlöse	0,00%	17,30%		
Produzent	270.000,00	1.272.000,00	offen	**1.542.000,00**
in % der Erlöse	90,00%	40,00%	90,00%	

Abbildung 47: Mittelrückflussplan Beispiel High-Budget-Film nationaler Rückfluss inkl. eines Korridors von 10%

1. Rang: bis Abdeckung des vorrangig rückführbaren Eigenanteils unter Berücksichtigung des Korridors

2. Rang: bis Abdeckung der Förderdarlehen von FFA, Förderung 1 und 2, die sich 50% der Produzentenerlöse teilen (Beträge z. T. gerundet)

3. Rang: nach Rückzahlung aller Darlehen

Bei all den vorangegangenen Beispielen und Ausführungen zeigt sich, wie sehr die eigene Stärke des Produzenten, sein Verhandlungsgeschick und der Auswertungsmarkt den Erfolg einer Produktion bestimmen. Genau an diesem Punkt müssen sich die Nachwuchsproduzenten stark machen, als offensive Verhandlungspartner auftreten und für neue „Terms of Trade" einstehen und offen sein. Denn sie sind es, die die neuen Talente und die innovativen Stoffe auf den Markt bringen.

Die vorangegangenen Mittelrückflusspläne – oder auch „waterfall" – sind Beispiele möglicher Produktionen, um einen Eindruck vieler verschiedener Varianten zu geben.

Dass in Deutschland bei der Herstellung von Filmen nur wenige Produktionen in den Genuss von weiteren Erlösen durch die Kinoauswertung kommen, werden weitere Rückflusspläne innerhalb dieser Arbeit nicht explizit dokumentiert, denn ein Filmproduzent muss für jedes Filmprojekt einen individuellen Rückflussmodus erarbeiten und verhandeln.

In vielen Fällen partizipieren Stars, Autoren und Regisseure an den Rückflüssen. Banken, die eine Gap Finanzierung abdecken, erwarten normalerweise eine Beteiligung im ersten Rang. Private Finanzierungsbeteiligungen und Filmfonds erwarten auch eine Beteiligung im ersten Rang.

Ebenso ist bei internationalen Co-Produktionen die Verteilung der Rückflüsse ein elementarer Bestandteil von Co-Produktionsverträgen. Werden die einzelnen Co-Produktionspartner die Erlöse aus ihrem eigenen Territorium erhalten oder werden alle Rückflüsse in Höhe des jeweiligen Finanzierungsanteils aufgeteilt? Was passiert mit den Verkäufen aus den ROW (Rest of the World) Territorien? Das sind Fragen und Forderungen, die bei der Finanzierung des einzelnen Films aufkommen können und jeweils individuell verhandelt und aufeinander abgestimmt werden müssen. (Nachwuchs-)Produzenten sollten dies wissen bzw. sich entsprechende Rechtsanwälte zur Seite nehmen, damit sie sich bei einem starken Projekt auch selbstbewusst in diesen wichtigen Verhandlungen aufstellen können.

Eine weitere Instanz bei der Refinanzierung von Kinofilmen, die in internationaler Auswertung unter Beteiligung vieler Investoren agieren, ist die Rolle des Collecting Agent. Dieser sammelt alle Erlöse ein, um sie entsprechend den ausgehandelten Verteilungsgrundsätzen – unter Einbehalt einer Provision i. H. v. ca. 2,5% der Erlöse – an die Recoupment-Beteiligten auszuzahlen.

Gemäß dem Bestseller-Paragraphen (§32a Urhg.) steigen die Erlöse für den Autor mit zunehmendem Erfolg des Films. Im Bereich des Mittelrückflusses wird hier von einem „Escalator" gesprochen, der bestimmt, in welcher Höhe ab welchen Erfolgszahlen der am Erfolg Teilhabende partizipiert. Gerade im internationalen Bereich gestaltet sich z. B. die Gage der Darsteller, des Autors und des Regisseurs nicht ausschließlich aus einer Pauschalen, die aus dem Budget gezahlt wird, sondern bindet sich auch an eine Beteiligung an den Erlösen.

All dies ist Verhandlungssache, und der Produzent muss bei Gestaltung der Finanzierung immer den entsprechenden Rückflussplan im Auge behalten und sicherstellen, dass alle Finanzierungs- und Erfolgsbeteiligungen aufeinander abgestimmt sind und vor allem, dass er auch am Ende für sich eine Partizipation an den Erlösen erhält. Denn nicht selten kann ein Rückflussplan bei internationalen Co-Produktionen mehr als 25 Ränge beinhalten.

Die Möglichkeit von Mittelrückflussplänen ist vielfältig und gleichzeitig Verhandlungssache der an der Herstellung des Filmes partizipierenden Parteien.[220]

Nicht nur, dass aus der Auswertung des Filmes für den Produzenten weniger Mittel zur Verfügung stehen, wenn er Finanzierungspartner hat, die bereits im ersten Rang an den Erlösen partizipieren, auch der Weg der Finanzierungsbeteiligung und der damit verbundenen Absicherungen bedeutet für den Produzenten neben der Abgabe von Rechten auch eine enorme Vorarbeit an Verhandlungszeit und hohe Kosten für Rechtsanwälte. Somit sind für viele deutsche Nachwuchsproduzenten die nach der vorangegangenen Marktbetrachtung zu erwartenden Rückflüsse derzeit zu gering, als dass sie das Risiko eingehen würden, über die Finanzierungs- und Recoupmentplanung Erfolgserwartungen zu generieren, die nicht einzuhalten sind.

Gleichzeitig mangelt es vielen deutschen Nachwuchsproduzenten an genügend Eigenkapital, aber auch an Wissen und Erfahrung, um nicht nur die Stoffentwicklung bestmöglich voranzutreiben, sondern sich selber innerhalb der Mittelrückflussplanung während der Finanzierungsphase eine gute Verhandlungsbasis einzuräumen.

Daher gehen viele Nachwuchsunternehmen lieber den sicheren Weg der Finanzierung über Fördermittel, um allein im ersten Rang des Recoupments zu stehen und sich selbst und ihr Unternehmen durch die

220 Zur weiteren Vertiefung des Recoupments siehe Dosch, C. (2005).

Projektfinanzierung und damit über die während der Herstellung garantierten Producer's fee und Handlungskosten abzusichern, als eine Unternehmensfinanzierung auf der Basis möglicher Erfolgserwartungen aus den Rückflüssen der Auswertung zu generieren. Dass es ihnen damit nicht möglich ist, sich aus dem Teufelskreis der Abhängigkeit heraus zu bewegen und langfristig kein autark agierendes Unternehmen zu begründen, werden – wenn es nicht schon die vorangegangenen Kapitel dokumentiert haben – die folgenden Ausführungen verdeutlichen. Somit wird klar, dass junge Produzenten neue Wege beschreiten müssen, um sich unternehmerisch in eine starke, subventionsunabhängige Position begeben zu können. Sie müssen vielmehr mit der ihnen eigenen Stärke – hier vor allem Zugang zu neuen innovativen Filmstoffen und jungen kreativen Talenten – selbstbewusst und kaufmännisch professionell gegenüber dem Markt und ihren Verhandlungspartnern auftreten. Hier sind wieder die Ausbildungsinstitutionen gefragt. Denn Produzentenausbildung bedeutet neben der organisatorischen Umsetzung von Hochschulfilmen, der Vermittlung von theoretischem Fachwissen und Sensibilisierung für Stoffe und Talente, insbesondere, angehenden Produzenten einen Weg für kreative und selbstbewusste Unternehmerpersönlichkeiten zu eröffnen und ihnen das nötige Know How und die entsprechende Erfahrung mitzugeben.

3.5 Der deutsche Kinomarkt aus der Sicht von Nachwuchsproduzenten und mögliche Konsequenzen

Wird davon ausgegangen, dass die meisten in Deutschland uraufgeführten nationalen Nachwuchsprojekte mit nur wenigen Kopien und einer geringen Zuschaueranzahl in den Lichtspielhäusern reüssieren, dann ist die erste Konsequenz daraus, dass die meisten dieser Filme auch im Low-Budget-Bereich finanziert werden müssen. Gleichzeitig ist es für junge Produktionsunternehmen bei zunehmender Budgetgröße nicht möglich, die geforderten Eigenmittel (von 2 bis 5% des Budgets) aufzubringen.

Außerdem gilt: Je mehr Beteiligte es an der Finanzierung und somit auch an den Rückflüssen gibt, desto mehr rechtliche Regelungen müssen bei den Produktions- und Mitarbeiterverträgen beachtet werden. Fragen, ob z. B. ein Star oder ein Regisseur am Einspiel beteiligt ist, welcher Koproduzent in welcher Höhe, in welchem Rang, von welchem Auswertungsterritorium und welcher Auswertungsform beteiligt ist, müssen geklärt werden. Hier wird die Aufgabe der Medienanwälte immer wichtiger, die diese Verträge ausarbeiten und häufig in Zusammenarbeit mit dem Produzenten aushandeln. Doch vielen Nachwuchsproduzenten mangelt es an Mitteln, diese Anwälte bezahlen zu können.

Bei der Betrachtung der in den letzten Jahren uraufgeführten deutschen Kinofilme auf ihre Produktionsunternehmen und welche Unternehmen wie viele Filme hergestellt und in die Kinos gebracht haben, ist festzustellen, dass die erfolgreichen deutschen Filme von Produktionsunternehmen stammen, die von einem starken Rückhalt getragen wurden. Das bedeutet, dass sie entweder bereits seit langem im Filmgeschäft tätig und im Lauf der Jahre gewachsen sind, an eine große Sendeanstalt angebunden sind oder sich jahrelang auf dem Markt für Fernsehproduktionen engagiert haben.

Auf einen solchen Rückhalt können die meisten Nachwuchsproduzenten nicht zurückgreifen, sie sind kleine Einzelkämpfer auf dem Markt, stellen oftmals alle drei oder vier Jahre einen Film her, und es mangelt ihnen an unternehmerischer Stärke und finanziellem Rückhalt. Sie können meist keine großen Risiken bei der Stoffentwicklung eingehen, sich auf mehrere Projekte parallel konzentrieren oder Talente langfristig an sich binden.

Die Konsequenz aus den genannten Zahlen in Bezug auf Kinomarkt, Festivals und Ausbildung wäre eine Bündelung der vorhandenen Mittel, um weniger, aber dafür kostenintensivere und somit konkurrenzfähigere Filme herzustellen. Folgende Statistik, die bereits Anfang der Arbeit aufgezeigt wurde und hier nochmals zur Verdeutlichung wiederholt wird, belegt jedoch, dass dies nicht der Fall ist:

Erstaufgeführte deutsche Langfilme						
Jahr	Langfilme	Spielfilme				Dokumentarfilme
		gesamt	deutsch	dt./ausl. Co-Prod.	Anteil Co-Prod. in %	
1995	87	63	37	26	41,3	24
1996	89	64	42	22	34,4	25
1997	76	61	47	14	23	15
1998	70	50	39	11	22	20
1999	88	74	44	30	40,5	14
2000	94	75	47	28	37,3	19
2001	107	83	57	26	31,3	24
2002	117	84	39	45	53,6	33
2003	107	80	54	26	32,5	27
2004	121	87	60	27	31	34
2005	146	103	60	43	41,7	43
2006	174	122	77	45	36,9	52
2007	174	129	78	51	39,5	45
2008	185	125	68	57	45,6	60
2009	216	144	67	77	53,5	72

Abbildung 48: Erstaufgeführte deutsche Langfilme 1995-2009[221]

Hier wird deutlich, dass in den letzten Jahren mehr Kino(spiel-)filme uraufgeführt wurden, sowohl bei rein nationalen Produktionen als auch bei der Beteiligung deutscher Produzenten bei internationalen Co-Produktionen. Ein Grund hierfür sind sicherlich die günstigeren Produktionstechniken, die mit Hilfe digitaler Kameras die hohen Kostenfaktoren Material, Kameramiete und Kopierwerkskosten stark reduzieren. Die Zunahme der ausgebildeten Talente sowohl im kreativen als auch im

221 Quelle: SPIO (2005): S. 15 und www. spio.de, (05.05.06), als auch FFA Info 01/98 bis 01/10, jeweils S. 10. Die Angaben der Langfilme beinhalten deutsch/ausländische Co-Produktionen und programmfüllende Kinder- und Jugendfilme.

produzentischen Bereich ist ein zusätzlicher Faktor dieser Explosion von Uraufführungen.

Gleichzeitig hat sich die Einführung und Etablierung des DFFF positiv auf die Anzahl der internationalen Co-Produktionen ausgewirkt. So ist die Anzahl der mit deutscher Beteiligung realisierten internationalen Co-Produktionen in den letzten Jahren enorm angestiegen und hatte im Jahre 2009 die Rekordanzahl von 77 Co-Produktionen. Auch das Gesamtvolumen der hergestellten Filme hat sich in den letzten zehn Jahren verdoppelt.

Eine Zunahme der Quantität ist jedoch nicht sofort gleichzusetzen mit einem Erfolgszug des deutschen Kinofilms. Nur mehr Filme auf den Markt zu bringen ist keine konstruktive Verbesserung des eigenen Kinoschaffens. Außerdem muss unterschieden werden zwischen kommerziellem Erfolg an der Kinokasse, der nicht automatisch gleichzusetzen ist mit der künstlerischen Qualität eines Films, seines kulturellen Wertes, der künstlerischen Leistung und gesellschaftlichen Relevanz. Dass ein Film all diese Parameter vereint, ist selten und kaum planbar.

Aus diesem Grund ist es von Bedeutung, den Erfolg eines Films zu definieren und zu diskutieren, denn Erfolg misst sich nicht ausschließlich an der Kinokasse, sondern auch im kulturellen Kontext. Die Motivation vieler Finanziers, Sender und Förderer ist nicht ausschließlich rein kommerzieller Natur, um Publikumsfilme herzustellen und zu unterstützen. Es gilt ebenso, kulturell wertvolle Filme zu unterstützen, die gesellschaftlich relevante Themen, künstlerisch einzigartige Handschriften und junge Produzentenpersönlichkeiten hervorbringen. Auch sollte der Produzent bei aller Unterstützung und Förderung darauf achten, dass er sein Unternehmen nachhaltig und kontinuierlich durch die Herstellung von Filmen auch wirtschaftlich erhalten kann – denn nicht nur die Konkurrenz aus dem eigenen Land ist stärker und umfangreicher geworden, wie die vorangegangenen Kapitel verdeutlichten. Natürlich ist die Dominanz des US-amerikanischen Kinos an den Kassen ständig präsent.

Daher werden die folgenden Abbildungen diese Präsenz dokumentieren.

In dem Beispieljahr 2004, welches damals für den deutschen Kinospielfilm als hervorragend bewertet wurde, fanden 87 Uraufführungen deutscher Spielfilme statt, davon 27 Co-Produktionen mit deutscher Beteiligung. Diese machten 27,7% der gesamten uraufgeführten Filme aus, jedoch lediglich 13,9% des Verleihumsatzes, wie die folgende Darstellung zeigt.

Land	Spielfilme in %	Verleihumsatz in %
Deutschland	27,7	13,9
USA	34,7	77,2
Großbritannien	6,2	2
Frankreich	4,8	2,9
Italien	1,1	0,3
Andere EU-Länder	7,3	1,5
Sonstige Länder	18,3	2,2

Abbildung 49: Anteil der Herkunftsländer am Filmangebot und am Verleihumsatz 2004 in deutschen Kinos[222]

Zwar haben die deutschen Produktionen mit 27,7% hinter den US-amerikanischen Produktionen mit 34,7% aller uraufgeführten Filme eine starke Quantität auf dem hiesigen Filmmarkt bewiesen, doch hinsichtlich der Einspielergebnisse an der Kinokasse blieben sie weit hinter den US-amerikanischen Produktionen zurück. Diese haben mit nur 34,7% der uraufgeführten Filme 77,2% der gezahlten Kinokarten für sich verbuchen können.

222 Quelle: SPIO (2006): S. 22f und www.spio.de.

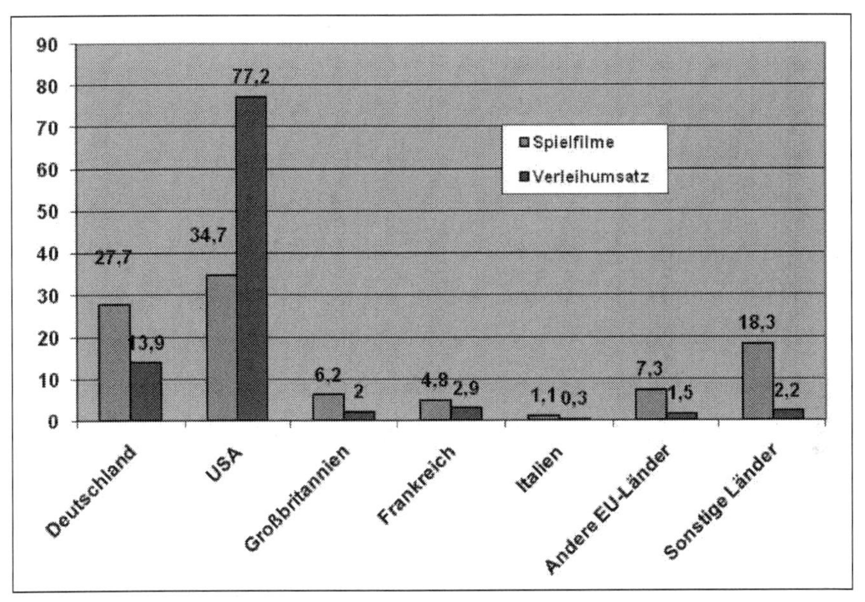

Abbildung 50: Blockgrafik zum Anteil der Herkunftsländer am Filmangebot und am Verleihumsatz 2004 in deutschen Kinos[223]

Aus diesen Ausführungen des Jahres 2004 wird deutlich, dass nicht die Quantität der Produktionen von Bedeutung ist, sondern die Stärke einzelner Projekte. Sowohl bei den amerikanischen Filmen als auch bei den deutschen Produktionen konzentriert sich der Anteil des nationalen Verleihanteils nur auf wenige Filme, die den Großteil dieses Volumens ausmachen. Im Jahr 2004 waren dies für den deutschen Markt (mit insgesamt über 3 Mio.) die folgenden Produktionen:

- „(T)Raumschiff Surprise – Periode 1" mit 9.137.506 Zuschauern (Verleih: Constantin Film Verleih GmbH),
- „7 Zwerge – Männer allein im Wald" mit 6.486.540 Zuschauern (Verleih: United International Pictures GmbH),
- „Der Untergang" mit 4.521.903 Zuschauern (Verleih: Constantin Film Verleih GmbH),
- „Der Wixxer" mit 1.879.720 Zuschauern (Verleih: Falcom Media Group"),
- der Animationsfilm „Lauras Stern" mit 1.289.289 Zuschauern,

223 Quelle: SPIO (2006): S. 22f.

- die Kinderfilme „Bibi Blocksberg 2" mit 1.223.235 Zuschauern (Verleih: Constantin Film Verleih GmbH) und
- „Das Sams in Gefahr" allein im Jahr 2004 mit 797.121 Zuschauern (Constantin Film Verleih GmbH),
- der Dokumentarfilm „Deep Blue" mit 786.072 Zuschauern Kinowelt GmbH),
- der Berlinale Gewinner „Gegen die Wand" mit 762.642 Zuschauern (Timebandits films GmbH) und
- „Luther" (Verleih: Ottfilm GmbH), der 2004 noch 739.818 Zuschauer in die Kinos zog.

Somit haben im Jahr 2004 die erfolgreichsten zehn deutschen Filme insgesamt 27.623.846 Zuschauer in die Kinos gelockt. Berücksichtigt man das Gesamtergebnis aller deutschen Produktionen einschließlich der Co-Produktionen in 2004, so waren es 36.714.639 Zuschauer[224] bei einer Gesamtmeldung aller Filmverleiher per 31.12.2004 von 154.523.795 Zuschauern[225]. Das bedeutet, dass die erfolgreichsten zehn deutschen Kinofilme über 75% des Besucheranteils aller 87 deutschen Produktionen ausgemacht haben. Der erfolgreichste Film unter ihnen „(T)Raumschiff Surprise – Periode 1" erhielt allein 24,9% aller verkauften Tickets für deutsche Filme.

Dass daher das Jahr 2004 als ein hervorragendes Kinojahr für den deutschen Film galt, ist allein einigen wenigen Filmen zu verdanken. Dass sich darunter keine Nachwuchsfilme befanden, bestätigen die vorab genannten Ausführungen.

Im Jahr 2008 haben sich die Anteile der nationalen Produktionen sowohl in der Quantität der uraufgeführten Filme, als auch in der Höhe des anteiligen Verleihumsatzes wesentlich verbessert, wie die folgenden Ausführungen aufzeigen.

224 Vgl. FFA, Hitliste 2004 national, www.ffa.de (11.01.2006).

225 Ebd.

Land	Spielfilme	Verleihumsatz
Deutschland	33,5	21
USA	37,3	66,9
Großbritannien	4,8	5,7
Frankreich	6,2	3,5
Italien	k.A.	k.A.
Andere EU-Länder	8,6	0,6
Sonstige Länder	9,7	2,3

Abbildung 51: Anteil der Herkunftsländer am Filmangebot und am Verleihumsatz 2008 in deutschen Kinos[226]

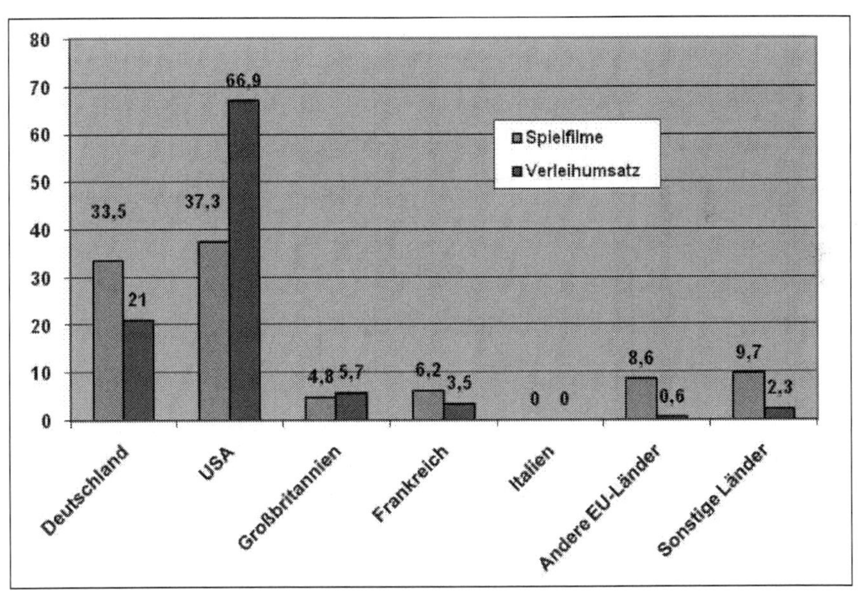

Abbildung 52: Anteil der Herkunftsländer am Filmangebot und am Verleihumsatz 2008 in deutschen Kinos (Blockgrafik)[227]

226 Quelle: SPIO (2009): S. 22.

227 Quelle: SPIO (2009): S. 22.

Im Jahr 2008 waren es wiederum einzelne herausragende Filme, die zu dieser positiven Entwicklung beitrugen, allen voran „Keinohrhasen", „Unsere Erde", „Die Welle" und „Der Baader Meinhof Komplex" mit jeweils mehr als über 2 Mio. Zuschauer – wobei „Keinohrhasen" sogar 4,8 Mio. Zuschauer in 2008 zählte (insgesamt 6,28 Mio. seit seinem Start).

Doch trotz der gestiegenen Zahl heimischer Produktionen und des Marktanteils wird der deutsche Kinomarkt noch klar von US-amerikanischen Produktionen dominiert.

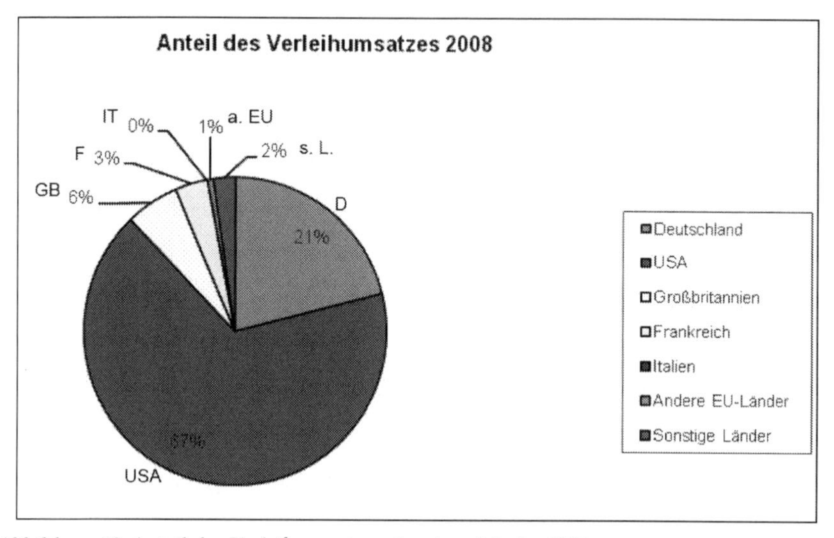

Abbildung 53: Anteil des Verleihumsatzes einzelner Länder 2008

Die vorangegangene Abbildung verdeutlicht diese Dominanz des US-amerikanischen Kinos, auch wenn nach Eintritt des DFFF und der guten Performance deutscher Filme sich deren Verleihumsatz verbessert hat.

Welche Konsequenzen haben diese Betrachtungen für die neu auf den Markt treffenden Nachwuchsproduzenten? Einerseits sind für das Recoupment der investierten Gelder die Marktmechanismen noch intensiver zu beachten, während es andererseits bedeutet, die Finanzierungsstruktur der Projekte so zu gestalten, dass es sich für das Produktionsunternehmen bereits im Vorfeld risikoarm oder massenkompatibel darstellt.

Weiterhin sind eine konzentrierte Unternehmens- und Projektfinanzierung sowie eine gute Cash-Flow-Planung von Anfang an bei Produktionsunternehmen unabdingbar. Die vorangegangenen Zahlen belegen, dass es zwar mehr Filme gibt, der Markt sich aber sichtlich nicht so stark vergrößert hat, als dass er alle diese Filme aufnehmen kann. Gerade für Nachwuchsproduktionen hat sich in den letzten zwei Jahrzehnten der Markt extrem verändert, und junge Produzenten müssen sich dieser Tatsache bewusst sein und sich diesen Herausforderungen stellen! Was bedeutet es jedoch für junge, neu auf diesen Markt tretende Unternehmen? Was bedeutet es für Nachwuchsproduktionen im Einzelnen?

Die große Stärke, die diese Unternehmen und Projekte haben, ist ihre frische unternehmerische Energie und das kreative Talent, neue unternehmerische Wege mit einer kleinen, sehr flexiblen Produktionsfirma zu beschreiten und neue Wege der Erzählformen und Ästhetiken auszuloten. Insbesondere für Festivals, für die Aufmerksamkeit der Branche, beim Feuilleton und für mögliche zukünftige Partner ist dies sehr wichtig. Leider haben die wenigsten Projekte von Anfang an die Kraft, ein großes Publikum für sich begeistern zu können.

Gerade im Anfangsstadium eines Produktionsunternehmens scheint es derzeit wichtig, Risiken zu minimieren! Für die reine Projektfinanzierung zur Herstellung eines Kinofilms können hier verschiedene Risikominimierungen in Betracht gezogen werden:

- Kostensenkung bei der Herstellung
- Attraktivität/Marktwert des Produktes steigern (Stars, Stunts, Effekte), intensivere Stoff- und Projektentwicklung, Marktforschung usw.
- Risikoverteilung durch Herstellung von mehreren Projekten oder Einbeziehung von Co-Produzenten
- Absicherung möglichst vieler Risiken durch entsprechende Versicherungen
- Auswertung nicht auf die Kinoauswertung konzentrieren, sondern möglichst viele Synergieeffekte generieren
- Erlöse für das Produktionsunternehmen nicht vornehmlich aus der Auswertung des Produktes, sondern während seiner Herstellung generieren

Eine Kostensenkung bei der Herstellung von Kinofilmen würde bedeuten, in kürzerer Zeit mit preiswerteren Mitarbeitern unter Anwendung günstiger Technik einen guten, marktattraktiven Spielfilm herzustellen. Doch dies würde den üblichen bestehenden Mechanismen entgegen wirken, denn die Parameter „gut, günstig und schnell" werden sich stets widersprechen.

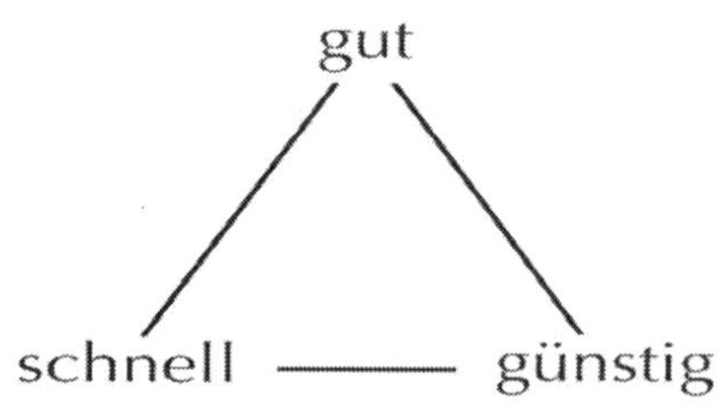

Abbildung 54: Gut, schnell, günstig[228]

Die Aufgabe des Filmproduzenten besteht darin, allen beteiligten Gewerken so viel Zeit und Mittel zur Verfügung zu stellen, dass jedem Beteiligten ausreichend Raum zur Entfaltung seiner Möglichkeiten für das jeweilige Projekt gegeben wird.

Jedes Projekt hat jeweils andere Anforderungen und Herausforderungen an die einzelnen Gewerke.

Somit ist nicht nur die reine Projektfinanzierung ein wichtiger Aspekt der Arbeit des (Nachwuchs-)Produzenten, auch das Projektmanagement der einzelnen Projekte obliegt ihm.

Obwohl die Herstellung eines jeden Filmprojektes jeweils ein neues Unterfangen ist und jedes Projekt seine eigenen Schwierigkeiten und Risiken birgt, so ähnelt es in seiner Herstellungsweise anderen, bereits realisierten Produktionen. Diese unterscheiden sich dann auch nicht grundsätzlich von der Herstellung anderer Güter. Es gilt, Risiken abzuwägen, eine vernünftige Finanzierung im Verhältnis des jeweiligen Projektes zu erstellen und dann das Projekt entsprechend seiner Planung durchzuführen. Daher kann das Pentagramm des Projektmanagements auch auf die Filmherstellung bezogen werden:

228 Quelle: Eigene Darstellung.

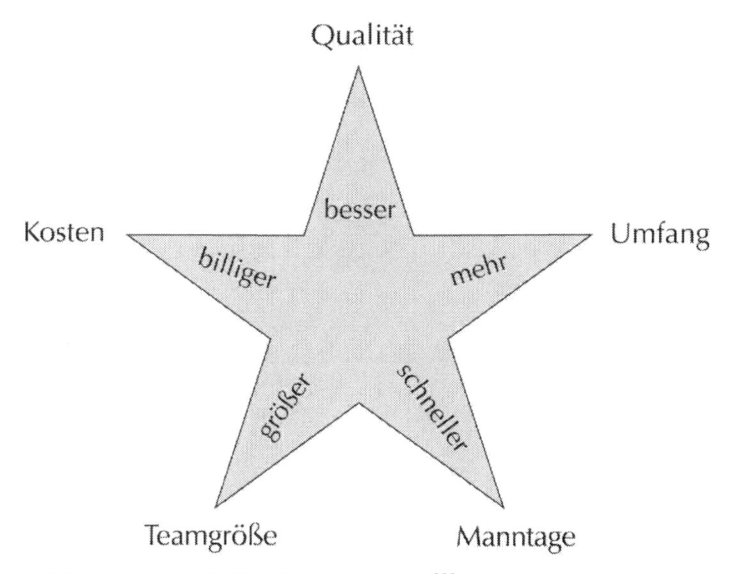

Abbildung 55: Pentagramm des Projektmanagements[229]

Die Aufgabe des Produzenten im Sinne des Projektmanagements besteht darin, aus den gegebenen Mitteln für ein Projekt und unter Abwägung aller in der obigen Abbildung genannten Parameter im Zusammenspiel von Finanzierung, Stoffentwicklung, Teamzusammenstellung, Drehplanung usw. die bestmögliche Quintessenz herauszuarbeiten.

Dass bei einem Filmprojekt viele Interessen einzelner Gewerke, Mitstreiter, Finanziers und Darsteller kollidieren, ist offensichtlich. Nie reicht das gegebene Budget, um den Ansprüchen jedes einzelnen gerecht zu werden. Gleichzeitig muss ein Budget gefunden werden, um den jeweiligen Film überhaupt umsetzen zu können. Hier muss der Produzent als Unternehmer und (Krisen-)Manager die richtige Balance und die richtige Kommunikationsform finden, das jeweilige zur Verfügung stehende Budget mit dem künstlerischen Anspruch in Einklang zu bringen.

In Bezug auf die Kosten und Finanzierung heißt dies, soviel Budget wie möglich für den herzustellenden Film zu akquirieren, um eine bestmögliche Qualität des Films zu gewährleisten und gleichzeitig möglichst wenig Risiko einzugehen.

229 Vgl. Bertram, S. (2005), S. 229.

Mit Blick auf die mögliche Refinanzierung des eingesetzten Kapitals auf dem bestehenden Markt ist ein Einsatz möglichst „günstiger“[230] Finanzierungsmittel – wie Förderung, TV-Lizenzvorabkauf, Minimumgarantien usw., sowie ein risikoarmer Einsatz von „teuren“ Finanzierungsmitteln, wie Bankendarlehen, Gap Finanzierung, Equity Capital – eine der wichtigsten und existenziellen Entscheidungen für das Produktionsunternehmen. Gleichzeitig muss der Produzent sein Filmprojekt so einschätzen, entwickeln und produzieren können, dass alle Finanzierungen im Sinne ihres Einsatzes eine bestmöglich Bestätigung ihrer Erwartungen erhalten.

In Deutschland hat sich die Trennung zwischen kulturellem und kommerziellem Filmschaffen zumindest an der Kinokasse sehr stark vollzogen, und nur wenige Beispiele nationaler und großer internationaler Projekte zeigen, dass anspruchsvolle Filme von einem deutschen Produzenten allein oder als majoritärer Partner innerhalb einer internationalen Co-Produktion auch an der nationalen Kinokasse zum Erfolg führen können.

Bewegt sich ein Produzent somit rein auf dem kulturellen Arthouse-Sektor – wie es bei den meisten der 174 Filme im Jahr 2006 und der 216 Filme im Jahr 2009 und hier vor allem bei den Nachwuchsprojekten der Fall war – dann ist er gezwungen, für sein Produktionsunternehmen eine risikoarme, über Förderung und Fernsehgelder finanzierte Projektfinanzierung zu erstellen. Wenn sein Unternehmen nicht über genügend Eigenkapital verfügt, muss er den nötigen Eigenanteileiner Produktion über Rückstellungen(z. B. seiner producer's fee und der HU's) oder Beistellungen (z. B. Technik oder Dienstleistungen, die er kostenlos zur Verfügung gestellt bekommt) finanzieren.

Leider ist dies in Deutschland aufgrund der mangelnden Eigenmittel für Nachwuchsproduzenten in der Regel die Normalform der Filmherstellung. Somit treten die jungen Produktionsunternehmen sofort von Beginn des Markteintritts an in den von Tim Dümichen dokumentierten „Teufelskreis“ der Filmproduktion ein.

230 Hier: ohne Abgabe von Auswertungsrechten bzw. ohne frühe und große Beteiligung am Recoupment.

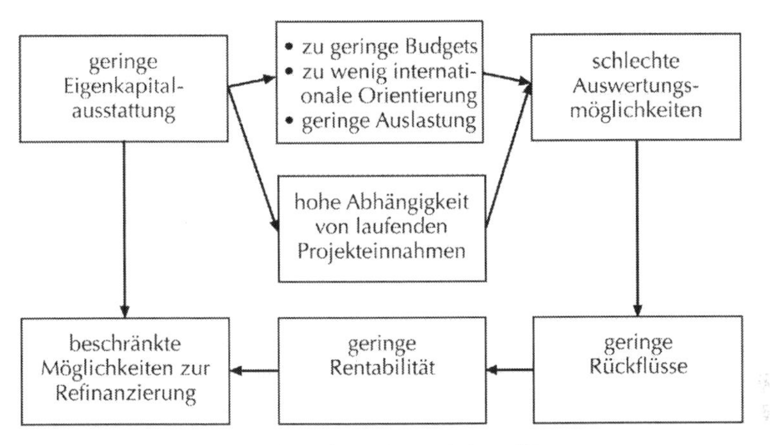

Abbildung 56: „Teufelskreis" der deutschen Filmproduktion[231]

Aus der Sicht des (Nachwuchs-)Produzenten bedeutet dieses Prinzip die Führung eines kleinen Unternehmens mit 1-2 Mitarbeitern, die etwa alle zwei Jahre einen Kinofilm herstellen und dafür freie Mitarbeiter beschäftigen. Sie „tingeln" mit ihren Projekten zu den jeweils in Frage kommenden Förderungsinstitutionen und Sendern und sammeln so lange ihr Geld ein, bis sie das zur Herstellung des Projektes benötigte Budget zusammengetragen haben. Dann wird schnell die Maschinerie der Dreharbeiten angeworfen, denn die zugesagten Gelder müssen meist in einer Frist von sechs Monaten abgerufen werden.

Mögliche Drehbuchoptimierungen, Umdisponierungen oder Besetzungsänderungen sind nur kurzfristig und nicht im Sinne des künstlerischen Wertes des Projektes, sondern aus rein pragmatischen Gesichtspunkten möglich. Der Produzent bekommt seinen Umsatz für das Unternehmen und eventuell bereits einen Gewinn, bevor der Film in die Kinos kommt.

Betrachtet man die Struktur der Produktionsunternehmen, die in Deutschland Kinofilme herstellen, und die Produktivität der einzelnen Firmen, so ist die obige Herstellungsstruktur in den meisten Fällen – und nicht nur im Nachwuchsbereich – Realität. Die folgende Tabelle dokumentiert diese Tatsache. Hier werden alle in Deutschland hergestellten Spielfilme bezogen auf die Größe bzw. jährliche Anzahl der hergestellten Filme pro Produktionsunternehmen aufgezeigt. Aus dieser Abbildung

231 Dümichen, Tim: Vortrag beim 1. Medienwirtschaftsgipfel am 01.06.06 in München..

wird deutlich, wie sehr das deutsche Filmschaffen auf den Schultern, der Energie und dem Idealismus von einzelnen kleinen Firmen liegt. Gleichzeitig ist die Gesamtanzahl aller Filme nicht identisch mit allen uraufgeführten Filmen in vorhergehenden Tabellen, da in den folgenden Abbildungen lediglich die der SPIO vorliegenden Angaben aufgeführt werden. Auch wenn nicht alle Filme dokumentiert werden können, ist die Tendenz deutlich erkennbar. Abbildung 57 konzentriert sich auf die Jahre 2001-2004, die darauf folgende Abbildung 58 zeigt die Anzahl der Filme pro Unternehmen in den Jahren 2005-2008 auf.

Erstaufgeführte Spielfilme deutscher Produktionsunternehmen								
Anzahl der Filme pro Unternehmen								
	2001		2002		2003		2004	
Filme	Anzahl	in %	Anzahl	in %	Anzahl	in %	Anzahl	in %
1	108	85,1	86	80,4	98	85,2	107	85,6
2	12	9,4	13	12,1	9	7,8	13	10,4
3	0	0	5	4,7	7	6,1	2	1,6
4	4	3,1	1	0,9	1	0,9	3	2,4
über 4	3	2,4	2	1,9	0	0	0	0
Gesamt	127	100	107	100	115	100	125	100

Abbildung 57: Erstaufgeführte Spielfilme deutscher Produktionsunternehmen 2001-2004[232]

Bereits Anfang des Jahrtausends wurden die meisten der deutschen Kinofilme von eher kleineren Produktionshäusern betrieben. Es ist offensichtlich, dass hier Einzelkämpfermentalität vorherrscht, viele einzelne Projekte realisiert werden, die dann – wie die vorhergehenden Zahlen und Ausführungen deutlich machen – „irgendwie" auf die Leinwand kommen. Dass diese Jahre aufgrund einzelner Filme, die an der Kinokasse reüssierten, als erfolgreiche Kinojahre dargestellt wurden, lag meist an einzelnen herausragenden Produktionen, während die vielen kleinen Filme der unzähligen, oft neu gegründeten kleinen Produktionsfirmen selten einen Anteil an diesen Erfolgen hatten.

Der Trend hat sich fortgesetzt: Es werden mehr junge Talente ausgebildet und mehr Filme im Kino uraufgeführt! In den meisten Fällen

232 Quelle: SPIO (2005): S. 15. SPIO (2006): S. 19.

geschieht dies wieder durch kleine Produktionsfirmen, wie die folgende Abbildung dokumentiert.

Erstaufgeführte Spielfilme deutscher Produktionsunternehmen								
Anzahl der Filme pro Unternehmen								
	2005		2006		2007		2008	
Filme	Anzahl	in %	Anzahl	in %	Anzahl	in %	Anzahl	in %
1	96	82,1	111	81,6	105	79,5	118	81,9
2	15	12,8	17	12,5	16	12,1	17	11,8
3	4	3,4	5	3,7	7	5,3	5	3,5
4	2	1,7	2	1,5	3	2,3	2	1,4
über 4	0	0	1	0,7	1	0,8	2	1,4
Gesamt	117	100	136	100	132	100	144	100

Abbildung 58: Erstaufgeführte Spielfilme deutscher Produktionsunternehmen 2005-2008[233]

Den o. g. Zahlen ist zu entnehmen, dass viele Produktionsfirmen nur einen Film alle zwei bis drei Jahre realisieren, und das oftmals unter Ausbeutung ihrer eigenen Mittel. Warum? Weil alle heute beim Film sein wollen! Und alle arbeiten umsonst, weil sie zur Film Community dazugehören wollen! So werden unzählige Filme hergestellt, die auf dem Filmmarkt kaum ihren Platz finden, auf Festivals möglicherweise Erfolge feiern, aber dann oftmals nur eine kurze oder gar keine Kinoauswertung erhalten.

Da diese Projekte aufgrund ihres geringen Budgets weder mit attraktiven Stars, historischen Stoffen, noch mit speziellen Effekten aufwarten können, die Produktionszeit darüber hinaus sehr kurz ist und auch andere Faktoren auf ein Minimum reduziert sind, schrumpfen die kommerziellen Erfolgsaussichten. Die Teams werden in ihren Gagen gedrückt, und die Produktionsfirmen versuchen über ein Maximum an persönlichem Engagement und Idealismus das Beste herauszuholen. Für Nachwuchsprojekte, Erstlingswerke, experimentelle Filme, Debütprojekte

233 Quelle: SPIO (2005): S. 15. SPIO (2006): S. 19.

usw. erscheint eine solche Art des Filmemachens noch sinnvoll. Mit wenig Geld können junge Filmemacher sehr unabhängig experimentieren, mit diesen Werken auf Festivals auf sich aufmerksam machen und dann aus diesem Stadium herauswachsen und größere Filme machen. Sie müssen diesen Teufelskreis verlassen, um nicht ständig am Existenzminimum leben zu müssen.

Leider durchzieht diese Art des Filmemachens alle Generationen von Filmemachern, und ihr eigentliches Honorar beziehen die Filmschaffenden und die Firmen oftmals über Fernsehaufträge oder durch die Herstellung von Werbefilmen. Dass die Produktion von Erstlingsfilmen finanziell schmerzhaft sein kann, haben schon viele ehemalige Nachwuchsproduzenten – und jetzt fest etablierte Produzenten – erfahren.

Peter Ålbeck Jensen, der dänische Produzent der Produktionsfirma Zentropa, die mit ihren „Dogma Filmen" künstlerisch und ökonomisch seit den 90er Jahren Kinogeschichte geschrieben hat und jetzt ein europäisch gut aufgestelltes Medienunternehmen ist, bemerkte zu seinem ersten Langfilm, den er mit dem Regisseur Lars von Trier produzierte, dass er im Nachhinein lieber jedem Kinozuschauer persönlich 10.000,- Dollar in die Hand gedrückt hätte, als diesen Spielfilm zu produzieren. Diese Möglichkeit wäre für ihn wirtschaftlicher gewesen.[234]

Doch wie vielen Produktionsfirmen gelingt dieser Sprung vom ersten Filmprojekt bis zum Geschäftsführer eines etablierten Filmproduktionsunternehmens?

Die Anzahl der beim Statistischen Bundesamt in Wiesbaden gelisteten Firmen, die ihr Haupttätigkeitsfeld mit „Film- und Videoherstellung" bezeichnen, ist in den letzten Jahren kontinuierlich angestiegen, wie die folgende Abbildung zeigt.

Jahr	2001	2002	2003	2004	2005	2006	2007
Anzahl Produktionsfirmen	5.020	5.986	5.806	6.002	6.330	6.600	6830

Abbildung 59: Film- und Videoproduktionsunternehmen in der Umsatzsteuerstatistik (mit einem steuerpflichtigen Jahresumsatz von mehr als 17.500 €)[235]

234 Vortrag auf der GEECT-Konferenz „Producing Producers" der internationalen Filmhochschulen am 20.03.2002 in Stockholm.

235 Vgl.: SPIO 2005, SPIO 2007 und SPIO 2009 jeweils S. 21.

Gab es im Jahre 2001 insgesamt 5.020 eingetragene Produktionsfirmen bundesweit, so ist diese Anzahl im Jahr 2004 bereits auf über 6.000 angestiegen und im Jahre 2007 gab es mittlerweile 6.830 Produktionsunternehmen in Deutschland. Dieser Anstieg der Produktionsunternehmen ist zurückzuführen auf den starken Anstieg der Filmausbildungsstätten in den letzten Jahren, die günstiger gewordene Technik, neu erschlossene Tätigkeitsfelder und Märkte durch die Digitalisierung und der immer weiter verbreiteten Nutzung des Internets und der generell gestiegenen Attraktivität des Filmmarktes.

Die Königsklasse und der große Traum vieler Filmemacher ist aber weiterhin die Herstellung von langen, abendfüllenden Kinofilmen. Doch wie viele (Nachwuchs-)Kinofilme kann sich der deutsche Filmmarkt leisten, damit sich die Filme nicht gegenseitig ausstechen (bzw. Kinobetreiber Filme schnell wieder aus dem Programm nehmen, da sie die Abspielstätte/Kinoleinwand für den anschließend startenden Film benötigen und diese Zeiträume immer kürzer werden)?

Christian Dosch hat in seiner Diplomarbeit die Top 100 der deutschen Filme 2000-2004 nach Besucherklassen laut FFA-Angaben aufgelistet und kam zu folgendem Ergebnis:

Aufteilung Top 100 nach Besucherklassen 2000- 2004					
Anzahl Besucher	Anzahl der Filme				
	2000	2001	2002	2003	2004
5.000.000 – 20.000.000	0	1	0	0	2
2.000.000-5.000.000	1	2	1	1	1
1.000.000- 2.000.000	4	5	3	4	3
500.000-1.000.000	7	3	10	6	5
100.000-500.000	16	11	13	16	27
0-100.000	72	78	73	73	62

Abbildung 60: Aufteilung Top 100 nach Besucherklassen 2000- 2004[236]

236 Dosch, C. (2005): S. 170.

Bereits hier zeigt sich, dass die meisten der gestarteten Filme nicht einmal 100.000 Zuschauer erreichten. In den wenigsten Fällen konnte somit von einem erfolgreichen Kinostart gesprochen werden.

Die folgende Abbildung der jüngeren Zahlen untergliedert die Zuschauerzahlen noch in einen Zwischenschritt bei den Filmen, die weniger als 100.000 Zuschauer zählen konnten. Außerdem vergleicht sie die Top 100 mit allen uraufgeführten deutschen Filmen in dem jeweiligen Jahr.

Aufteilung Top 100 nach Besucherklassen 2005- 2009					
Anzahl Besucher	Anzahl der Filme				
	2005	**2006**	**2007**	**2008**	**2009**
5.000.000 – 20.000.000	0	1	0	0	0
2.000.000-5.000.000	1	4	2	4	5
1.000.000- 2.000.000	9	3	2	7	6
500.000-1.000.000	2	8	9	5	9
100.000-500.000	15	20	26	20	24
50.000-100-000	17	16	18	13	19
0-50.000	56	48	43	51	37
Nicht in den Top 100	**46**	**74**	**74**	**85**	**116**

Abbildung 61: Aufteilung Top 100 nach Besucherklassen 2005- 2009[237](1. Zeile in 2006[238])

Hier zeigt sich, dass nur wenige Filme ihr Publikum wirklich finden, dass die meisten Filme das von ihnen anvisierte Publikum kaum erreichen. Die Zunahme dieser Filme, die zwar einen Kinostart erleben, aber gar kein Publikum erreichen, hat sich in den letzten Jahren mehr als verdoppelt. Waren es 2005 insgesamt 46 Filme, die gar kein Publikum an der Kinokasse fanden, so stieg diese Anzahl auf 116 Filme im Jahr 2009 an. All diese Filme hatten einen Kinoverleiher, hatten einen Kinostart und

237 Eigene Berechnung anhand der Top 100 Listen, jeweils in FFA Info 01/06 bis 01/10, S. 12 und Angaben über die Anzahl der uraufgeführten Filme (vgl. Abb. 2 dieser Arbeit).

238 "Das Parfum – Die Geschichte eines Mörders" mit 5.480.675 Zuschauern.

wollten das Publikum erreichen. Doch die meisten dieser Filme konnten – auch aus den erwähnten Gründen der Markt- und Kinoentwicklung – keinen Platz mehr in den Filmtheatern finden.

Die folgende Statistik zeigt dies noch ausführlicher, bezieht sich jedoch auf alle uraufgeführten Filme.

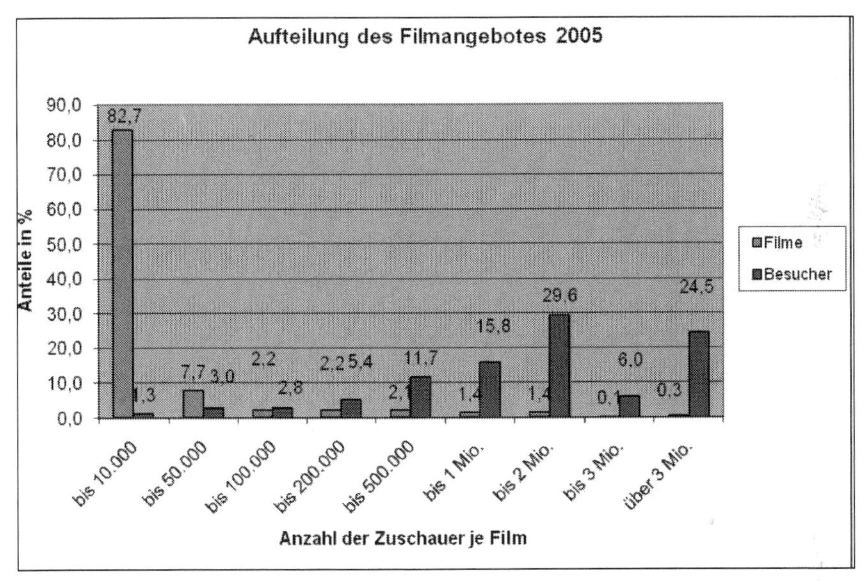

Abbildung 62: Aufteilung des Filmangebotes auf die verkauften Kinokarten 2005 (Blockgrafik)[239]

Aus der obigen Darstellung geht deutlich hervor, dass die meisten (82,7%) der 2005 gestarteten Filme jeweils weniger als 10.000 Zuschauer ins Kino ziehen konnten. Einen Rückfluss aus den Kinoerlösen für den Produzenten konnten somit diese Filme nicht generieren. Lediglich 3,2% aller gestarteten Filme in diesem Jahr zogen mehr als 500.000 Zuschauer in die Kinos.

Das hat sich in den folgenden Jahren nicht sonderlich verändert, bis auf die Tatsache, dass noch mehr Filme uraufgeführt wurden.

Diese Zahlen dokumentieren, warum Produzenten in Deutschland sich wirtschaftlich nicht auf eine Refinanzierung durch eine Kinoaus-

239 Quelle: SPIO (2005) S. 27. Grafik: Eigene Darstellung.

wertung konzentrieren dürfen, weil diese in den meisten Fällen nicht stattfindet. Nur wenn ein Film eine starke Positionierung und Zuschaueranzahl auf dem nationalen Markt nachweisen kann, macht er internationale Käufer auf sich aufmerksam. Folglich werden die vielen kleinen Filme selten ins Ausland verkauft. So wurden im Jahr 2004 insgesamt für 169 Filme Lizenzerlöse i. H. v. 6.415.122,- Euro für die ausländische Kino-Auswertung erzielt, wovon 4.053.484,- Euro allein an das Lizenznehmerland Österreich entfielen.[240] Etwas höher dagegen fielen die Lizenzerlöse für den internationalen AV- und TV-Markt aus.

Die Lizenzerlöse aus AV-Lizenzen betrugen 14.487.331,- Euro (488 Filme), die der vergebenen TV-Lizenzen 32.045.488,- Euro (357 Filme), die gekoppelte Lizenzvergabe für Kino- und TV-Auswertungen nationaler Märkte außerhalb des „domestic markets" 3.310.758,- Euro (238 Filme), Kino-, AV- und TV-Rechte-Kombinationen erbrachten 9.851.439,- Euro für insgesamt 190 Filme, und weiterhin spielten Kino/TV-Kombinationen 184.913,- Euro für 6 Filme und AV-/TV-Kombinationen 3.558.961,- Euro für 87 Filme ein. Zusammengefasst erwirtschafteten die Filme deutschen Ursprungs auf dem internationalen Markt 2004 insgesamt 69.854.012,- Euro Erlöse, die sich auf insgesamt 8.518 Filme aufteilten.[241]

Innerhalb dieser Lizenzerlöse befinden sich nicht ausschließlich aktuelle Kinospielfilme, sondern vielfältige nationale Produktionen, u. a. Dokumentarfilme, Klassiker[242] und TV-Filme.

Da weder Filmtitel noch Zahlen und Daten über die Herstellung von Gemeinschaftsproduktionen der Meldepflicht unterliegen, werden die internationalen Co-Produktionen mit deutscher Beteiligung hier nicht erfasst.[243]

Weiterhin werden diese Statistiken seit dem Jahr 2006 nicht mehr durch das BAFA erstellt, so dass hier keine aktuellen Zahlen dokumentiert werden können.[244]

240 Vgl.: Bundesamt für Wirtschaft und Ausfuhrkontrolle (BAFA) unter www.bafa.de/bafa/de/wirtschaftsfoerderung/filmfoerderung/statistiken/wirtschaftsfoerderung_film_filmstatistik_2004.pdf, S. 14. (Zugriff 07.08.2006).

241 Alle Zahlen und Daten vgl.: Bundesamt für Wirtschaft und Ausfuhrkontrolle (BAFA) ebd.

242 Klassiker bezeichnet hier alle Filme, die nicht im gleichen Produktionsjahr international lizenziert wurden, also auch zeitnahe Filme und deutsche Autorenfilme der 60er.

243 Vgl.: Bundesamt für Wirtschaft und Ausfuhrkontrolle (BAFA) ebd. S. 2.

244 „Die Bundesregierung hat zur Reduzierung des Bürokratieaufwandes §50a Außenwirtschaftsverordnung als Rechtsgrundlage für die Erhebung aufgehoben". Vgl. www.bafa.de.

Die Zahlen aus dem genannten Jahr belegen, dass auch eine internationale Auswertung vor allem von Nachwuchsfilmen eher eine repräsentative als wirtschaftliche Rolle spielt. Hier ist auch die Arbeit der Institution „German Films", die den deutschen Film im Ausland repräsentiert, zu nennen. Sie organisiert regelmäßig internationale Werkschauen deutscher Filme, zeigt mit dem „Next Generation"-Programm eine Reihe von Kurzfilmen deutscher Filmhochschulen auf verschiedenen Festivals (u.a. in Cannes) und unterstützt die Herausbringung deutscher Filme im Ausland.[245]

Nicht zu unterschätzen für die Präsenz des deutschen Films im Ausland ist außerdem die Arbeit des Goethe-Institutes. Es kann die nicht-kommerziellen Rechte an einem Film erwerben und diesen dann international bei Veranstaltungen der unterschiedlichen Institute weltweit vorführen. Für die Darstellung dieser wichtigen internationalen Filmarbeit sei unter anderem auf die Publikation von Tobias Mosig verwiesen.[246]

Aus all diesen Gründen ist ersichtlich, wie wichtig für (Nachwuchs-) Produzenten eine solide Unternehmens- und auch Projektfinanzierung ist. Sie müssen sich nicht ausschließlich aus den Gewinnen, sondern bereits aus der Herstellung der Filme finanzieren. Gleichzeitig ist den obigen Abbildungen zu entnehmen, dass der Großteil der Produktionsunternehmen meist nicht mehr als einen Film pro Jahr herstellt. Für junge Produktionsfirmen ist dies zu Beginn meist der Fall. Um jedoch wachsen zu können und das Risiko für jede einzelne Produktion zu reduzieren, sollte der Produzent mehrere Projekte gleichzeitig entwickeln und langfristig auch herstellen können. Die Zusammenstellung eines Projektportfolios mit starken Projekten und viel versprechenden Talenten sollte hier das Ziel einer jungen Produktionsfirma sein. Doch leider ist genau hier die Schwäche kleiner, junger Unternehmen, da sie in der Regel nicht über genügend Kapital verfügen, um aus eigener Kraft heraus mehrere Projekte gleichzeitig zu entwickeln. Daher gibt es bei einigen Förderungen die Möglichkeit einer Paketförderung zur parallelen Entwicklung mehrerer Stoffe.

Werden die vorab erläuterten Fakten zusammengetragen, kann festgestellt werden, dass es für ein Unternehmen sehr wichtig ist, sich nicht

245 Weiteres unter www.german-films.de.

246 Mosig, Tobias: Goethe-Institut e.V.: Weltvertrieb für deutsche Filme? Das Goethe-Institut als kultureller Botschafter des deutschen Films im Ausland und dessen aktuelle Zusammenarbeit mit German Films und den deutschen Weltvertrieben. Berlin, 2008.

ausschließlich auf die Herstellung eines Einzelprojektes zu konzentrieren. Dieser Ansatz führt in eine ständige Abhängigkeit von Fördermitteln und Unternehmensfinanzierung durch Projektmittel und nicht durch deren Markterfolg. Gerade für Nachwuchsunternehmen, deren Risiko von dem Erfolg einzelner Projekte abhängig ist, gilt es, bereits während der Stoff- und Projektentwicklung eine Minimierung des Risikos durch die Erstellung eines Projektportfolios zu entwickeln.

Hierfür haben verschiedene Förderinstitutionen (u. a. MDM, Medienboard) die Möglichkeit einer Paketförderung (bei MEDIA „Slate Funding") eingerichtet. Bei dieser Förderung erhalten Filmproduktionsfirmen eine bestimmte Fördersumme zur Entwicklung eines Filmportfolios, mit der z. B. bis zu fünf Projekte entwickelt werden können.

Diese Förderung ist gerade für junge Nachwuchsfirmen sehr sinnvoll, um ihnen einen Markteinstieg zu ermöglichen und ihr Können unter Verteilung des Risikos auf mehrere Projekte unter Beweis zu stellen.

Bei Bewährung durch die so geförderten Filme könnte sich die Produktionsfirma dann für weitere – möglicherweise größere – Projekte qualifizieren.

Die Paketförderung ist somit ein sinnvolles Mittel, um jungen Firmen einen Handlungsspielraum zu bieten, auch ohne viel Eigenkapital mehrere Projekte parallel entwickeln zu können.

So sinnvoll die Paketförderung ist, so schwierig gestaltet sich anschließend für die Produktionsunternehmen die Finanzierung der einzelnen entwickelten Projekte. Eine sinnvolle Finanzierungs-, Realisierungs- und Cash-Flow-Planung für das Unternehmen und die einzelnen Projekte ist hier unabdingbar.

Die Gründe mögen in der nicht-kontinuierlichen Herstellung mehrerer Filmen durch kleine Produktionsunternehmen liegen. Eine mittel- und langfristige Projekt- und Finanzplanung seitens der Produktionsunternehmen ist leider selten der Fall. Obwohl durch die Paketförderung mehrere Projekte parallel entwickelt werden könnten, mangelt es jedoch oftmals an Finanzmitteln für die Herstellung und Produktion dieser Filme, oder die Finanzierungsphase zieht sich sehr lange hinaus.

Nur wenn ein Unternehmen eine starke Eigenkapitalbasis vorweisen kann, werden die in den vorhergehenden Kapiteln erläuterten Risikominimierungsfaktoren relevant. Damit mehrere Projekte gleichzeitig hergestellt werden können, um über ein Portfolio das Risiko auf mehrere Projekte zu verteilen, bedarf es eines gestärkten Unternehmensprofils mit entsprechender Kapitalbasis und Kreditlinie des Produktionsunternehmens.

Außerdem sind die Bürgschaften zu beachten, die die Fernsehsender für ihren Finanzierungsanteil verlangen. Die Absicherung für die Herstellung des Films durch entsprechende Versicherungen, wie der Completion Bond, die Short Fall Guarantee und eine e+o-Versicherung (s. o.) setzt ein hohes Budget voraus, um die teuren Policen zahlen zu können. Bei internationalen Co-Produktionen, die eventuell zusätzlich noch einen Collecting Agent einschalten, um die Rückflüsse aus den einzelnen Territorien zu überwachen, wird die Einbindung der o. g. Versicherungen in den meisten Fällen verlangt.

Die Entwicklung in der Kreditwirtschaft, die durch Basel II[247] auf die Produktionsunternehmen zugekommen ist, erschwert diese Situation noch erheblich.

Hier zeigt sich nochmals, wie wichtig es bereits in der Gründungsphase von Produktionsunternehmen ist, eng mit Banken zu arbeiten. Banken müssen ständiger Partner während der Gründung, bei der Unternehmens- und auch der Projektfinanzierung sein.

Da sowohl Sender- als auch Fördermittel bei der Projektfinanzierung in mehreren Raten ausgezahlt werden, muss für jedes einzelne Projekt ein Cash-Flow-Plan erstellt werden, um Zwischenfinanzierungen dieser zwar eingeräumten, aber noch nicht verfügbaren Gelder zu gewährleisten. Um einen Überblick zu erhalten, in welchen Größenordnungen sich durchschnittliche Filmbudgets bewegen, beschäftigt sich das folgende Kapitel mit der Höhe der Filmbudgets, die in Deutschland von der SPIO erfasst werden.

3.6 Die aktuellen Filmbudgets im Überblick

Aufgrund der vorhergehenden Ausführungen ist eine Betrachtung der derzeit aktuellen Filmbudgets nicht unrelevant. Wurden in den vorherigen Kapiteln die einzelnen Finanzierungsmöglichkeiten dargestellt, der Filmmarkt betrachtet, die Entwicklung der Ausbildung und das Berufsbild vorgestellt, so geht es in den folgenden Ausführungen um die

247 Nach Basel II wird die Kreditfähigkeit von Unternehmen seitens der Banken bewertet und in Risikoklassen unterteilt. Produktionsunternehmen, die sich im KMU-Bereich (Kleine und mittelständige Unternehmen) befinden und keine große Eigenkapitalbasis besitzen, werden innerhalb des Ratings durch Basel II nicht als Schuldner mit erstklassiger Bonität angesehen.Somit werden Kredite für diese Unternehmen von Seiten der Bank als risikoreich klassifiziert und für das Unternehmen entsprechend teuer. Vgl. u.a. Übelhör, Warns (2004) S. 185ff. und Prätsch, Schikorra, Ludwig. (2003) S. 133 ff.

Darstellung realer Filmbudgets und deren Entwicklung in den letzten Jahren.

Die folgenden Abbildungen zeigen die Budgethöhen der deutschen Spielfilme auf.

Erstaufgeführte deutsche Spielfilme nach Produktionskostenklassen						
Filme, deren Produktionsangaben der SPIO vorliegen						
Produktionskosten in Euro	**1998**	**1999**	**2000**	**2001**	**2002**	**2003**
unter 500.000	1	3	5	4	4	6
500.000 bis unter 1,5 Mio.	2	5	6	6	10	16
1,5 Mio. bis unter 3 Mio.	15	20	28	26	13	14
3 Mio. bis unter 5 Mio.	3	20	13	11	19	11
5 Mio. bis unter 10 Mio.	1	20	6	14	8	7
10 Mio. und mehr	0	20	7	6	10	5
Anzahl	22	88	65	67	64	58
Anzahl der Filme, deren Angaben nicht vorliegen	29	18	10	16	20	21

Abbildung 63: Erstaufgeführte deutsche Spielfilme nach Produktionskostenklassen von 1998-2003[248] (Anzahl der Filme[249])

Hier ist wieder der rasante Anstieg der gesamten hergestellten Spielfilme zu erkennen, welcher im Verlauf der weiteren Abbildungen noch stärker wird. In den jeweiligen Aufteilungen der Budgetgrößen einzelner Filme sind jedes Jahr Veränderungen zu erkennen. So ist im Jahr 1999 ein deutlicher Anstieg der großen Budgets von über 10 Mio. pro Herstellungskosten eines einzigen Filmwerkes auf 20 Filme zu erken-

248 Quelle: SPIO (2005): S. 17, SPIO (2006): S. 17, SPIO (2009), S. 17.

249 Einige abweichende Zahlen der erstaufgeführten Spielfilme gegenüber anderen Listen dieser Arbeit resultieren aus den verschiedenen Quellen, da die Angaben der SPIO hier von den Angaben der FFA abweichen. Eine Erklärung hierfür konnte leider nicht gefunden werden. (Anmerkung des Verfassers).

nen. Dieser nahm in den folgenden Jahren aber wieder ab. Ein genereller Trend hin zu teureren Filmen ist daher nicht zu erkennen, vielmehr ist die Anzahl der Filme in allen Kostenklassen angestiegen. Die weitere Entwicklung der Budgets ist der folgenden Abbildung zu entnehmen.

Erstaufgeführte deutsche Spielfilme nach Produktionskostenklassen					
Filme, deren Produktionsangaben der SPIO vorliegen					
Produktionskosten in Euro	**2004**	**2005**	**2006**	**2007**	**2008**
unter 500.000	6	4	2	5	8
500.000 bis unter 1,5 Mio.	17	20	10	18	26
1,5 Mio. bis unter 3 Mio.	19	16	16	14	21
3 Mio. bis unter 5 Mio.	14	14	14	17	15
5 Mio. bis unter 10 Mio.	5	5	11	10	8
10 Mio. und mehr	3	4	2	7	7
Anzahl	64	63	55	71	85
Anzahl der Filme, deren Angaben nicht vorliegen	23	41	67	51	40

Abbildung 64: Erstaufgeführte deutsche Spielfilme nach Produktionskostenklassen von 2004-2008[250]

Mittlerweile sind die meisten Budgets eher „im Mittelfeld", d. h. bei den Budgets zwischen 500.000 Euro und 5 Mio. Euro angesiedelt. Nach Einführung des DFFF zu Beginn des Jahres 2007 ist gerade in diesen Kostenklassen ein Anstieg zu erkennen. Doch auch die Großproduktionen mit über 7 Mio. sind seit 2007 deutlich angestiegen (von 2 auf 7 jährlich). Das ist auch eine Folge der Einführung des DFFF.

Die folgenden Abbildungen zeigen diese Entwicklungen noch einmal in Prozentzahlen, ohne dass dabei die einzelne Anzahl der Filme in den Kostenklassen berücksichtigt werden.

250 Quelle: SPIO (2005): S. 17, SPIO (2006): S. 17, SPIO (2009), S. 17.

Anteil der Kostenklassen an den erstaufgeführten deutschen Spielfilmen								
Filme, deren Produktionsangaben der SPIO vorliegen								
Produktionskosten in Euro	**1998**	**1999**	**2000**	**2001**	**2002**	**2003**	**2004**	**2005**
unter 500.000	0%	5%	8%	6%	6%	10%	9%	6%
500.000 bis unter 1,5 Mio.	10%	9%	9%	9%	16%	28%	27%	31%
1,5 Mio. bis unter 3 Mio.	71%	36%	43%	39%	20%	24%	30%	26%
3 Mio. bis unter 5 Mio.	14%	34%	20%	16%	30%	17%	22%	23%
5 Mio. bis unter 10 Mio.	5%	13%	9%	21%	13%	12%	8%	8%
10 Mio. und mehr	0%	4%	11%	9%	16%	9%	5%	6%
gesamt	100%	100%	100%	100%	100%	100%	100%	100%
Anteil der Filme mit den SPIO vorliegenden Angaben zu den Produktionskosten an den erstaufgeführten deutschen Spielfilmen	42%	76%	87%	81%	76%	73%	74%	60%

Abbildung 65: Anteil der Kostenklassen an den erstaufgeführten deutschen Spielfilmen 1998-2005[251]

Hier ist noch klarer zu erkennen, dass bis zum Jahr 2005 eine relativ unterschiedliche, aber nicht hin zu einem Trend erkennbare Entwicklung stattgefunden hat. Jedes Jahr sind einzelne Kostenklassen mehr oder weniger stark vertreten gewesen, doch scheinen dies mehr Einzeltendenzen zu sein. Spannend ist jedoch die Entwicklung der kostenintensiven Filme. Waren diese bis zum Jahr 2002 noch sehr stark vertreten, hat die Anzahl der teuren Filme ab dem Jahr 2003 rapide abgenommen. Dies ist sicherlich eine Konsequenz nach Einführung des Medienerlasses, der die Aktivität von Filmfonds einstellte. Das heißt, es war nicht mehr möglich, gebündeltes Investment von Privatanlegern in die Herstellung von Filmwerken zu stecken und damit den Anlegern wiederum Steuererleichterungen zu ermöglichen. Somit wurde die Herstellung und Finanzierung teurer, international vermarktbarer Filme erschwert, und es wurde von Seiten der Politik ein adäquates Pendant gesucht, Großproduktionen zu ermöglichen. In

251 Quelle: SPIO (2005): S. 17.

diesen Jahren nahm auch die Herstellung der kostenintensiven Filme ab. Doch nach Einführung des DFFF zum 01.01.2007, des o. g. Rabattmodells der Bundesregierung (der sich selber als „Anreiz zur Stärkung der Filmproduktion in Deutschland" bezeichnet[252]), stieg der Anteil der Großproduktionen wieder an, wie die folgende Abbildung dokumentiert.

Anteil der Kostenklassen an den erstaufgeführten deutschen Spielfilmen			
Filme, deren Produktionsangaben der SPIO vorliegen			
Produktionskosten in Euro	**2006**	**2007**	**2008**
unter 500.000	4%	7%	9%
500.000 bis unter 1,5 Mio.	18%	25%	31%
1,5 Mio. bis unter 3 Mio.	29%	20%	25%
3 Mio. bis unter 5 Mio.	25%	24%	18%
5 Mio. bis unter 10 Mio.	20%	14%	9%
10 Mio. und mehr	4%	10%	8%
gesamt	100%	100%	100%
Anteil der Filme mit den SPIO vorliegenden Angaben zu den Produktionskosten an den erstaufgeführten deutschen Spielfilmen	45%	76%	68%

Abbildung 66: Anteil der Kostenklassen an den erstaufgeführten deutschen Spielfilmen 2006-2008[253]

Bei den o. g. Tabellen sind lediglich die Budgets dargestellt, deren Angaben der SPIO vorlagen, und es ist nicht ersichtlich, mit welchen Kosten die weiteren Produktionen entstanden sind. Es ist zu vermuten, dass die meisten der Filme eher mit wenig Geld realisiert wurden, da sie dadurch weniger einer „Darstellungspflicht" unterlagen und somit nicht in offiziellen Statistiken auftauchen.

252 Vgl. „Richtlinie des BKM" unter www.kulturstaatsminister.de.

253 Quelle: SPIO (2009): S. 17. Durchschnitt: Eigene Berechnung.

Die o. g. Tabellen machen deutlich, wie sehr die Budgets der mittel- und hochpreisigen Filme nach Einführung des DFFF in den letzten Jahren angestiegen sind. Diese Filme haben auch den Erfolgszug des deutschen Kinos der letzten Jahre ermöglicht, der dem deutschen Film an der heimischen Kinokasse aber auch auf internationalen Festivals beschert wurde.

In all diesen Statistiken tauchen die vielen kleinen Filme nicht auf, die teilweise auf Festivals liefen und klein im Kino ausgewertet wurden und zum Teil nach einer kleinen Festivalpräsenz keinen Verleih gefunden haben und denen dadurch die Kinoverwertung komplett verwehrt wurde.

Diese „Dunkelziffer" von Filmen und Talenten muss sich aber mit genau diesen vielen, mittleren und auch hohen Budgets im Kino messen lassen können. Vielleicht nicht beim ersten Film, aber doch bei einem der nächsten Filme.

Trotz Einführung der digitalen Technik, die kostengünstiges Produzieren möglich macht, und der Tatsache, dass die Anzahl der hergestellten Filme von Jahr zu Jahr rasant zunimmt, hat dies keinen großen Einfluss auf die Aufteilung der „offiziellen" Budgetgrößen. Könnte man annehmen, dass aufgrund der o. g. Entwicklung des Marktes die Kosten der einzelnen Filme niedrig gehalten werden, Firmen sich auf mehrere Filme konzentrieren, um Risiken zu minimieren, so ist hier eine Reaktion der Produktionslandschaft nicht zu erkennen. Lediglich der kontinuierliche Anstieg von neu gegründeten Firmen und der uraufgeführten Filme ist weiterhin zu erkennen.

Wenig sieht man aber von den „Guerilla-Filmern", die auf internationalen Märkten mit wenig Budget aber viel Freiheit neue Formen, Techniken und Ästhetiken ausloten und damit den Nerv der Zeit treffen.[254] Gleichzeitig finden sich dann auch wieder wenig große, massentaugliche mit hohem Budget ausgestattete Filme in diesen Statistiken. Die Breite liegt im Mittelfeld: der im klassischen Finanzierungspaket hergestellten Filme, mit Sendern, Länderförderern und rückgestelltem Eigenanteil durchschnittlich budgetierten Filme, durchschnittlich im Schauwert und oft auch durchschnittlich in der Qualität.

Doch die Zahlen der Kinogänger und der Besucher pro Film an der Kinokasse verdeutlichen, dass dieses Mittelfeld im Verhalten der Zuschauer nicht mehr vorhanden ist. Sie wollen keinen durchschnittlichen

254 Ein erfrischendes Beispiel ist hier der Bericht „Rebel without a crew", der die Herstellung des $7.000 teuren Films „El Mariachi" des nun in Hollywood etablierten Filmemachers Robert Rodriguez beschreibt.

Film mehr sehen, sind entweder experimentierfreudig und neugierig, um Neues zu entdecken oder wollen sich vom Mainstream unterhalten lassen.

Wenn man die Entwicklung des Marktes, die Steigerung der Zahl der uraufgeführten Filme und den enormen Anstieg des Ausbildungsmarktes bis zur Gegenwart beobachtet, kann daraus nur geschlossen werden, dass sich bis heute mehr Fördermittel auf mehr Filme vor allem unter vielen neuen Talenten aufteilen.

Dass diese Tatsache zwar zu Einzelerfolgen auf Festivals und bei den Zuschauern führen kann, haben einzelne Filme gezeigt. Doch ist die „breite Masse" der kleinen und mittleren Filme sehr viel größer geworden, sie werden finanziert, sie werden gedreht, sie werden auf Festivals gezeigt, aber sie finden kein Publikum.

Betrachtet man das Subventionsvolumen, welches für die Herstellung von europäischen und deutschen Filmen zur Verfügung steht und stellt es dem Durchschnittsbudget eines Kinospielfilms in Deutschland gegenüber, ergeben sich einige Fragen: Warum werden so wenige Filme im wirklichen Low-Budget-Bereich – sprich in der Guerilla Taktik – gedreht? Warum werden so viele Filme, die am Markt nicht reüssieren, mit Budgets von bis zu 3 Mio. hergestellt? Woher nehmen all diese Filme ihre Berechtigung?

Leider hat noch niemand das Experiment gewagt, ein vorliegendes Exposé auf verschiedene Arten und Kostenklassen weiterzuentwickeln, mit unterschiedlich erfahrenen Regisseuren umzusetzen und auf den Markt zu bringen, um dann die verschiedenen Publikumsreaktionen aufzunehmen. Es wäre sicherlich ein spannendes Experiment!

Gleichzeitig wird gerade im Nachwuchsbereich oftmals die Frage gestellt, warum Großproduktionen Fördermittel erhalten. Filmförderung bedeutet nicht nur Nachwuchs- und Eliteförderung, Kunst- und Kulturförderung, es bedeutet auch die Förderung der Filmwirtschaft in allen Bereichen.

Dieses beinhaltet auch die Unterstützung von Großproduktionen – zumal diesen es oftmals gelingt, ihre Förderung zurückzuzahlen.

Bei all diesen genannten Zahlen und Ausführungen ist es manchmal wünschenswert, dass sich junge Filmemacher nicht gänzlich dem kommerziellen Markt verschließen, sondern ihn als Spielfeld akzeptieren. Denn ohne kommerzielles Kino auf dem nationalen Markt wäre ein reines Kunstkino – wie es sich viele Filmschaffende wünschen – eine Utopie. Die Masse der Filmhochschulabgänger erhält eine hervorragende

Ausbildung, hat aber oftmals einen sehr elitären Kunstkinoanspruch. Grundsätzlich gilt dies im Einzelfall auch zu unterstützen, doch so viel „Filmkunstelite“ – berechtigt oder unberechtigt als solche (selbst-)definiert – kann der nationale Markt nicht aufnehmen!

Eine Offenheit zu neuen Formaten, möglicherweise weg von der Kinoleinwand als primäres Auswertungsmedium von Erstlingswerken, das Spiel mit neuen Erzählformen auf neuen Auswertungsplattformen muss jungen Filmemachern nicht nur an Filmhochschulen vermittelt werden. Die Lust am Erzählen ist eine Sache. Doch muss es immer auf der großen Leinwand stattfinden?

Durch diese in vorhergehenden Kapiteln geschilderte Entwicklung des Marktes und der Ausbildung, der uraufgeführten Filme, neuer Techniken und Auswertungsformen hat sich das Berufsbild des Produzenten weg vom klassischen Spielfilmproduzenten hin zum „Content Manager“ verändert. Das klassische Feld der Kinofilmproduktion scheint gesättigt zu sein und benötigt gar nicht so viele junge Talente, wie sie jedes Jahr aus den Ausbildungsinstitutionen hervorgebracht werden.

Aus all diesen Gründen ist trotz aller Unterstützung und Förderprogramme für junge Filmemacher der Einstieg in die Branche für jeden einzelnen extrem schwierig. Denn mittlerweile stellt sich wirklich die Frage, wie diese vielen gut ausgebildeten Filmemacher ihren Einstig in den Markt finden?

Alle Nachwuchsfilmemacher möchten mit ihrer Kunst und ihrer Fähigkeit, Filme zu machen, auch ihren Lebensunterhalt verdienen. Die Filmbranche bietet trotz immenser Subventionen dem Nachwuchs derzeit nur eine geringe Chance.

Woran liegt das? Gibt es keine Produzenten mehr, die den Nachwuchs stärken? Gibt es keine Produktionsfirmen, die das Geld haben, junge Talente langfristig an sich zu binden? In einer durchsubventionierten Filmbranche, die auf ihrem Markt zwar das Kritikerlob auf sich zieht, vom Publikum aber kein Interesse oder vielmehr keine Aufmerksamkeit erhält, scheint es, als habe man sich in dieser „Closed circuit“-Gesellschaft arrangiert. Das derzeitige Resultat dieser hoch subventionierten Branche ist, dass sie es nur selten schafft, junge Talente zu publikumswirksamen Filmemachern zu etablieren und sich viele der jungen Filmemacher an Festivalerfolgen festhalten.

Aber es gibt zu viele Talente, die diese spezielle Art der subventionierten, vom Feuilleton gelobten, aber von den Zuschauern ignorierten Filme herstellen; gleichzeitig treffen immer mehr junge, ambitionierte

Filmemacher mit genau diesem Kunstanspruch auf diesen kleinen Arthousemarkt.

Das Niveau der deutschen Filmhochschulen ist sehr hoch und auch ihr internationales Renomée beachtlich. Doch viele Talente, vor allem diejenigen, die sich für Genrefilme interessieren bzw. generell offen sind für filmmarktaffine Stoffe und dies auch innerhalb ihrer Ausbildung gezeigt haben, sind eher selten an den Filmhochschulen anzutreffen. Einige von ihnen bekamen jedoch bald nach ersten Filmen in Deutschland Angebote aus den USA (z. B. Marco Kreuzpaintner, Christian Alvart, Robert Schwentke und Mennan Yapo).

Nur die reine künstlerische Ausbildung, die sich in Deutschland ohne Frage auf einem extrem hohen Niveau sowohl von der technischen Ausstattung als auch der Qualifikation der Lehrenden befindet, kann ohne jegliche Orientierung am nationalen Filmmarkt nicht als optimal bezeichnet werden.

Der Markt für deutsche Nachwuchsfilmer ist aus den vorgenannten Gründen derzeit nicht vornehmlich der kommerzielle Markt– ob selbst bestimmt oder aus Mittellosigkeit bedingt, mag dahingestellt sein – sondern er findet auf den Festivals statt. Doch wenn man als junger Filmemacher erfolgreich Kinofilme machen und langfristig davon leben möchte, sollte man sich dem kommerziellen Markt nicht verschließen oder, um sich aus dieser Masse hervorzuheben, Filme von herausragender Qualität, Eigensinnigkeit und Bildsprache herstellen. Diese werden dann auf den vielfältigen internationalen Festivals, die im folgenden Kapitel vorgestellt werden, ihr Publikum finden.

3.7 Die Bedeutung von Filmfestivals und Nachwuchspreisen für junge Talente

Aufgrund der vorangegangenen Ausführungen wird deutlich, wie schwierig es junge Filmemacher haben, sich auf dem hiesigen Filmmarkt zu etablieren. Doch der Filmmarkt in Bezug auf die Definition des Erfolgs eines Films existiert nicht ausschließlich an der Kinokasse. Die künstlerische Qualität eines Films bestimmt oftmals nicht das breite Publikum, sondern herausragende Filme machen auf internationalen und nationalen Festivals auf sich aufmerksam, werden vor einem Fachpublikum gezeigt und in Wettbewerben und Nebenreihen ausgezeichnet. Gleichzeitig haben die so genannten A-Festivals einen Filmmarkt, auf dem international mit Lizenzen gehandelt wird. Der internationale Zusammenschluss der Filmproduzentenverbände (FIAPF) listet die Festivals auf, die derzeit den Status eines A-Festivals besitzen. Dies sind derzeit (in der Reihenfolge ihrer Austragungszeit) Berlin, Cannes, Shanghai, Moskau, Karlovy Vary, Locarno, Montréal, Venedig, San Sebastian, Warschau, Tokio, Mar del Plata und Kairo.[255]

Für die Filmemacher bedeutet die Teilnahme an einem A-Festival nicht nur eine Zunahme an Renomée und Aufmerksamkeit, sie erhalten dadurch auch Referenzpunkte der FFA, die wiederum als Referenzmittel in die Produktion eines nachfolgenden Films fließen können.

Junge Talente, die sich mit neuen Formen des Geschichtenerzählens auseinandersetzen, einen eigenen Blick auf die Gesellschaft haben und diesen mit den ihnen eigenen Stilmitteln erzählen, neue Erzählperspektiven entdecken und innovatives Kino machen, werden versuchen, ihre Filme auf einem der A-Festivals zu zeigen.

Für den nationalen Filmnachwuchs hat die Berlinale mit der Perspektive Deutsches Kino sogar eine eigene Nachwuchssektion. Neben der Berlinale gibt es in Deutschland weitere bedeutende Festivals, wie das Münchener Filmfestival oder das Hamburger Filmfestival. Speziellen Fokus auf deutschsprachigen Filmnachwuchs legen die Festivals in Saarbrücken (Max-Ophüls-Preis) und Hof. Unzählige weitere Festivals bieten mit unterschiedlichen Schwerpunkten Filmen fernab der klassischen Filmauswertung eine Abspielmöglichkeit vor Publikum, Fachpresse und der eigenen Branche. Für Studentenfilme sind hier die ‚sehsüchte' in Potsdam und das Festival der Filmhochschulen in München zu nennen; für Kurzfilme sind u.a. die Festivals in Oberhausen und Dresden sowie interfilm in Berlin von Bedeutung, und für junge deutsche Filme sind u. a. Lünen, Braunschweig, Ludwigshafen oder auch das up-and-coming Festival in Hannover erwähnenswert.

Die Präsenz auf Festivals ist für Filme von besonderer Bedeutung und je nach Renomée des Festivals ein großer Erfolg des jeweiligen Films. Außerdem ist die Anwesenheit der Filmemacher auf den Festivals wichtig, um den Film zu präsentieren und das Festival als Plattform für die Pflege/Erweiterung ihres professionellen Netzwerks zu nutzen.

Neben den Filmfestivals, die in den meisten Fällen auch Preise vergeben, gibt es für Nachwuchsfilmemacher in Deutschland u.a. drei wichtige Preise, die nicht mit einem Festival verbunden sind, aber die Auf-

255 Vgl: http://www.fiapf.org/intfilmfestivals_sites.asp.

merksamkeit der Branche und der Presse garantieren. Dies sind die First Steps, die jährlich in Berlin vergeben werden, die Babelsberger Medienpreise und der Studio Hamburg Nachwuchspreis. Alle diese Institutionen/Verleihungen vergeben Preise in unterschiedlichen Kategorien für hervorragende Leistungen von Abschlussfilmen deutscher Filmhochschulen. Weiterhin sind für junge Produktionen und Produzenten der Nachwuchsproduzentenpreis im Rahmen des Bayerischen Filmpreises, der Förderpreis der Stadt Hof und der Förderpreis deutscher Film während des Filmfestivals in München von Bedeutung und Renomée.

Die nationale und internationale Festivallandschaft ist so umfangreich und vielfältig, dass es wichtig ist, sich mit und in ihr auszukennen, um für jeden Film das richtige Festival, die richtige Festivalstrategie zu finden und zu erarbeiten.[256]

Gerade für Nachwuchsproduzenten ist es wichtig, auf den einzelnen Festivals präsent zu sein, Filme zu sichten und im Austausch mit der Branche ihr Netzwerk auszubauen. Doch nicht nur Festivals bieten hierfür eine hervorragende Plattform, auch unzählige Weiterbildungsmaßnahmen, die für Filmschaffende angeboten werden, vermitteln Wissen und sind gleichzeitig Netzwerkplattformen.

3.8 Nationale und internationale Weiterbildungsmaßnahmen für Nachwuchsprojekte und -produzenten

Dass nach der Filmschule oder der ersten Filmproduktion die Weiterbildung und das Netzwerken nicht beendet ist, sondern weiterhin von essentieller Bedeutung sein wird, sollte jedem Filmemacher bewusst sein. Hierfür gibt es unzählige Plattformen und Weiterbildungsmaßnahmen mit unterschiedlichen Programmen und Zielgruppen.

Das Erich-Pommer-Institut in Potsdam bietet mit nationalen und internationalen Programmen spezielle Seminare mit dem Schwerpunkt auf Medienrecht, Medienmanagement und Filmfinanzierung. Die Veranstaltungen der Media Business Academy[257] dokumentieren und diskutieren aktuelle Entwicklungen der Medienbranche.

256 So hatte z. B. der Kurzfilm „Spielzeugland" (D) seine Premiere auf dem Max Ophüls-Preis in Saarbrücken 2008, ist danach auf unzähligen internationalen Festivals gelaufen, bis er 2009 für den Oscar nominiert wurde und diesen dann auch gewann.

257 Siehe www.m-ba.de.

Die von MEDIA mitfinanzierten und z. T. auch initiierten europäischen Trainingsprogramme bieten vielfältige Möglichkeiten zur Weiterbildung und zum Kennenlernen möglicher Co-Produktions- und Kooperationspartner. Eine Auflistung aller Trainingsprogramme findet sich auf der MEDIA homepage.[258] Diese Programme ermöglichen die Wissensvermittlung in unterschiedlichen Bereichen: Arbeit an Stoffen und Projektentwicklungen (z. B. eQuinox, Pygmalion, Sources, EAVE, Ekran), Konferenzen über den aktuellen Stand der Technik (z. B. Insight Out), Neue Medien, Animation, Dokumentarfilm und viele andere Weiterbildungsprogramme. Genauso vielfältig wie das Angebot dieser Weiterbildungen ist, so stark ist neben der reinen Wissensvermittlung auch die Bedeutung des Netzwerkens bei all diesen Programmen. Eine Teilnahme an diesen durch MEDIA-Förderung unterstützten Weiterbildungsmaßnahmen ist somit eine gute Möglichkeit, neben neuem Wissen auch weitere Kontakte zu knüpfen.

Verschiedene Länderförderungen organisieren Medienwochen, Konferenzen, Nachwuchstage, Co-Produktionstreffen und Branchentreffen, um Medienmacher zusammenzubringen und gleichzeitig aktuelle Themen, Marktentwicklungen und Trends zu besprechen. Sich in dieses Netzwerk einzubringen, offen und neugierig zu sein für und auf neue Trends, Meinungen und Entwicklungen der Branche, ist ein wichtiger Bestandteil der Arbeit eines (Nachwuchs-)Produzenten.

Sich nicht ausschließlich auf seine eigene Arbeit und Projekte zu konzentrieren, sondern sich zu öffnen, zu beobachten, den Markt und seine derzeitige Entwicklung zu kennen, um dann seinen eigenen Standpunkt innerhalb diesem zu definieren und die Projekte daraufhin auszuwählen, zu entwickeln und zu vermarkten, ist die Essenz der Arbeit eines Filmemachers / Produzenten.

258 Eine komplette Auflistung der Trainingsprogramme befindet sich unter: http://www.mediadesk-deutschland.eu/Training/Training_Katalog_2010.pdf.

4. Gegenwärtige Produktionsstruktur von Kinofilmen in Deutschland aus der Sicht junger Produktionsunternehmen

Die drei bereits genannten theoretischen Beispiele einer Filmfinanzierung und Refinanzierung werden in diesem Kapitel hinsichtlich ihrer Produktionsstruktur, ihrem Wert an Qualität, Production Value und Professionalität gewertet und ihre Markteinführung genauer betrachtet, um möglicherweise einen Rückschluss auf das Produktionsunternehmen ziehen zu können.

Vorab wurde unterschieden zwischen Low-Budget-, Medium-Budget- und High-Budget-Produktion. Natürlich sind die Abgrenzungen fließend. Vergleicht man jedoch die grundsätzlichen Kosten für einen Kinospielfilm, wie sie in Kapitel 3 aufgezeigt wurden, mit denen für fiktionale TV-Produktionen in Deutschland, können die groben Abgrenzungen etwa wie die genannten Beispiele aussehen. Grundsätzlich sollte aber auch das Zitat von Arthur Cohn, einem der erfolgreichsten europäischen Filmproduzenten, hier beachtet werden, für den es keinen kleinen oder großen Film gibt, sondern gute oder weniger gute Filme.[259] Gleichzeitig bemerkt Cohn auch, dass er als Produzent sehr viel Wert auf die Drehbuchentwicklung legt und für diese oftmals mehr als zwei Jahre beanspruchen kann.

An dieser Stelle soll erläutert werden, welche Auswirkungen das Budget auf die Produktionsweise und möglicherweise auf die Qualität eines Films haben kann. Die Gleichung, je höher das Budget, desto besser die Qualität des Films, lässt sich so nicht aufstellen, dafür hat es in der Filmgeschichte genügend Gegenbeispiele gegeben. Doch werden in diesem Kapitel einzelne Punkte benannt, die ein Film aufgrund von Budgetvorgaben grundsätzlich beeinflussen können bzw. die bei der Realisierung von Filmen innerhalb bestimmter Kostenklassen beachtet werden sollten.

---

259 Cohn, Arthur im Interview zum Film „Die Kinder des Monsieur Mathieu" (F/CH), im Bonusmaterial der DVD, 2004. Der Schweizer Arthur Cohn hat mit seinen Produktionen bereits 6 Oscars gewonnen, und der Film „Die Kinder des Monsieur Mathieu" – im Original „Les Choristes" – war für den Oscar nominiert und zog allein in Frankreich über 8 Millionen Menschen in die Kinos.

Viele Faktoren spielen bei der Entstehung eines Films eine wichtige Rolle und der Faktor Geld ist nur einer von ihnen. Doch je mehr Geld grundsätzlich zur Verfügung steht, desto mehr kann auch in die Drehbuchentwicklung, in das Engagement von professionellen Teammitgliedern, in massenattraktive Stars und aufwändige Sets, in Kostüme und Effekte fließen. Diese können wiederum das Production Value, den Schauwert, und somit die Attraktivität des Projektes steigern. Dass die Attraktivität eines Films aber gleichzusetzen ist mit seiner Qualität kann an dieser Stelle nicht diskutiert und festgelegt werden.

Wie bereits dargelegt, ist es in Deutschland kaum möglich, aus reinen Eigenmitteln des Produzenten Filme herzustellen. Unabhängig von der Höhe des Gesamtbudgets, mit dem ein Film hergestellt wird, muss der Produzent eine auf den jeweiligen Film abgestimmte und konzentrierte Finanzierung zusammentragen.

Auf dem deutschen Filmmarkt wird z. B. die im US-amerikanischen Studiosystem gängige Struktur des „First Look Deals" äußerst selten angewandt. Diese beinhaltet, dass ein Studio oder Verleiher einem Produzenten eine bestimmte Summe für ein bestimmtes „Paket" an zukünftigen Filmen zahlt, um dann als erste die Option zu erhalten, diese Filme vertreiben zu können.

Somit ist jeder Film in Deutschland in der Finanzierung, Herstellung, Vermarktung und auch beim Recoupment ein Einzelwerk.

Das Finanzierungsbeispiel 1, wie es in Kapitel 3 vorgestellt wurde, weist ein Budget für einen rein nationalen Low-Budget-Kinospielfilm auf.

Bei diesem theoretischen Beispiel kann es sich um einen Abschlussfilm, Debutfilm[260], einen Arthousefilm, einen Experimentalfilm o.ä. handeln. Bei einem solchen Filmprojekt arbeitet das Produktionsunternehmen meist mit Rückstellungen von Gagen der Darsteller, des Regisseurs, des Autors, des Kameramanns und der producer's fee oder der HU's. Somit kann für das Produktionsunternehmen ohne großes finanzielles Risiko ein Spielfilm hergestellt werden. Bei einem finanziellen Erfolg, der, wie in den vorangegangenen Kapiteln verdeutlicht, sehr selten ist, werden die Rückstellungen und Beistellungen als vorrangig rückzahlbarer Eigenanteil des Produzenten noch vor der Tilgung der Förderdarlehen zurückgeführt. Betrachtet man die in den letzten Jahren in Deutschland uraufgeführten Spielfilme pro Jahr in ihrer Struktur des Budgets, des Marketings, der Kopienanzahl usw., ist festzustellen, dass

260 Der erste Langspielfilm eines Regisseurs/einer Regisseurin (nach dem Studium).

ein Großteil der in Deutschland hergestellten Kinofilme diese Kostenklasse aufweist.

Meike Götz hat in ihrer Diplomarbeit mehrere Faktoren herausgearbeitet, die bei der Herstellung von Low-Budget-Filmen beachtet werden müssen. Sie stellte verschiedenen Low-Budget-Produzenten die Fragen, wie ein Drehbuch für einen Low-Budget-Film aufgebaut werden sollte und ob man schon im Aufbau und in der Entwicklung des Drehbuchs bestimmte Faktoren berücksichtigen kann, die die Realisierung eines Low-Budget-Films erleichtern bzw. erschweren.

Folgende Aspekte führt sie in ihrer Arbeit auf: [261]

- „Motive: (…) Da Motivwechsel in der Produktion eines Films nicht nur Drehzeit, sondern auch zusätzliche Motivmieten kosten, ist es sinnvoll möglichst wenige Drehorte zu bespielen (…).
- Komparsen: (…) Denn nicht nur die Gagen, sondern auch Essen, Raummiete, Sozialabgaben usw. müssen für die Komparsen gezahlt werden (…).
- Netzwerk: (…) Schon bei der Entwicklung des Buches sollte der Produzent bedenken, welche Netzwerke er zur Verfügung hat, in welcher Sparte er freiwillige Teammitglieder anwerben, bzw. Equipment günstig verhandeln kann."
- Figurenanzahl: Man sollte weniger als zehn und nicht mehr als zwanzig sprechende bzw. signifikante Figuren in seinem Skript auftauchen lassen. Eine Möglichkeit ist hier, die Figuren zusammenzufügen oder zu kürzen.
- Spezial- und visuelle Effekte: auf Spezialeffekte bzw. visuelle Effekte sollte möglichst verzichtet werden, es sei denn, der Produzent kann von Anfang an ein Netzwerk an günstigen Spezialisten vorweisen. Zu den Spezialeffekten gehören auch Schussszenen, da hier Experten mit Ausrüstung und Lizenz angestellt werden müssen.
- Stunts: Auch jede Art von physikalischer Aktion sollte vermieden werden. Denn genauso wie die Spezialeffekte müssen die Stunts von Spezialisten durchgeführt werden, was sich nicht nur auf inszenierte Autounfälle, sondern auch auf einfache Stürze eines Hauptdarstellers beziehen kann.
- Nachtszenen: Nachtszenen kosten zusätzliche Equipmentmieten (…) und Einleuchtzeiten.
- Wetter: Das Buch sollte möglichst keine Wetterreferenzen (z. B. strömender Regen, Schnee) enthalten (…).
- Dramaturgische Musik: (…) Der Einkauf von Rechten kommerzieller Songs kann in dieser Phase der Vorproduktion nur schwer bestätigt werden, da sie meist für Low-Budget-Produktionen unbezahlbar sind.

261 Vgl. Götz, Meike (2006) S. 12ff.

- Kinder und Tiere: (...) Kinder und Tiere sind unvorhersehbare Faktoren in einer Produktion, die den Dreh aufhalten können und somit additionale Kosten verursachen. Zudem ist der Dreh mit Kindern stark gesetzlich beschränkt[262] und bedeutet einen zusätzlichen Einschnitt in den diffizilen Drehplan. Filmtiere brauchen eine bestimmte Ausbildung und einen speziellen Trainer und potenzieren so die Kosten.
- Fahrende Autos und Züge: Szenen, die in fahrenden Autos, speziellen Fahrzeugen oder Zügen spielen, sind kostenintensiv und brauchen meist spezielles Equipment (...).
- Make-up: Spezielles Make-up (Schusswunden, Masken, Tattoos, Bart usw.) und Frisur kosten zusätzliche, manchmal täglich, Maskenzeiten und spezielles Equipment.
- Vergangenheit: Es ist möglich, schon existierende Fotos abzufilmen, und so auf einfache günstige und meist rechtefreie Weise Vergangenheit zu erzählen.
- Schauwert: Generell sind alle Filmemacher der Meinung, dass Filme, die einen ‚hohen Ausstellungswert haben' (...) schwierig auf Low-Budget-Basis herzustellen sind. ‚Einfacher (...) ist es, Low-Budget-Filme zu realisieren, bei welchen Emotionen wichtiger sind, als das perfekte Bild.'"

Bei den in den letzten Jahren in Deutschland produzierten Filmen ist oftmals festzustellen, dass diese essentiellen dramaturgischen Eingriffe bereits bei der Erstellung des Drehbuches und bei der Planung der Filmherstellung berücksichtigt wurden. Gleichzeitig hat sich in der Entwicklung der nationalen Produktionen auch ein Trend entwickelt, der rationale und realistische Darstellung gegenüber dem emotionalen Erzählen bevorzugt. Das mag auf Festivals auf großes Interesse gestoßen sein (vgl. „Berliner Schule" s. o.), aber an der Kinokasse konnte keiner dieser Filme große Zuschauerzahlen vorweisen.

Weiterhin wird häufig bei der Erstellungszeit des Drehbuches und bei der Umsetzung die Arbeit mit einem semiprofessionellen Team, ohne Stars und wenig Spielraum bei der technischen Bearbeitung Geld eingespart. Diese Möglichkeit des Filmemachens ermöglicht indes eine individuellere Filmherstellung, sie kann radikaler sein und neue Trends setzen.

Doch der „Mainstream-Kino" gewöhnte Zuschauer sieht in dieser Reduktion oftmals nicht einen künstlerischen Gewinn, sondern ein Manko, welches mit geringerer Attraktivität und einem geringeren Unterhaltungswert gleichgesetzt wird, zumal, wie bereits in den vorherge-

262 In der Regel dürfen Kinder bis 14 Jahren nur 4 Stunden am Set verbringen, nachts zwischen 22.00 und 06.00 Uhr ist das Drehen mit Kindern unter 14 Jahren grundsätzlich untersagt (Anmerkung des Verfassers).

henden Kapiteln angesprochen, die Kinokarte für einen Low-Budget-Film meist nicht günstiger ist als die für eine 100 Mio. Dollar Produktion.

Natürlich beweisen Ausnahmen die Regel: kleine, innovative Projekte, die aufgrund ihrer Unangepasstheit den Nerv der Zeit treffen und die Gunst der Zuschauer gewinnen.

Bei Drehbeginn des Films „Der Name der Rose"[263] äußerte der Produzent Bernd Eichinger: „Etwa fünf Meter Leitzordner wurden voll geschrieben, um die 400 Stunden verhandelt, 16 Drehbuchfassungen von fünf verschiedenen Autoren geschrieben, unzählige Stunden über Konzeption, Drehbuch, Besetzung, Bauten, Kostüme debattiert, unzählige Reisen für Motivsuche, Meetings, Gespräche mit Schauspielern, Architekten, Verleihern, Banken in der ganzen Welt unternommen."[264]

Für ein durchschnittliches Nachwuchsunternehmen, welches aus dem nationalen Markt seine Finanzierung aufbaut, ist die Aufbringung einer solchen Finanzierung allein für die Vorproduktion nicht ansatzweise möglich.

Selbst für das zweite Filmbeispiel, den Medium-Budget-Film, ist eine solch umfangreiche und teure Vorproduktion nicht bezahlbar.

Dieses bereits erläuterte Finanzierungsmodell sieht ein Gesamtbudget von 1,8 Mio. Euro vor.

Dabei ist festzustellen, dass die Kosten für einen durchschnittlich budgetierten deutschen Kinofilm meist höher liegen als die Kosten für ein TV-Movie, die in der Regel zwischen ca. 1,0 bis 1,5 Mio. Euro liegen.[265] Gleichzeitig ist eine Entwicklung innerhalb der Fernsehsender zu beobachten, die sich von den klassischen TV-Movies hin zu den kostenintensiveren TV-Events bewegt. Diese groß angelegten Fernsehevents[266] werden neben den Hauptfinanzierungen durch die produzierenden Fernsehsender z. T. auch unter Hinzunahme von Fördergeldern finanziert.

Wenn man die Kosten für einen Kinospielfilm betrachtet (s. o.), dann kann beim durchschnittlich budgetierten Film im Vergleich zum Low-Budget-Film lediglich davon ausgegangen werden, dass die Stabmit-

263 D 1986, Regie: Jean Jaques Annaud, mit den US-Stars Sean Connery und Christian Slater in den Hauptrollen.

264 Eichinger, Bernd (1986), S. 156.

265 Ein WDR-Tatort wird zurzeit mit einem Budget von ca. 1,3 Mio. Euro kalkuliert und finanziert.

266 Z. B. „Das Wunder von Lengede", „Die Luftbrücke", „Jahrestage", „Dresden", „Die Flucht", „Der Tunnel" der öffentlich-rechtlichen Sender, aber auch „Tsunami", „Das Jesus Video", „Haialarm auf Mallorca", „Crazy Race" der Privatsender usw.

glieder auf tarifvertraglich basierten Gagen arbeiten, die Darsteller-Gagen erhalten und das nötige Equipment und die notwendigen Postproduktionsschritte (u. a. Montage, Kopierwerksarbeiten, Lichtbestimmung, Computereffekte, Musikaufnahme, Mischung) in einer angemessenen Zeit und zu branchenüblichen Konditionen vergütet werden. Auch in diesem Bereich sind historische Stoffe, bekannte Darsteller oder spezielle Schauwerte – wie Massenszenen, Stunts, Effekte, ein aufwändig produzierter Soundtrack usw. – nur im Ausnahmefall möglich. Doch bereits die Realisierung einer Produktion in dieser Kostenklasse, oder etwas darüber, zeigt sich für viele deutsche Produktionsfirmen als Obergrenze des finanziell Machbaren.

Denn in der Regel müssen die Produzenten einen gewissen Eigenanteil (meist 20%) und Eigenmittel (je nach Förderung zwischen 2% und 5%) in die Finanzierung des Projektes einbringen. Aufgrund der vorab erläuterten Finanzierungs- und Unternehmensstruktur nationaler Produktionsunternehmen ohne große Kapitaldecke stoßen kleine Firmen früh an ihre Grenzen. Allein bei einem Film mit einem Gesamtbudget von 2 Mio, Euro müsste der Produzent normalerweise mindestens 40.000,- Euro (2% des Gesamtbudgets) an Barmitteln in die Finanzierung des Films einbringen. Bei anderen Förderern werden Eigenmittel von 5 % des Budgets vorausgesetzt, d. h. hier muss die Produktionsfirma 100.000,- Euro an Eigenmitteln für die Produktion des jeweiligen Films aufbringen. Das überfordert einen Großteil der Nachwuchsfirmen; somit bewegen sie sich von Anfang an im Low-Budget-Bereich. Aber auch etablierte Firmen, die schon mehrere Filme realisiert haben, stoßen vor allem im Arthouse-Bereich an gewisse Grenzen und streben nicht nur deshalb internationale Co-Produktionen an.

„A German film production company can manage to finance low and middle size productions (1-4 Mio. Euros) out of Germany, but when it comes to higher budget productions we need to attract finance from other European countries, which means co-producing."[267]

Diese Aussage zeigt, dass auch national gut aufgestellte und wettbewerbsfähige Produktionsfirmen – die nicht mehr als Nachwuchsfirmen gelten und die für ihre Projekte auch nicht mehr die Privilegien für Nachwuchsprojekte geltend machen können – hinsichtlich der Finanzierbarkeit großer Produktionen auf dem nationalen Markt sich dieser Grenzen bewusst sind.

267 Hahnheiser, C. (2006).

Ausnahmen des nationalen Marktes sind die wirklichen Publikumsfilme, die direkt auf den Massenmarkt des deutschen Publikums zielen – z. B. „Sieben Zwerge", „Siegfried", „Der Wixxer", „Keinohrhasen" oder auch „Wickie und die starken Männer" usw.. In den meisten Fällen erhalten diese Filme ihr Recoupment innerhalb des Marktes und können so bereits im Vorfeld aus dem eigenen Markt über Garantien von Verleihern, Senderbeteiligungen und Förderungen ein hohes Budget zusammentragen. Meist werden diese Filme von großen Produktionshäusern realisiert, die mit diesen Filmen ein rein kommerzielles Interesse verfolgen.

Diese Produktionen werden jedoch – zumindest in der Gegenwart – meist nicht dem künstlerischen Anspruch internationaler Wettbewerbsjurys oder Kritikern gerecht. Sie geben den Firmen aber die Möglichkeit, Kapital aufzubauen, um dann auch künstlerisch wertvolle Filme herstellen zu können. Doch soll dies nicht die Basis und den künstlerischen Standard von (Nachwuchs-)projekten widerspiegeln, sondern eine Sensibilität für marktaffine Stoffe nicht von vornherein ausschließen.

Zieht man hier noch einmal die vorangegangenen Zahlen in Betracht und bedenkt, dass alle Kinokarten im Jahr 2002 mit je 9,71 Euro subventioniert wurden (s. o.), diese Zahl aber aufgrund der so erfolgreichen Präsenz des deutschen Films auf dem heimischen Markt trotz erhöhter Fördermittel zurückgegangen ist, muss auch beachtet werden, dass innerhalb dieser Zahlen die großen nationalen kommerziellen Filme mit großer Besucherzahl eingerechnet sind. Werden jetzt noch die Zahlen der deutschen Publikumsfilme von dieser Berechnung ausgenommen, die ja den Großteil der Kinokarten für den Anteil des nationalen Boxoffices ausmachen, so kommt jeder durchschnittliche Low-Budget-Film auf ein Vielfaches dieser Subventionssumme pro verkaufter Kinokarte. Im Jahr 2004 haben die zehn erfolgreichsten deutschen Filme 75% aller Zuschauer der 87 deutschen Produktionen erhalten, der erfolgreichste von ihnen allein 24,9%.

Diese Spaltung hat sich bis heute nicht verändert, jedoch sind bis zum Jahr 2008 immer mehr große deutsche Produktionen zu Publikumsrennern geworden, und 2009 konnte das heimische Kino sich nicht nur insgesamt über ein großes und erfolgreiches Kinojahr freuen, sondern auch 11 Besuchermillionäre von heimischen Produktionsunternehmen verzeichnen.[268] Gleichzeitig hat die Entwicklung der letzten Jahre aufge-

268 Vgl. Abb. 61, in der 44. FFA Info 1/10, S. 1 und S. 12 wird sogar von 14 Besuchermillionären gesprochen, da hier die Filme, die bereits im Jahr zuvor gestartet sind, mit in Betracht gezogen wurden.

zeigt, dass auch immer mehr künstlerisch herausragende Filme fernab des Mainstreams den Publikumsgeschmack an der Kinokasse treffen.[269]

Viele dieser Produktionen waren internationale Co-Produktionen, daher werden im Folgenden die Möglichkeiten dieser Zusammenarbeit aufgezeigt und die rechtlichen Rahmenbedingungen vorgestellt.

Fördermaßnahmen für die Stoffentwicklung und Herstellung von Filmen, Maßnahmen zur Zusammenführung europäischer Produktionsfirmen und internationale Weiterbildungsmaßnahmen stehen reichhaltig zur Verfügung. Bilaterale Co-Produktionsabkommen und die European Convention (vgl. folgende Kapitel) bieten entsprechende Rahmenbedingungen.

Bei den meisten dieser Förderungen muss das Produktionsunternehmen Erfahrung an Produktionen – einen ,record' – nachweisen. Auch müssen Attraktivität, Loyalität und Liquidität für den möglichen Co-Produzenten aufgebracht werden. Dies bedeutet somit, dass Produktionsunternehmen, die regelmäßig im Low-Budget-Bereich arbeiten, es schwer haben, den Sprung in die „internationale Liga" zu schaffen, da sie sich immer am Minimum ihres Eigenkapitals bewegen und Filme produzieren, mit denen sie selten ihre Eigenkapitalbasis erhöhen können.

Hier stellt sich eine weitere Herausforderung für Nachwuchsproduzenten dar.

Außerdem bedeutet die Vorbereitung und Durchführung einer internationalen Produktion wesentlich mehr Zeit- und Geldaufwand für die Partnersuche und Partnerpflege.

Film ist ein „Peoples-Business". Gute Zusammenarbeit und das für die Partnerschaft notwendige Vertrauen können nur entstehen und bestehen, wenn alle Parteien mit einem Engagement arbeiten, welches über die reine Verhandlungsebene hinausgeht. Im Falle einer Realisierung eines Projektes fallen Zusatzkosten für Rechtsanwälte (z. B. für die aufwändigen Co-Produktionsverträge usw.) an. Dies gilt für nationale Produktionen und mindestens ebenso für internationale Projekte.

Doch zunächst zu dem o. g. Finanzierungsbeispiel einer internationalen Co-Produktion mit einem Gesamtbudget von 7,5 Mio. Euro, von denen 3,4 Mio. aus Deutschland kommen. Die zwei weiteren europäischen Produktionspartner beteiligen sich mit 2,5 Mio. bzw. 1,6 Mio. Euro, die sie jeweils aus ihrem nationalen Markt zusammentragen.

269 Z. B. „Das Leben der Anderen" (D 2006), „Vier Minuten" (D 2006), „Der Untergang" (D 2004), „Sommer vorm Balkon" (D 2005), „Du bist nicht allein" (D 2007) und zuletzt „Das weiße Band" (D/Öserreich/F/It 2009).

Sie gelten bei diesem Beispiel als minoritäre Co-Produktionspartner, deren Anteil nicht unter 10% der Herstellungskosten liegt und somit innerhalb der European Convention als jeweilig nationale Produktion angesehen werden kann (vgl. nachfolgendes Kapitel). Bei einer solchen möglichen Konstellation könnte eine Förderung durch das Förderprogramm „Eurimages" beantragt werden. Weiterhin könnte die frühe Beteiligung eines internationalen Weltvertriebs (100.000,00) das Herstellungsbudget aufstocken. So könnte durch eine europaweite Zusammenarbeit ein Budget von möglicherweise 7.500.000,00 Euro kumuliert werden.

Diese Summen von einem nationalen Unternehmen aufzubringen und in ein Filmprojekt zu investieren, setzt einen sehr viel versprechenden, publikumswirksamen Stoff, einen hervorragenden Regisseur, ein erfahrenes Team und vor allem einen international versierten Produzenten mit einer guten Referenz, viel Eigenkapital zur Überbrückung möglicher Liquiditätsengpässe und einer guten Kreditlinie voraus. Wie bereits angesprochen, ist eine solche Konstellation für Nachwuchsproduzenten sehr schwierig zu finanzieren. Aber es haben einzelne kreative und gleichzeitig international erfolgreiche Produktionsunternehmen geschafft, schon früh in ihrer Produktionstätigkeit erfolgreiche internationale Co-Produktionen zu realisieren, z.B. Flying Moon mit „Silent Water", Razor Film mit „Paradise Now" und Rohfilm, die als junge (Nachwuchs-)Produzenten 2008 gleich zwei Filme in Cannes präsentierten[270]. Ihnen ist es gelungen, mit ihren Unternehmen früh eine internationale Zusammenarbeit auf die Beine zu stellen, das künstlerische Ziel einzuhalten und mit den fertig gestellten Filmen schließlich von der internationalen (Festival-) Aufmerksamkeit angenommen zu werden.

Sie haben einen langen Atem bewiesen, um auf der Basis einer internationalen Zusammenarbeit ein vielversprechendes Projekt über mehrere Jahre zu entwickeln, finanzieren, produzieren und zu präsentieren.

Welche Konsequenzen haben diese Erkenntnisse für bestehende und vor allem für kommende Filmproduzenten in Deutschland?

So haben engagierte Firmen gezeigt, dass sie – wenn sie sich von Anfang an auf internationale Co-Produktionen ausrichten – innerhalb weniger Jahre diese auch realisieren können. Dies setzt jedoch sehr viel Netzwerkarbeit, ein klares Firmenprofil und unternehmerisches Engagement voraus.

270 „Salamandra" (Arg/D/F 2009) und „Snow" (Bosnien und Herzogowina/D 2009).

Große Produktionsfirmen, die sich auf die Produktion kostenintensiver Filme im nationalen und internationalen Markt konzentrieren, binden sich oftmals in eine vertikale Struktur ein. Sie produzieren Fernsehprojekte, sind in einem Verbund mit größeren Medienkonzernen, haben ihr eigenes Verleih- und Vertriebsunternehmen und bündeln sich unter dem Dach eines Studiokomplexes mit angegliederter Rundfunkanstalt. Der Kinofilm „Rosenstraße" wurde von der Studio Hamburg Filmproduktion, die Kinderfilme „Bibi Blocksberg"[271] von der Bavaria Filmproduktion GmbH produziert. Beide Produktionsfirmen stehen jeweils in enger Verbindung mit einer Studioeinrichtung und der örtlichen ARD-Anstalt und haben folglich einen größeren Rückhalt als gänzlich unabhängige Produktionsfirmen. Die junge Produktionsfirma „Rat Pack" hat sich mit dem großen und etablierten Produktionshaus „Neue Constantin" zusammengetan. Die aus Ludwigsburg stammende junge Firma „Sommerhaus Filmproduktion", die mit ihrer ersten großen Produktion „Novemberkind" auf dem Max-Ophüls-Preis in Saarbrücken 2008 den Publikumspreis gewann und anschließend innerhalb von 26 Wochen in den deutschen Kinos insgesamt 173.498 Zuschauer[272] erreichte, hat sich mit der Ufa bzw. teamworx zusammengeschlossen.[273] Einzelne Produktionsfirmen wie die „Neue Constantin" von Bernd Eichinger und X-Filme Creative Pool haben einen eigenen Verleih gegründet, um die Auswertung ihrer Filme eigenverantwortlich durchzuführen.

Für die kleinen und mittelständigen Produktionsunternehmen ist es aufgrund der geringen eigenen Kapitalstärke schwierig, sich durch die Produktion von Filmen mit geringem Budget und einer schmalen Auswertung langfristig auf dem Markt aufzustellen. Daher ist eine Kooperation junger Talente – auch im Produktionsbereich – mit bereits bestehenden Produktionshäusern durchaus sinnvoll. So kann eine Zusammenarbeit aus bestehendem Netzwerk und Marktkenntnis mit einem jungen Talentpool und frischen Ideen gebündelt werden.

Einzelkämpfer dagegen, die mit kleinen Produktionsfirmen Low-Budget-Filme produzieren, vieles davon aus Rück- und Beistellungen finanzieren, werden aus deren minimalen Rückflüssen in den meisten Fällen trotz Förderung und Involvierung von co-produzierenden

271 „Bibi Blocksberg" (D 2002), und „Bibi Blocksberg und das Geheimnis der blauen Eulen" (D 2004).

272 Vgl. www.cinebiz.de, letzter Zugriff 28.03.2009.

273 Vgl. First Steps: „Erste Schritte – zweite Filme", S. 34.

Sendern eine Stärkung der eigenen Finanzierungsstruktur nicht einmal langfristig sichern können. Sie müssen sich alternative Finanzierungs- und Refinanzierungsmodelle und eine gute strategische Unternehmensplanung überlegen, um auf diesem Markt bestehen zu können. Für diese Firmen und deren Filme ist eine Teilnahme auf internationalen Festivals außerordentlich wichtig, denn hier können sie Fachpublikum, Presse und Aufmerksamkeit konzentriert erreichen und sich und ihren Geldgebern über die Festivalteilnahme auch eine Präsenz, ein Renomée und künstlerische Anerkennung verschaffen. Auf diese Weise gelingt es den Filmemachern möglicherweise, über eine Festivalteilnahme ihr Publikum zu erreichen und potentielle Finanziers und Käufer für das präsentierte Projekt zu finden oder für zukünftige Filme auf sich aufmerksam zu machen und Referenzpunkte für die Referenzförderung der FFA zu erlangen. Denn jede Teilnahme an A-Festivals oder anderen besonderen Festivals wird von der FFA mit Referenzpunkten belegt, die Referenzgelder zur Herstellung eines Folgeprojektes zur Verfügung stellen.

Gerade in den letzten Jahren ist der Ansturm der Nachwuchsfilmemacher auf die Festivals und den Markt stark angestiegen, wie die vorangegangenen Zahlen und Ausführungen der Entwicklung des Kino- und des Ausbildungsmarktes dokumentieren.

Wolfgang Limmer beschreibt die Situation bereits 2002 wie folgt: „Das Klagelied um den deutschen Film begleitet den deutschen Film von Geburt an. Nur wird er jetzt von einem vorstimmbrüchlichen Kinderchor gesungen. Von den 297 Filmen, die in den Jahren 1998 bis 2002 hierzulande produziert wurden, waren laut Statistik der FFA mehr als 50% Erst- und Zweitfilme. 251 Regisseure haben diese Filme inszeniert, lediglich 25 von ihnen – darunter Tom Tykwer, Joseph Vilsmeier, Roland Suso Richter – konnten in diesem Vierjahreszeitraum mehr als einen Film realisieren (…). Der deutsche Film erstickt an seinem Nachwuchs, der Nachwuchs verhungert am deutschen Film. Eine tödliche Falle (…)."[274]

Aber wie kann der deutsche Film attraktiver und markttauglicher gemacht werden? Durch gezielte Förderung, konzentrierte Nachwuchspflege, kontinuierliches Vertrauen in ausgewählten Nachwuchs! Für die Herausbildung von Genies aber sind die breit gefächerte Filmausbildung und die Anzahl der ausgebildeten Nachwuchsfilmemacher zu umfangreich. Während der Filmausbildung an deutschen Filmhochschulen und -akademien sollte daher die Möglichkeit zur Basisausbildung von Hand-

274 Limmer, U. (2002).

werk und konventionellen Film- und Fernsehformen, das Spiel mit diesen Formaten und deren Ausloten gegeben werden.

Auch wenn alle Nachwuchsfilmer von einer Karriere als Kinofilmemacher träumen, wird vielen von ihnen dieser Traum verwehrt. Das heißt, sie müssen die Arbeit an Kinofilmen mit der Arbeit an konventionellen TV-Projekten oder anderen Medien verbinden, um ihre Existenz zu sichern. Nur wenige schaffen den Sprung vom Filmstudenten zum Kinofilmmacher, und noch weniger schaffen den Sprung vom Filmstudenten zum erfolgreichen Kinofilmmacher. Viele werden ihre Tätigkeit beim Fernsehen oder in anderen Sparten finden, um ihren täglichen Lebensunterhalt zu verdienen. Aus diesem Grund sollten Ausbildungsinstitutionen oder auch Studierende nicht verachtungsvoll auf kommerzielles Kino und das Fernsehen blicken, denn ohne dieses könnten nur wenige Nachwuchsfilme überhaupt gedreht werden. Eine Existenzgrundlage für Produktionsfirmen ohne den Einfluss des Fernsehens ist meist nicht möglich.

An mehreren Stellen dieser Arbeit wurde die Bedeutung der Medienstandorte mit den angesiedelten Studios, den Rundfunkanstalten und Förderinstitutionen aufgegriffen. Das folgende Kapitel wird die Zusammenhänge der föderalistischen Struktur Deutschlands und deren Einfluss auf die Finanzierung und Förderung von Kinofilmen aus der Sicht der Produktionsunternehmen näher erläutern.

4.1 Betrachtung der Medienstandorte Deutschlands aus der Sicht von Nachwuchsproduzenten

Im Verlauf dieser Arbeit wurden Produktionsunternehmen, Förderer und der Markt portraitiert. Welchen Einfluss hat jedoch die Verteilung des nationalen Filmschaffens auf mehrere Medienzentren? Wie beeinflusst sie die Einheit und die Vielfalt des nationalen Filmschaffens? Weiterhin ergibt sich die Frage, inwieweit sich politische Faktoren und die Struktur des öffentlich-rechtlichen Fernsehens auf die Produktion von Nachwuchsfilmen und deren Nachwuchsförderung auswirken?

„Länder sind dort erfolgreich, wo landesspezifische Verhältnisse ein Verfolgen der für eine bestimmte Branche oder ein Branchensegment geeigneten Strategie begünstigen."[275] Durch die föderalistische Struktur

275 Porter, M. (1991), S. 90.

Deutschlands hat sich im Vergleich zu London für Großbritannien oder Paris für Frankreich kein ausgesprochenes Zentrum für Filmproduktion in Deutschland herauskristallisiert. Vielmehr bestehen in Deutschland mehrere Medienstandorte mit eigenen Studiokapazitäten, Fachpersonal, Ausbildungsstätten, Förderinstitutionen und medienspezifischer Infrastruktur. Schwerpunktmäßig sind diese in den Ballungszentren Berlin/ Brandenburg, München, Hamburg und Nordrhein-Westfalen (insbesondere hier Köln und Düsseldorf) sowie in Baden-Württemberg um Stuttgart zu finden. Alle diese genannten Zentren haben ihre eigene Filmförderung, eine eigene öffentlich-rechtliche Rundfunkanstalt, Studiokapazitäten und mindestens eine Filmausbildungsstätte. Etwas diversifizierter aber als eigener regionaler Medienstandort ist die Bündelung von Thüringen, Sachsen und Sachsen-Anhalt mit den Zentren Erfurt, Dresden und Leipzig zu sehen.

Abhängig vom Thema eines Films, dessen Drehort oder Hauptsitz des Produktionsunternehmens wird dieser meist einem dieser Standorte zugeschrieben. Doch nicht immer lässt das Thema eines Films oder dessen Drehort auf den produzierenden Medienstandort schließen. Außerdem werden bei den meisten Filmprojekten Mittel mehrerer Medienstandorte gebündelt.

Da einzelne Länder ihre eigenen Anforderungen an ihren jeweiligen Standort haben, ist dies mit der Problematik innerhalb europäischer Strukturen vergleichbar. Obwohl es verschiedene Kooperationen zwischen den Ländern gibt, hat jede Förderung ihren eigenen Länderbezug und geforderten Regionaleffekt. Jeder Standort hat für sich eine eigene Infrastruktur geschaffen, doch im breitgefächerten Filmmarkt, der wie o. g. kaum einen Spielfilm ohne eine Kumulation von Fördermitteln finanzieren kann, ist es für ein Produktionsunternehmen schwierig, einen Film an nur einem Standort von der Stoffentwicklung bis hin zur Premiere zu realisieren.

Aus diesem Grund haben Produktionsfirmen neben ihrem Hauptsitz an einem bestimmten Medienstandort Dependenzen an weiteren Standorten eröffnet.[276]

Jeder deutsche Medienstandort verfügt über eigene Netzwerke, Strukturen, Fördergelder und Ausbildungsstätten. Diese Standorte sind eng verbunden mit Fernsehsendern und Produktionsfirmen, die für das Fernsehen produzieren. Bei der Herstellung von Kinofilmen wird bei Produktionen innerhalb dieses Verbundes auf das Netzwerk zurück-

276 Z. B. Zieglerfilm, Wüste Film und Eikon.

gegriffen; eine vertikale Herstellungsstruktur entsteht innerhalb des jeweiligen Standortes. Gerade große, an Studios und Sender angebundene Produktionsfirmen können so auf diese Strukturen zurückgreifen und aus eigener Kraft große und kostenintensive Kinospielfilme herstellen.[277]

Wie aus den vorangegangenen Kapiteln hervorgeht, sind es zunehmend kleine und neu gegründete Produktionsfirmen, die die Herstellung von Kinofilmen verantworten. Sie sind oftmals (noch) nicht in diese Netzwerke eingebunden bzw. haben sich noch nicht an verschiedenen Standorten gut aufgestellt. Meist erfordert es die Einbindung mehrerer Medienstandorte inklusive ihrer Fördermittel und Fernsehgelder, um die Finanzierung für einen Kinospielfilm schließen zu können. Somit entsteht nicht nur die Problematik, sich in ein bereits bestehendes Netzwerk einzubinden, vielmehr muss ein kleines Produktionsunternehmen sich bei einem Projekt oftmals mit mehreren bestehenden Netzwerken auseinandersetzen.

Wie bereits ausgeführt, ist die strukturelle langfristige Einbindung von kleinen Produktionsunternehmen mit nur wenigen Mitarbeitern und einem Output von einem Kinofilm pro Jahr oder weniger in diese diversifizierten Netzwerke schwierig. Für Ein- oder Zwei-Personen-Unternehmen ist dies zusätzlich mit viel Zeit- und Kostenaufwand verbunden, der ihnen dann bei der eigentlichen Projektarbeit fehlt. Daher kann sich die Arbeit an einem Filmprojekt oftmals über mehrere Jahre hinziehen.

Eine Vernetzung mehrerer deutscher mittelständischer Produktionsunternehmen zur Stärkung der jeweils eigenen Position wäre eine nahe liegende Initiative. Bei großen Produktionsunternehmen entstand dieser Zusammenschluss z. B. unter dem Dach von film20. Film20 verstand sich als „pressure group" der deutschen Filmwirtschaft und engagierte sich durch starke Lobby-Arbeit für die Belange der Produktionsunternehmen. Der Name film20 bezog sich auf die Anzahl der Mitgliedsfirmen, und unter diesen Firmen befanden sich meist große, auf dem Markt etablierte Firmen. Mit der 2008 entstandenen Gründung der neuen Vernetzung aller Produktionsfirmen unter der Produzenten Allianz und der Auflösung von film20 hat sich wieder eine Veränderung innerhalb der bundesweiten Lobbyarbeit für die Produzenten ergeben. Wie weit diese sich auch für die Stärkung des Filmnachwuchses und der jungen Produktionsunternehmen einsetzen wird, muss sich noch zei-

277 Z. B. Studio Hamburg und die Bavaria Filmproduktion.

gen. Doch ist eine Allianz aller Produzenten vor allem aus der Sicht von Nachwuchsproduzenten zur Stärkung der gemeinsamen Interessen ein konsequenter Schritt zur Stärkung aller Produzenten – die Nachwuchsproduzenten inbegriffen.

Die Vernetzung der einzelnen Herstellungssparten und Medienstandorte erscheint gerade im Bereich der Kinospielfilmherstellung sehr wichtig. Aufgrund der Standortkonkurrenz und der einerseits symbiotischen Abhängigkeit von Kino und Fernsehen sowie deren ständigen Abgrenzungen und Differenzen anderseits (z. B. bei der Diskussion über die Rückfallquote der Fernsehrechte), ermöglichen derzeit keine umfassende Vernetzung der einzelnen kleinen Filmproduktionsunternehmen – wenn sie nicht aus dem medienstandorteigenen Netzwerk heraus generiert wird.

Andere Firmen stellen sich direkt von Anfang an international auf. Sie produzieren als kleine und somit sehr flexible Unternehmen relativ früh nach ihrer Gründung international. Was es hier zu beachten gibt, wird im folgenden Kapitel erläutern.

5. Europäische Gemeinschaftsproduktionen aus der Sicht junger Produktionsunternehmen

In den vorangegangenen Kapiteln wurde erläutert, dass die Filmherstellung von Deutschland aus auch in Co-Produktion mit Unternehmen aus dem Ausland geschehen kann. Hier gilt der Begriff der internationalen Co-Produktion, wobei bei einer europäischen Gemeinschaftsproduktion zusätzliche Fördermittel der EU beantragt werden können. In Deutschland wurden im Jahr 2005 insgesamt 56 Langspielfilme als internationale Co-Produktionen uraufgeführt. Verglichen mit dem Jahr 2004, in dem 39 internationale Co-Produktionen ihre Premiere in Deutschland feierten, war dies ein enormer Anstieg.[278]

Die Anzahl der internationalen Co-Produktionen, die 2006 mit deutscher Beteiligung getätigt wurden, belief sich auf 45 Filme. Folglich ist ein Trend zur internationalen Produktion ersichtlich, denn die Stagnation 2006 resultiert sicherlich aus der Erwartungshaltung des zum 01.01.2007 eingerichteten Filmförderfonds.

Im Jahr 2007 wurden bereits wieder 51 internationale Co-Produktionen realisiert, 2008 stieg diese Zahl auf 57 an und im Jahr 2009 entstanden insgesamt 77 Co-Produktionen mit deutscher Beteiligung. Ein sichtlicher Erfolg des DFFF. Wie aber können junge Produktionsunternehmen davon profitieren?

Die Entscheidung zur Realisierung einer internationalen Co-Produktion liegt bei nicht wenigen Projekten auf der Hand: Know How kann gebündelt und Finanzierungsmittel aus unterschiedlichen Ländern können zur Herstellung des Films kumuliert werden, um eine enorme Erhöhung des Produktionsbudgets und somit des Production Values[279] zu erzielen. Viele Themen und Geschichten sind europäisch und nicht nur einem Land bzw. einem Ursprung zuzuordnen.

---

278 Vgl. Abb. 2 auf S. 23 dieser Arbeit.

279 Als Production Value wird der Teil der Finanzierung bezeichnet, der auch wirklich auf der Leinwand sichtbar ist. Ein Film mit geringem Budget kann ein großes Production Value besitzen, wenn alle Kosten für Ausstattung und „Look“ des Films eingesetzt wurden.

Es gibt viele Aspekte, die für eine internationale/europäische Co-Produktion bei der Herstellung eines Films sprechen. Aber es gibt auch Punkte, die aus der Sicht deutscher Produktionsunternehmen bei internationalen Co-Produktionen beachtet werden müssen: Kosten für Reisen, Anwälte und Versicherungen, auch unterschiedliche Ansprüche der einzelnen Co-Produktionspartner müssen eingerechnet werden und können das Produktionsbudget bis 30% ansteigen lassen, ohne dass diese Mehrkosten das Production Value erhöhen. Kulturelle und persönliche Differenzen der jeweiligen Partner müssen beachtet werden,[280] und der Zeitaufwand für Verhandlungen, Ausarbeitung von Verträgen und der erhöhte Aufwand der Vorproduktion können die Herstellung des Filmes enorm verzögern.

Um jedoch einen Film herzustellen, der auf dem internationalen Markt Beachtung finden und dem nationalen Publikum durch Professionalität und Production Value Aufmerksamkeit und Interesse entlocken soll, ist die Wahl für eine internationale Co-Produktion oftmals sinnvoll, zumal, wie aus dem vorangegangenen Kapitel deutlich wird, die Finanzierung eines Budgets von über 4 Millionen Euro ausschließlich aus deutschen Finanzierungsquellen äußerst schwierig und risikoreich ist.

Was muss aber ein Produzent neben den vom Co-Produzenten geforderten Voraussetzungen wie Zuverlässigkeit, Produktionserfahrung, Überwindung von Sprachbarrieren, Liquidität und Eigenkapital noch in Erwägung ziehen, damit ein Film mit deutscher Beteiligung als europäische Co-Produktion realisiert werden kann und gleichzeitig länderübergreifende Förderprogramme sowie nationale und regionale Fördermittel aus Deutschland in die Finanzierung einfließen können? Nur wenn die Produktionsfirma und der herzustellende Film den entsprechenden Anforderungen dieser Förderprogramme gerecht werden, können Mittel der vielfältigen Förderprogramme für das Projekt zur Verfügung gestellt werden.

5.1 Was ist ein deutscher Film? Bedeutung des Ursprungszeugnisses

Grundvoraussetzung für die Förderung einer nationalen und auch internationalen Co-Produktion mit deutscher Beteiligung ist gemäß §17 FFG

280 Als kleines Beispiel dient hier ein Streit einer Deutsch-Französischen Co-Produktion, bei der die französischen Teammitglieder in der Mittagspause Wein forderten, für die deutschen Teammitglieder aber absolutes Alkoholverbot während der Dreharbeiten bestand.

die Feststellung, dass es sich bei dem zu fördernden Film um einen deutschen Film nach § 15 FFG handelt bzw. die Co-Produktion den Vorschriften der von der Bundesrepublik Deutschland abgeschlossenen zwei- oder mehrseitigen zwischenstaatlichen Abkommen über Gemeinschaftsproduktionen von Filmen entspricht (vgl. §16 FFG).

Hierfür muss der Produzent beim Bundesamt für Ausfuhrkontrolle (BAFA) einen Antrag zur Erstellung eines „Ursprungszeugnisses" stellen. Dieser Antrag ist beim BAFA spätestens zwei Monate vor Drehbeginn einzureichen. Das Amt prüft nach Eingang des Antrages, ob das Projekt die gemäß §15 und §16 FFG allgemeinen Bestimmungen zur Förderung von Filmproduktionen, die zur Ausstellung dieses Ursprungszeugnisses erforderlich sind, erfüllt.

Zur Ausstellung eines Ursprungszeugnisses für internationale Co-Produktionen mit deutscher Beteiligung ist der deutsche Co-Produzent (aber auch der deutsche Co-Finanzier) verpflichtet, sein Projekt so zu gestalten, dass es dem jeweiligen bilateralen Co-Produktionsabkommen, das die Bundesregierung mit anderen Staaten abgeschlossen hat, entspricht. Im Falle einer bilateralen Co-Produktion zwischen Partnern, mit denen die Bundesrepublik kein bilaterales Co-Produktionsabkommen abgeschlossen hat oder auch bei tri- und multinationalen Co-Produktionen im europäischen Wirtschaftsraum, tritt die „European Convention on Cinematic Co-Production" in Kraft.

Auch für weitere rechtliche Rahmenbedingungen der internationalen Co-Produktionen ist die Erstellung des Ursprungszeugnisses weiterhin wichtig. Erst mit der Erlangung dieses Ursprungszeugnisses hat der jeweilige Co-Produktionspartner einen Anspruch, nationale Fördergelder für sein Projekt zu beantragen. Ebenso für die Berechnung von Referenzpunkten (z. B. der FFA) und die Erfüllung einer möglicherweise geforderten nationalen Quote ist die Einhaltung dieser Richtlinien unabdingbar. Eine detaillierte Beschreibung und Erläuterung zu den beiden Abkommen wird im folgenden Kapitel gegeben.

Das Ursprungszeugnis des Bundesamts für Ausfuhrkontrolle (BAFA) bescheinigt jedoch lediglich die Anerkennung des zu fördernden Projektes gemäß den nationalen und internationalen Richtlinien, eine „Aussage über die Förderungsfähigkeit des Films enthält die Bescheinigung (...) nicht."[281]

281 Vgl. §17 Abs. 3 FFG.

Für den deutschen Produzenten ist der Erhalt eines Ursprungszeugnisses in jedem Fall wichtig, um sicherzustellen, dass er mit seinem Projekt die nationalen und internationalen Anforderungen zur Herstellung und Förderung, aber auch zur Beanspruchung weiterer Vergünstigungen, Rahmenvereinbarungen und Quotenregelungen erfüllt.

5.2 Bilaterale Co-Produktionsabkommen und das Europäische Gemeinschaftsabkommen zur Herstellung von Filmen

Bisher hat Deutschland mit insgesamt 18 Staaten bilaterale Co-Produktionsabkommen abgeschlossen: Australien, Belgien, Brasilien, Frankreich, Großbritannien, Indien, Israel, Italien, Kanada, Luxemburg, Neuseeland, Österreich, Portugal, Schweden, Schweiz, Spanien, Südafrika und Ungarn.[282] Weitere z. B. mit Argentinien, Irland, Polen und Russland werden gerade erarbeitet.

Sollte ein Film in Kooperation mit einem Land, welches kein bilaterales Co-Produktionsabkommen mit Deutschland besitzt, realisiert werden oder es zu einer tri- oder multinationalen Kooperation innerhalb von Europa kommen, so tritt automatisch die „European Convention on Cinematic Co-Production" (im weiteren Verlauf der Arbeit kurz als „Convention" bezeichnet) in Kraft.[283]

Sowohl die bilateralen Co-Produktionsabkommen, als auch die Convention regeln die Definition des Filmherstellers im Sinne des jeweiligen Abkommens, die Beteiligungsverhältnisse in künstlerisch/technischer sowie in finanzieller Hinsicht und die jeweiligen Rechte und Pflichten der beteiligten Co-Produktionspartner.

Bei bilateralen Co-Produktionsabkommen werden die geforderten Finanzierungsbeteiligungen der zusammenarbeitenden Produzenten in einem Verhältnis von mindestens 20-30% des minoritären Partners und maximal 70-80% des majoritären Partners genannt. Weiterhin fordern die Abkommen eine spezifische Aufteilung der Herkunft der Hauptdar-

282 Vgl.: http://www.bundesregierung.de/Webs/Breg/DE/Bundesregierung/BeauftragterfuerKulturundMedien/Medienpolitik/Filmfoerderung/InternationaleFilmfoerderung/internationale-filmfoerderung.html, letzter Zugriff : 02.04.2010.

283 Eine deutsche Übersetzung der „Convention" befindet sich unter: http://www.bundesregierung.de/nsc_true/Content/DE/Artikel/2005/11/__Anlagen/anlage-zu-bilaterale-filmabkommen881237,templateId=raw,property=publicationFile.pdf/anlage-zu-bilaterale-filmabkommen881237, letzter Zugriff: 02.04.2010.

steller, der Main Crew und die Benennung des Austragungslandes für die Dreharbeiten und die Postproduktionsstätte. Der Abschluss der ersten bilateralen Co-Produktionsabkommen erfolgte bereits in den 70er Jahren.[284]

Am 02.10.1992 wurde die European Convention in Straßburg den Mitgliedsstaaten zur Unterzeichnung vorgelegt und trat am 01.04.1994 in Kraft. Die Convention ist derzeit für 40 Mitgliedstaaten gültig.

Der Grundsatz der Convention ist nicht die reine Zusammenarbeit zweier Länder, sondern betont die Vermittlung europäischer Identität als Leitprinzip. Zur Feststellung dieser Identität wird die Anwendung der Convention anhand des vom Förderprogramm Eurimages angewendeten Punktesystems genutzt. Zwar werden innerhalb der Convention nicht nur „echte Co-Produktionen", sondern auch „finanzielle Gemeinschaftsproduktionen" unterstützt. Dabei wird mit Hilfe des Punkteprogramms die Identität des herzustellenden Films durch besondere Vergabe einzelner Punkte für Besetzung, Main Crew, Drehorte usw. festgestellt. Um den Status eines „europäischen Films" zu erhalten, muss das entsprechende Filmprojekt 15 von möglichen 19 Punkten aus dem in der folgenden Abbildung gezeigten Punktesystem erreichen. Hier ist es nicht von Bedeutung, in welchem Land die Punkte erzielt werden, lediglich der europäische Rahmen muss abgegrenzt werden.

284 Das Abkommen zwischen Deutschland und Großbritannien/Nordirland trat am 24.04. 1975 in Kraft.

	Punkte
Kreative Gruppe	
Regisseur	3
Drehbuchautor	3
Komponist	1
Darstellende Gruppe	
Erste Rolle	3
Zweite Rolle	2
Dritte Rolle	1
Technische Gruppe	
Kameramann	1
Tonmann	1
Cutter	1
Szenenbildner	1
Studio oder Originalmotiv	1
Postproduktionsstudio	1
Total	**19**

Abbildung 67: Punkteverteilung der European Convention (Darstellende Gruppe[285])

Bei näherer Betrachtung der Unterschiede zwischen den bilateralen Abkommen und der Convention ist festzustellen, dass der Zweck der bilateralen Abkommen den jeweils nationalen künstlerischen und wirtschaftlichen Interessen zugrunde liegt. Jedes der involvierten Länder soll aufgrund seines Finanzierungsanteils auch technisch, inhaltlich und in der Zusammensetzung des Teams angemessen unter strikter Abgrenzung der jeweiligen Länderanteile am Filmwerk beteiligt sein.

Die Convention hingegen sieht den gesamteuropäischen Kontext und die Förderung der europäischen Identität als Grundpfeiler der Zusam-

285 Hier definiert die Anzahl der Drehtage die Gewichtung der Rolle.

menarbeit. Sie legt keinen Wert auf individuelle länderspezifische Anteile innerhalb des künstlerischen Anteils durch Drehorte, Hauptdarsteller oder durch die Herkunft der Teammitglieder.

Werden europäische Co-Produktionen innerhalb der Richtlinien einer der beiden Abkommensarten realisiert, müssen die beteiligten Co-Produzenten ihren Film innerhalb ihres eigenen Landes als nationalen Film anerkennen lassen, damit sie die entsprechenden landesspezifischen Förderungen, Quotenregelungen und Referenzpunkte für sich beanspruchen können.

Aus diesem Grund werden Filme, die auf den ersten Blick nicht gleich als nationale Produktionen erkennbar sind, aber mit deutscher Beteiligung, auch als minoritärer Produktionspartner, hergestellt wurden, als nationale Filme bei der SPIO und in den FFA-Statistiken geführt.

Die unterschiedlichen Ansätze der bilateralen Co-Produktionsabkommen und der Convention machen die zwei verschiedenen Herangehensweisen an eine politische Förderung und Unterstützung der Spielfilmlandschaft deutlich. Bei den Abkommen werden die rein nationalen kulturellen und wirtschaftlichen Interessen auf einem internationalen Parkett vertreten. Die Convention hingegen betont die inhaltliche, kulturelle und gemeinschaftliche Einheit des europäischen Gedankens innerhalb ihrer Kriterien. Oftmals ist innerhalb dieser Ausarbeitung der Begriff des „Europuddings" gefallen. Ein nach den Kriterien bilateraler Co-Produktikonsabkommen hergestellter Film kann schnell zu einem solchen Kulturmischmasch werden, wenn er nicht eine klare Position, eine Kultur und eine Sprache wählt. Die Convention versucht dagegen, diesen geforderten Kulturmix, der der Einheit des jeweiligen Filmprojektes entgegenwirken kann, zu unterbinden und einzelne wirtschaftliche Länderinteressen Nationen übergreifend zugunsten der künstlerischen Bedürfnisse des Films unterzuordnen.[286]

Neben den politischen Rahmenbedingungen bieten bei europaweiten Co-Produktionen die von der EU zur Verfügung gestellten Förderprogramme für die Herstellung von Filmen wichtige Unterstützung.

5.3 Europaweite Fördereinrichtungen

Wie bereits erwähnt, können europäische Co-Produktionen Fördermittel der EU in Anspruch nehmen. Hierfür stehen die Förderungen MEDIA

286 Zur weiteren Vertiefung siehe Terberl, D. (2005).

und Eurimages zur Verfügung. Die Förderprogramme von MEDIA beziehen sich auf unterschiedliche Phasen der Filmherstellung. Ausgenommen ist die eigentliche Drehphase bzw. Projektherstellung. Für die Stoff- und Projektentwicklung sowie für die Vermarktung, aber auch für Programme, die der Weiterbildung von Filmschaffenden dienen, werden hier Mittel zur Verfügung gestellt. Der Leitgedanke dieser Förderung ist die Verbesserung der internationalen Zusammenarbeit und Wettbewerbsfähigkeit der europäischen Staaten im Filmbereich.

Für den kostenintensivsten Teil der Filmherstellung, die Projektfinanzierung, das heißt, die Förderung der Dreharbeiten, Produktion und Post Produktion des Filmwerkes, kann das Förderprogramm Eurimages der EU in Anspruch genommen werden.

Insgesamt sind die Anforderungen und Valutierungsvoraussetzungen zur Erlangung dieser Förderungen noch aufwändiger als bei rein nationalen Förderinstitutionen und setzen bereits einschlägige Produktionserfahrung der Antragsteller voraus. Auch die Phase zwischen Antragsfrist und Entscheidungstermin variiert und streckt sich im Vergleich zu nationalen Förderungen bisweilen erheblich.

In allen Phasen der Filmherstellung sind im internationalen Bereich diese Einrichtungen sehr hilfreich.

Das MEDIA 2007 Programm startete im Jahr 2007 nach den Vorgängerprogrammen MEDIA (erstmals initiiert 1990) und den folgenden MEDIA I und MEDIA II Programmen. Neben vielen anderen Programmen gibt es für Produzenten die Möglichkeit, Projektentwicklungen für Einzelprojekte oder im Paket (Slate funding) zu beantragen. Dabei übernimmt das MEDIA-Programm maximal 50% der Kosten einer Maßnahme. Die weiteren 50% müssen vom Produzenten garantiert werden (durch Eigenmittel/-anteil oder durch andere Förderungen). Weiterhin bietet MEDIA die Möglichkeit, für einzelne Projekte Finanzierungsförderung zu beantragen. Das so genannte i2i-Programm unterstützt Produzenten bei Kosten der Finanzierung eines Projektes (Übernahme von bis zu 50% der Finanzierungsgebühren/Kosten für Kredite), für die Kosten von Fertigstellungsgarantien und Versicherungspolicen.

Für Nachwuchsproduzenten sehr wichtig und nützlich sind auch die vielfältigen Weiterbildungsmaßnahmen, die durch MEDIA gefördert werden. Diese bieten neben speziell ausgearbeiteten Seminaren nicht allein nur fachliches Know How; auch der Netzwerkeffekt sollte hier nicht außer Acht gelassen werden. Auf einzelne Programme wurde bereits im

Verlauf der Arbeit eingegangen; eine gesamte Auflistung des MEDIA-Programms findet sich unter www.mediadesk.de.

Das Eurimages-Programm der EU unterstützt die Herstellung europäischer Gemeinschaftsproduktionen. Es wurde 1988 zur Unterstützung der europäischen Filmwirtschaft gegründet. Mittlerweile gehören ihm 42 Mitgliedsländer an. Das in Straßburg ansässige europaweite Förderprogramm bietet u. a. Unterstützung für die Produktion von bi- und multilateralen europäischen Co-Produktionen abendfüllender Spiel-, Animations- und Dokumentarfilme mit einer Länge von mindestens 70 Minuten.

Bei Gemeinschaftsproduktionen von zwei Ländern darf der majoritäre Co-Produktionspartner nicht mehr als 80% der Gesamtfinanzierung in das Projekt einbringen; bei multinationalen Co-Produktionen darf der maximale Anteil an der Gesamtfinanzierung des majoritären Co-Produzenten maximal 70% betragen und der eines minoritären Partners nicht weniger als 10% der Gesamtfinanzierung .

Das zu beantragende Projekt muss den Kriterien der European Convention (s. o.) entsprechen und die antragstellenden Produzenten müssen bereits die Herstellung eines abendfüllenden Spielfilms nachweisen. Somit ist das erste Projekt einer neu gegründeten Produktionsfirma von der Förderung durch Eurimages ausgeschlossen.[287]

Für junge Produzenten, die sich dem internationalen Markt öffnen möchten, bieten MEDIA und Eurimages wichtige Unterstützungsmaßnahmen. Darüber hinaus gibt es in den einzelnen Mitgliedsländern MEDIA Desks und MEDIA Antennen[288], die den Produzenten zur Beratung bei möglicher Antragstellung zur Verfügung stehen und vielfältige Veranstaltungen zum Thema europäische Gemeinschaftsproduktionen organisieren. Für junge Nachwuchsproduzenten sind die Veranstaltungen wichtige Anlaufstellen, um sich in das Netzwerk der internationalen Filmwirtschaft einzubringen.

Wie schon im gesamten Verlauf der Arbeit angesprochen, ist das Filmgeschäft ein „Peoples-Business" – viel Zeit muss der Produzent aufwenden, um sich ein Netzwerk aufzubauen, auf Festivals und Märkten Präsenz zu zeigen und mit den unterschiedlichsten Menschen der Branche Kontakte zu pflegen. Es reicht nicht aus, den Markt und seine aktuellen Produktionen zu kennen; auch die Ansprechpartner bei Verleihern,

287 Alle weiteren Regularien zur Beantragung von Eurimages finden sich unter: http://www.coe.int/t/dg4/eurimages/Support/SupportCoprod_en.asp (Letzter Zugriff 14.04.2010).

288 In Deutschland befinden sich diese in Hamburg, Berlin, Düsseldorf und Berlin-Brandenburg. Vgl. http://www.mediadesk-deutschland.eu.

Sendern, Förderungen, Institutionen und natürlich die Filmemacher sollten bekannt sein.

Bei einigen dieser Treffen entstehen dann vielleicht neue Ideen für Projekte und auch neue Wege der Finanzierung dieser Projekte.

6. Innovative Filmfinanzierung und Auswertung in Deutschland aus der Sicht von Nachwuchsproduzenten

Inzwischen haben sich Banken aus der Finanzierung von Filmprojekten fast gänzlich zurückgezogen. Die Möglichkeit der Finanzierung über Filmfonds wurde abgeschafft, und eine neue Förderung der Kinofilmproduktionen wurde 2007 durch die Einführung des DFFF ins Leben gerufen.

Gleichzeitig oder auch dadurch hat sich in den letzten Jahren der Medienmarkt verändert: Die gesamte deutsche Kinolandschaft ist insgesamt vielfältiger geworden, sie zeigt Präsenz auf internationalen Festivals und an der Kinokasse. Der deutsche Film war noch nie so erfolgreich wie in den letzten Jahren: die Preise auf nationalen und internationalen Festivals[289] dokumentieren dies genauso wie auch der Marktanteil der heimischen Produktionen, der im Jahr 2009 mit 27,4% aller in Deutschland uraufgeführten Filme einen einmaligen Höchststand erlebte (im Jahre 1991 betrug der Besucheranteil lediglich 13,4 und im Jahr 2001 insgesamt 18,4%)[290].

Außerdem hat die Digitalisierung neue Auswertungsformen hervorgebracht, günstige Aufnahmetechnik eröffnet neue Möglichkeiten und jeder bloggt, twittert, ist bei facebook vernetzt: HD war gestern, 3D ist heute. Und alle träumen vom großen Kino.

Es hat sich vieles geändert in der multi-medialen Welt und somit auch in der Kinowelt. Natürlich ist sie, wie alles andere, globaler geworden, vernetzter geworden. Auch die Filmpolitik hat sich geändert, und ein regelrechter Ausbildungsmarkt für Filmschaffende ist entstanden. Etliche junge Menschen sind bereit, viel Geld für eine Filmausbildung zu zahlen. Viele private Ausbildungsinstitutionen sind neu gegründet worden und immer mehr Talente treffen auf den Markt.

289 Die Oscarerfolge von „Das Leben der Anderen“ (D 2006), „Die Fälscher“ (D/Österreich 2006), „Spielzeugland“ (D 2007) und „Inglorius Basterds“ (USA/D 2009), der Gewinn der goldenen Palme in Cannes 2009 für „Das weiße Band“ (D/Österreich/F/It 2009), der große Preis der Jury für „Alle Anderen“ (D 2009) auf der Berlinale 2009 uvm.

290 Vgl. Abb. 1 und 2 dieser Arbeit.

Gerade aufgrund des so schwierig gewordenen Marktes für Nachwuchsfilmer sollte es in der Ausbildung nicht nur darum gehen, ambitionierte Talente zu Spielfilmmachern auszubilden. Für die meisten dieser vielen Absolventen ist einfach nicht mehr genügend Platz auf dem klassischen Kinomarkt, auch können nicht alle Projekte durch Fernsehanstalten und Fördermittel finanziert werden und finden Verleihfirmen. Daher sollten sich junge Filmemacher von Anfang an mit alternativen Finanzierungsstrukturen, aber auch mit neuen Formaten und Auswertungsformen für ihre Projekte beschäftigen. Mit günstiger Technik lässt sich wunderbar experimentieren und über das Internet und durch die gewachsene Qualität von mobilen Endgeräten diese schnell an das erwünschte Publikum bringen.

Schließlich geht es darum, dass die hergestellten Filme auch gesehen werden, was ja vor allem für Newcomer wichtig ist, damit sie auf sich aufmerksam machen können.

Die gängigen Finanzierungsmittel sind begrenzt, aber immer mehr Projekte werden bei den Förderinstitutionen und Sendern vorgestellt. Gleichzeitig werden immer mehr Firmen gegründet in der Hoffnung, Kinofilme herstellen zu können.

Wie die vorangegangenen Aufzeichnungen jedoch aufzeigen, ist der Einstieg in den Kinomarkt für junge Produktionsunternehmen sehr schwierig. Hier gilt es für junge Unternehmen neue Finanzierungen, neue Auswertungen und Terms of trade herauszuarbeiten.

Trotz neuer Auswertungsmöglichkeiten des modernen Geschichtenerzählens ist die Königsklasse immer noch die Kinoleinwand, von der alle Filmemacher träumen. Jedoch gibt es derzeit zu viele dieser Träumer, die sich gern auf Festivals als Konkurrenten sehen, sich aber dann gegenseitig in der klassischen Kinoauswertung ausstechen.

Das kann und sollte nicht Sinn und Zweck einer Filmherstellung sein. Wenn es darum geht, dass jemand unbedingt eine Geschichte erzählen möchte – was viele möchten – sollte wirklich abgeklärt werden, für welche Auswertung diese hergestellt wird. Muss ein Filmemacher eine erzählenswerte Geschichte unbedingt auf die große Leinwand bringen? Hier gilt es, Ego und Talent abzuwägen; Sensibilität zu zeigen für die Auswahl von Stoff und Talent für die jeweilige Auswertungsform.

Diese Eigenschaft sollte ein Produzent beherrschen, denn wenn es wirklich zur Produktion kommt, ist er derjenige, der das Risiko eingeht! Und dieses Risiko ist nicht zu unterschätzen, wie die vorangegangenen Ausführungen gezeigt haben.

Die Eigenkapitalquote der in Deutschland hergestellten Filme liegt bei ca. 20%.[291] Dass eine Erhöhung dieser Quote von Seiten der Unternehmen aufgrund der geringen Eigenkapitaldecke und geringen Chancen aus der Auswertung der hergestellten Filme für kleine Produktionsfirmen sehr schwierig ist, zeigen die genannten Zahlen. Auch Wessendorff bemerkt: „Betrachtet man (…) die branchenspezifischen Eigenheiten einmal genauer, so lässt sich feststellen, dass die geringe Eigenkapitalquote einen gravierenden Hemmschuh für die deutsche Filmwirtschaft und ihre weitere Entwicklung darstellt."[292]

Durch die immense Anzahl von Abgängern deutscher Filmhochschulen, die in den meisten Fällen im Bereich der Kinofilmproduktion arbeiten möchten und entsprechend ausgebildet sind, werden kontinuierlich neue Produktionsfirmen gegründet und immer mehr Filme im Low-und Medium-Budget-Bereich realisiert. Ob diese auf dem Markt angenommen werden und sich refinanzieren, ist meistens nicht abzusehen und wird vor Projektbeginn einkalkuliert.

Diese Tatsache ist auch möglichen Investoren bekannt, und sie haben sich aus dem Filmgeschäft zurückgezogen. Für internationale Co-Produktionen mit deutscher Beteiligung ist zusätzlich die Betriebsstättenproblematik (s. o.) ein enormes Hemmnis, um internationale Projekte mit deutscher Beteiligung zu finanzieren.

Die gesamten Entwicklungen haben dazu geführt, dass der deutsche Kinospielfilm mit einigen wenigen Ausnahmen im rein nationalen Sektor stattfindet und seine Refinanzierung hier nicht generieren kann und somit auf Subventionen angewiesen ist.

Ein Teufelskreis ist entstanden, wie vorab gezeigt. Die Produzenten sind nicht nur Subventionsempfänger, sondern sie werden zu Subventionsabhängigen. Gleichzeitig wird von ihnen ein wirtschaftliches Denken im Sinne von sparsamer Wirtschaftsführung verlangt. Doch mit kreativem, unternehmerischem Denken zur Erschaffung eines starken, unabhängigen Unternehmens kann es gerade kleinen, engagierten und flexiblen Unternehmen gelingen, innovativ den Markt auch jenseits der großen Leinwand zu sehen und für sich zu gewinnen.

Auch haben die vorherigen Aufzeichnungen gezeigt, dass trotz Unterstützung von einzelnen Filmprojekten es nicht möglich sein wird, sich auf diese Subventionen zu konzentrieren. Neue Auswertungsformen

291 Vgl. Storm, S. (2000), S. 124-126 und die vorangegangenen Ausführungen v. a. Kap. 2.

292 Wessendorf, M. (2006), S. 25.

müssen gefunden werden, damit eine Präsenz junger deutscher Filme auch neben der Festivallandschaft stattfindet, denn am Kinozuschauer geht das spannende und gleichzeitig kontroverse neue deutsche Kinoschaffen oftmals vorbei.

Dafür könnte das Internet neue Foren bieten, z. B. eine Plattform für innovative Nachwuchsprojekte, die gebündelt junges Kino vorstellt. Bereits bei der Stoffentwicklung kann darauf geachtet werden, dass sich die Inhalte nicht ausschließlich auf eine Kinofilmauswertung ausrichten, sondern auch „Nebenprodukte" für das Internet, für Games oder mobile Unterhaltung von Anfang an „mitgedacht" werden. So wurden z. B. Ausschnitte des Spielfilmprojektes „Preussisch Gangstar" als Online-Serie („webisode") auf myspace.de gezeigt.

Die Konvergenz der Medien bietet für Filmemacher neue Plattformen, und große Firmen, wie die UFA, stellen sich dieser Herausforderung und gründeten das UFA Lab, welches sich als „Labor für Neue Medien und eine Plattform für die Digitale Entertainmentbranche" versteht.[293] Das ZDF hat mit seinem Formatlabor des Kleinen Fernsehspiels und zdf.neo neue Räume für innovative Projekte geschaffen. Bei einzelnen Förderinstitutionen (z. B. dem Medienboard Berlin-Brandenburg, der Mitteldeutschen Medienförderung, dem FilmFörderfonds Bayern) besteht die Möglichkeit der Förderung von digitalen Inhalten, wie Games, webisodes o. ä.

Die Entwicklung der Technik und der neuen Medien bieten Raum und Möglichkeiten für neue Geschäftsmodelle und Erzählformen. Gerade kleine, junge, innovative und flexibleUnternehmenkönnen sich hier gut aufstellen und neue Wege gehen – in Verbindung mit der Herstellung eines Kinofilms oder ganz neue Auswertungen für ihre Inhalte finden. Mit Kreativität und neuen Ideen bieten sich hier spannende Herausforderungen für innovative Inhalte und Businessmodelle.

293 Vgl. Homepage des UFA-Labs unter: http://www.ufa-lab.com/mission/.

7. Fazit

Der deutsche Kinomarkt ist erfolgreicher denn je, wie die aktuellen Zahlen in Branchenblättern und verkaufter Karten an den Kinokassen zeigen. Aber auch der Ausbildungsmarkt für Filmschaffende boomt. Noch nie waren so viele junge Menschen bereit, so viel Geld für eine Ausbildung im Bereich der Medien auszugeben; gleichzeitig gab es noch nie so viele Ausbildungsmöglichkeiten. Ein regelrechter Markt der Ausbildungen hat sich entwickelt.

Parallel dazu hat sich der nationale Kinomarkt, der die Auswertungen der Filme weiterhin enorm beeinflusst, hinsichtlich der Abspielmöglichkeiten von Arthouse-Produktionen sehr stark eingeschränkt. Die Kinoleinwände in Deutschland befinden sich vermehrt in großen Multiplexen, in denen vornehmlich Mainstream-Filme, die in großer Kopienzahl starten, ihrem Publikum präsentiert werden.

Gleichzeitig werden so viele Filme wie nie zuvor produziert und in die Kinos gebracht. Diese werden meist von jungen Produktionsunternehmen hergestellt, die ohne große Kapitaldecke und Risikostreuung diese Filme herstellen.

Innerhalb dieser Entwicklungen hat sich bei vielen nationalen Produktionsunternehmen ein berechtigtes Sicherheitsdenken durchgesetzt, denn wenn die Möglichkeit besteht, „Low-Budget-Produktionen“ im nationalen Markt zu finanzieren, ohne dass dadurch Produktionsunternehmen gefährdet werden, warum sollten dann Risiken eingegangen werden, um weitere Finanzmittel zu akquirieren, Eigenkapital einzusetzen oder sogar an eine internationale Koproduktion zu denken?

Daraus resultierend hat sich das deutsche Filmschaffen inzwischen mit dieser Situation arrangiert, und die Nachwuchsproduzenten und jungen Filmschaffenden treten mit diesem Bewusstsein des Abhängigkeitsverhältnisses bereits auf den Markt.

Grundlegender Ansatz nationaler und regionaler Förderung ist es, eine starke, nachhaltige Filmwirtschaft bei gleichzeitiger Förderung kulturell hochwertiger Filme zu unterstützen.

Das setzt aber einen funktionierenden Markt und ein selbstbewusstes und eigenverantwortliches Handeln seitens der Produzenten voraus. Doch hier scheint ein Widerspruch zwischen Ausbildung und Markt, aber auch zwischen Förderern, Sendern und Filmemachern zu herrschen.

Wurden vor vielen Jahren noch wesentlich weniger aktive Filmemacher nachhaltig unterstützt, ist die Anzahl der gut ausgebildeten Filmemacher enorm angestiegen, so dass ständig eine Selektion stattfindet, die die Karriere eines Filmschaffenden von Beginn an begleitet. Diese Konkurrenz und das Abhängigkeitsdenken von den bestehenden Fördertöpfen lässt sie oftmals nicht beflügeln, sondern lähmt sie.

Eine breite Einzelkämpfermentalität hat sich entwickelt und zu viele Filme kannibalisieren sich gegenseitig. Am wenigsten davon profitieren die Produzenten. Es fehlen ihnen jedoch die Einheit, das Kapital und das Selbstbewusstsein, sich davon zu lösen.

Nicht nur die Einführung des Deutschen Filmförderfonds zeigt aber, dass wirtschaftliches Handeln und publikumswirksames Produzieren zunehmend unterstützt werden. Dieses setzt unternehmerisches Denken der Produzenten, Risikobereitschaft und Offenheit zur Internationalisierung, zur Erschließung neuer Märkte und Finanzierungsmittel voraus.

„Our job is to help build a stable and growing industry – not to run one (…)"[294], so sieht Sir Alan Parker die Aufgabe der Filmförderung.

Inzwischen wird die Herstellung der meisten Filme innerhalb der hoch subventionierten Filmwirtschaft Deutschlands von kleinen Produktionsunternehmen realisiert, die ihr Team weit unter tariflich festgelegten Mindestlöhnen bezahlen müssen und ihre Filme wissentlich ohne jegliche Gewinnerwartung produzieren.

Hier muss ein Umdenken bereits innerhalb der Ausbildung sowie von Seiten der Medienpolitik, der Rundfunkanstalten und der Förderinstitutionen stattfinden.

Eine Filmwirtschaft kann nicht durch Ausbeutung ihrer wichtigsten Stärke – den Kreativen – mit noch so vielen Fördermitteln gesunden. Es geht nicht nur darum, mehr Förderung zu vergeben, vielmehr muss die Förderung gezielter und gebündelter in Zusammenarbeit aller Beteiligten an eine geringere Anzahl von Filmen vergeben werden. Das Gießkannenprinzip wird in Zukunft dazu führen, dass sich immer mehr kleine Produktionsfirmen und immer mehr unterbezahlte Filmschaffende unterhalb des Existenzminimums bewegen und sich langfristig von der Film-

294 Parker, Alan (2002).

wirtschaft abwenden werden. Für die Fernsehsender ist die Beteiligung an Kinofilmen eine günstigere Variante, anstelle ihrer reinen Eigenproduktionen, fiktionales Programm zu erhalten. Grundsätzlich ist dies als Nachwuchsförderung in Zusammenarbeit mit den Filmhochschulen und jungen Filmemachern sehr zu wünschen.

Der Graben zwischen Nachwuchs und etablierten Filmschaffenden, die von ihrer Filmarbeit auch wirtschaftlich existieren können, ist derzeit in Deutschland fast unüberwindbar. Statt gute Nachwuchstalente – nicht nur Regisseure, auch Produzenten – nachhaltig aufzubauen und zu erhalten, werden immer wieder neue Filmemacher ausgebildet und stoßen auf den Markt. Dadurch fällt es schwer, allen genügend Raum zu geben und den sich aus der Masse an Produktionsunternehmen hervorstechenden Produzentenpersönlichkeiten genügend Zeit und Mittel für die eigene Entwicklung, auch über den zweiten Film hinaus, zur Verfügung zu stellen.

Es darf nicht sein, dass nicht nur bei Absolventen- und Debütprojekten Filme mit einem Budget realisiert werden, welches keine Gagenzahlungen zulässt und den Produzenten mehr Kosten als Einnahmen verursacht. Es darf aber auch nicht sein, dass Massen von Absolventen von Filmhochschulen abgehen, deren Filme lediglich auf Festivals gezeigt werden und kaum einen Weg in die regulären Kinos finden.

In den letzten Jahren haben sich der Kino- und der gesamte Medienmarkt enorm gewandelt. Die Auswertung von kleinen Filmen ist im Kino immer schwieriger geworden, gleichzeitig werden davon aber immer mehr hergestellt.

Neue Techniken, die Konvergenz der Medien und daraus resultierende innovative Geschäftsmodelle bieten aber gerade kleinen, flexiblen Unternehmensformen neue Aufgabengebiete, Erzählformen und Auswertungsmöglichkeiten.

Gewiss wird der Wettbewerb noch härter werden, doch ein innovatives und wirtschaftliches Filmdenken mit Gespür für starke Inhalte und neue Produktions- und Auswertungswege wird gebündelte Kräfte seitens der Förderer, der Sender und des Marktes finden. Für elitäres Kunstkino wird der nationale Markt in der Breite für alle neuen Talente und das dafür zur Verfügung stehende Budget nicht ausreichen. Hier heißt es, internationale Co-Produzenten zu gewinnen.

Die Medienlandschaft und hier auch der Kinomarkt bieten unzählige Möglichkeiten und Formen der Herstellung von audiovisuellen Werken. Neu gegründete Firmen müssen herausfinden, wo genau sie in dieser Landschaft stehen (möchten) und sich klar positionieren.

Das gegenwärtig in Deutschland herrschende Subventionsdenken muss bei allen Filmschaffenden in ein unternehmerisches Denken transformiert werden. Auch künstlerisches Schaffen hat einen Marktwert und eine Existenzberechtigung. Die unter deutschen Filmemachern teilweise herrschende Subventionsmentalität wird nie dazu führen, autark agieren zu können.

Nicht nur durch die Einführung des Deutschen Filmförderfonds wird klar aufgezeigt, dass auch von jungen und künstlerisch ambitionierten Filmemachern mehr erwartet wird als der Glaube an das eigene Filmprojekt oder sogar die eigene „Genialität".

Junge Filmemacher, die nicht bereit sind, ein unternehmerisches Risiko zu tragen, werden es in Zukunft nicht schaffen, ausschließlich über geförderte Projekte ihre Filme und ihren Lebensunterhalt finanzieren zu können.

Im filmischen Kreativbereich (und hierzu zählen auch die Produzenten!) muss trotz enormer Subventionen Deutschland aufpassen, nicht in eine Klassengesellschaft zu fallen. Diese Klassengesellschaft wird sich nicht durch die Unterscheidung von Unterhaltungsfilm und anspruchsvollem Arthousefilm definieren. Sie wird vielmehr festgelegt zwischen etabliertem Produzenten und Nachwuchsproduzenten, zwischen Produzenten, die sich innerhalb oder außerhalb des Netzwerkes, bzw. innerhalb oder außerhalb des Kreises der Referenzmittelempfänger befinden. Gleichzeitig wird sie auch bestimmt durch Empfänger oder Kämpfer. Die reinen Empfänger werden scheitern, sei es im etablierten oder im Nachwuchsbereich, und die leidenschaftlichen Kämpfer, die kreativ und gleichzeitig unternehmerisch denkenden Produzenten, die offen sind für neue Finanzierungsformen im In- und Ausland, für neue Techniken und neue Märkte und die selbstverantwortlich, risikobereit und zielstrebig handeln, werden sich durchsetzen!

Anhang

A.1 Abbildungsverzeichnis

A.2 Literaturverzeichnis

Abromeit, Heidrun Nieland, Jörg-Uwe; Schierl, Thomas: Politik, Medien, Technik. Wiesbaden 2001.

AkademieKreis (Hrsg.): Produktion Value – Qualität. Potsdam 1999.

Anderson, Arthur: European Film Production Guide, finance – tax – legislation in France, Germany, Italy, Spain and UK. LondonundNew York 1996.

Baillieu, Bill und Goodchild, John: The British Film Business. Chichester 2002.

Baujard, Thierry: Bewegtbilder international. In: Krömke, Heidi, Klimsa, Paul (Hrsg.): Handbuch Medienproduktion. Wiesbaden 2005.

Bayerische Landeszentrale für neue Medien (Hrsg.): Wirtschaftliche Bedeutung des TV-Marktes für die deutsche Filmwirtschaft 1997. München 1999.

Becher, Frank: Kurzfilmproduktion. Konstanz 2007.

Becker, Jürgen: Aktuelle Probleme der Filmförderung. München 1993.

Behrmann, Malte: Filmförderung im Zentral- und Bundesstaat. Berlin 2008.

Berg, Jan und Hickethier, Knut (Hrsg.): Filmproduktion, Filmförderung, Filmfinanzierung. Berlin 1994.

Berghoff, Horst: Die kulturelle Filmförderung des Bundes nach den Filmförderungsrichtlinien am Maßstab des Grundgesetzes. Frankfurt am Main 1991.

Bertram, Sascha: VFX. Konstanz 2005.

Beyer, Andrea und Carl, Petra: Einführung in die Medienökonomie. Konstanz 2004.

Bomnüter, Udo und Scheller, Pratricia: Filmfinanzierung – Strategien im Ländervergleich: Deutschland, Frankreich und Großbritannien. Baden-Baden 2009.

Burmeister, Hans-Peter (Hrsg.): Medienmacht und Medienmarkt – audiovisuelle Medien im neuen Europa. Loccum 1994.

Burmeister, Hans-Peter (Hrsg.): Transformation von Film und Kino in der europäischen Integration. Loccum 1999.

Castan, Joachim: Max Skladanowsky oder Der Beginn der deutschen Filmgeschichte. Stuttgart 1995.

Castendyk, Oliver: Die deutsche Filmförderung – Eine Evaluation. Konstanz 2008.

Clevé, Bastian: Investoren im Visier – Film- und Fernsehproduktion mit Kapital aus der Privatwirtschaft. Gerlingen 1998.

Clevé, Bastian: Wege zum Geld – Film-, Fernseh- und Multimedia-Finanzierungen. Gerlingen 1999.

Daamen, Ulrich Gregor: Die Performance deutscher Kinofilme und zeitgenössischer Darsteller des deutschen Films. Mering 2008

Dillmann-Kühn, Claudia: Artur Brauner und die CCC. Frankfurt 1990.

Dosch, Christian: Recoup! Leistungs- und Erlösströme im Wertschöpfungsnetzwerk deutscher Kinoproduktionen. Diplomarbeit der HdM Stuttgart, Oktober 2005.

Dress, Peter: Vor Drehbeginn. Bergisch Gladbach 2001.

Ebert, Ralf; Siegmann, Jörg und Bonny, Hans Werner (Hrsg.): Wirtschaftliche Auswirkungen der Produktionsförderung der Filmstiftung NRW. Baden-Baden, 2002.

Eggers, Dirk: Filmfinanzierung. Hamburg 1995.

Engelmeier, Peter W.: Das Buch vom Film. Augsburg 1996.

Eichinger, Bernd: Keine Rose ohne Dollars. (1986) In: Prinzler, Hans Helmut und Rentscher, Eric (Hrsg.): Augenzeugen – 100 Texte neuer deutscher Filmemacher. Frankfurt/Main, 1988.

Eick, Dennis und Hartung, Vera: Was kostet mein Drehbuch? Konstanz 2009.

Europäische audiovisuelle Informationsstelle (Hrsg.): Jahrbuch 2002 der europäischen audiovisuellen Informationsstelle., Band 3. Straßburg 2002.

Europäische audiovisuelle Informationsstelle:focus 2005 – World Market Trends". Straßburg 2005.

Europäische audiovisuelle Informationsstelle:focus 2006 – World Market Trends". Straßburg 2006.

Europäische audiovisuelle Informationsstelle: Pflichten der Rundfunkveranstalter zur Investition in die Produktion von Kinofilmen. Straßburg 2006.

Europäische Kommission: Grünbuch über die Politik der Europäischen Union für die Audiovisuelle Medienindustrie. Brüssel, Luxemburg 1994.

FFA: Kinosäle in der Bundesrepublik Deutschland 1993 bis 1997. Berlin 1998.

FFA: Kinosäle in der Bundesrepublik Deutschland 1998 bis 2001. Berlin 2002.

FFA: FFA-Info 01/04, Berlin 2004

FFA: FFA-Info 01/05, Berlin 2005.

FFA: FFA-Info 01/06, Berlin 2006.

FFA: FFA-Info 01/07, Berlin 2007.

FFA: FFA-Info 01/08, Berlin 2008.

FFA: FFA-Info 01/09, Berlin 2009.

FFA: FFA-Info 01/10, Berlin 2010.

Finney, Angus: Developing Feature Films in Europe. London 1996.

First Steps: Erste Schritte – zweite Filme, Festschrift zu zehn Jahren First Steps, Berlin 2010.

Frank, Björn: Zur Ökonomie der Filmindustrie. Hamburg 1993.

Fredebeul-Klein, Markus: Handels- und industriepolitische Eingriffe in die europäische Filmwirtschaft: Eine ökonomische Analyse. In: Zeitschrift für Wirtschaftspolitik Jg. 48 (1999) Heft 1.

Gaitanides, Michael: Ökonomie des Spielfilms. München 2001.

Götz, Meike: Low-Budget-Film: Aspekte zur Herstellung gering budgetierter Filme aus Sicht des Produzenten, Diplomarbeit im Studiengang Produktion der Hochschule für Film und Fernsehen, Potsdam Babelsberg. Potsdam 2006.

Gordon, Michael: Regionalwirtschaftliche Filmförderung – Kosten und Nutzen. Wien 1996.

Gregor, Ulrich und Patalas, Enno: Geschichte des Films. München, Gütersloh, Wien 1973.

Hake, Sabine: Film in Deutschland: Geschichte und Geschichten seit 1895. Hamburg 2004.

Hardt, Ursula: From Caligari to California- Erich Pommer's Life in the International Film Wars, Oxford 1996.

Hennerkes, Christian: Medienfonds als Finanzierungsinstrument für deutsche Kinospielfilmproduktionen. Baden-Baden 2002.

Henning-Thurau, Thorsten und Henning, Victor: Die deutsche Filmindustrie im 21. Jahrhundert. Marburg 2009.

Hentschel, Kurt und Reimers, Karl Friedrich (Hrsg.): Filmförderung – Entwicklungen, Modelle, Materialien. München 1985.

Hertel, Calos: Die Wa(h)re Kunst – Ansätze zur Verbesserung der Wettbewerbsfähigkeit der europäischen Filmindustrie. Potsdam 1997.

Hocker, Robert-Merlin: Filmfinanzierung mit Mezzanine Kapital. Saarbrücken 2006.

Holighaus, Alfred (Hrsg.): Der Filmkanon – 35 Filme, die Sie kennen müssen. Bundeszentrale für politische Bildung. Berlin 2005.

Hollstein, Kristina: Filmwirtschaft und Filmförderung in Deutschland und Frankreich – ein landeskundlicher Vergleich. Potsdam 1996.

Houcken, Robin: The international Feature Film Industry – National Advantages and International Strategies for European Film Companies. Potsdam 1999.

Jäckel, Anne: European Film Industries. London 2003.

Jacobsen, Wolfgang, Kaes, Anton, Prinzler, Hans Helmut (Hrsg.): Geschichte des deutschen Films. Stuttgart 1993.

Jarothe, Sabine: Die Filmpolitik der Europäischen Union im Spannungsfeld zwischen nationaler staatlicher Förderung und US-amerikanischer Mediendominanz. Frankfurt am Main 1998.

Kallas, Christina: Europäische Film- und Fernsehkoproduktion – wirtschaftliche, rechtliche und politische Aspekte. Baden-Baden 1992.

Keil, Klaus; Iljine, Diana: Der Produzent. München 1997.

Keusen, Kai-Peter: Studien zur Medienpolitik in Europa. Alfeld 1997.

Kopper, Gerd K.: Medien- und Kommunikationspolitik der Bundesrepublik Deutschland; Chronologisches Handbuch 1944 bis 1988. München 1992.

Kornemann, Linda: Die Chancen des Studio Babelsberg im Vergleich mit anderen europäischen Studios, insbesondere seit Übernahme durch die FBB-Filmbetriebe Berlin Brandenburg GmbH. Diplomarbeit im Studiengang Produktion der Hochschule für Film und Fernsehen, Potsdam Babelsberg. Potsdam 2006.

KPMG: Filmförderung in Deutschland und der EU 2005. Berlin 2005.

Krömker, Heidi und Klimsa, Paul (Hrsg.): Handbuch Medienproduktion. Wiesbaden 2005.

Kujacinski, Dona: Horst Wendlandt – Der Mann, der Winnetou, Edgar Wallace, Bud Spencer & Terence Hill, Otto & Loriot ins Kino brachte. Berlin 2006.

Lange, Constantin: Erfolgspotentiale für Spielfilme. Berlin 1999.

Lange, Dr. André und Westcott, Tim: Öffentliche Förderung von Film- und Fernsehwerken in Europa – eine vergleichende Analyse. Straßburg 2004.

Loskant, Alexander: Der neue europäische Großfilm – Ökonomie und Ästhetik europäischer Kinogroßproduktionen der 90er Jahre. Frankfurt am Main 2005.

Low, Rachael: The History of the British Film 1918-1929. London 1971.

Latteyer, Wolfgang: Strategien deutscher Filmproduzenten auf internationalen Märkten. Alfeld 1995.

Limmer, Wolfgang: Suck my Dick, Lola! Ein Zwischenruf nach dem deutschen Film, in: Script, Herbst 2002.

Meyer-Weil, Christoph:Vortragwährend des EPI-Seminars European Co-Productions: Legal and Financial Aspects, 25.-29. Oktober 2006 auf Mallorca.

Mosig, Tobias: Goethe-Institut e.V.: Weltvertrieb für deutsche Filme? Das Goethe-Institut als kultureller Botschafter des deutschen Films im Ausland und dessen aktuelle Zusammenarbeit mit German Films und den deutschen Weltvertrieben. Berlin 2008.

Neckermann, Gerhard: Filmwirtschaft und Filmförderung – Strukturveränderungen, Daten. Berlin 1991.

Neumann, Bernd: Wir müssen eine Eigenkapitalstärkung der Produzenten erreichen. Interview in: promedia, Heft 6/06.

Olsberg, Jonathan: Vortrag auf dem 1. Deutschen Filmwirtschaftsgipfel am 01.06.2006 in München, Vortragsunterlagen.

Parin, Alexej (Hrsg.): Neue Perspektiven europäischer Kulturpolitik. Loccum 1997.

Parker, Alan: Building a sustainable UK film industry. Rede am 5. November 2002, unter www.filmcouncil.uk, Zugriff am 18.06.2004

Porter, Michael E.: Nationale Wettbewerbsvorteile. München 1991.

Prätsch, Joachim, Schikorra, Uwe und Ludwig, Eberhard: Finanzmanagement. München 2003.

Price Waterhouse Coopers (PWC): German Entertainment and Media Outlook: 2005-2009. Berlin 2005.

Rodriguez, Robert: Rebel without a crew. London 1996.

Röscheisen, Thilo: Film- und Fernsehproduktion für internationale Märkte. München 1997.

Röthemeyer, Gabriele: Kinderfilmförderung in Deutschland und anderen Ländern. Wiesbaden 1996.

Sandberg, Karin: Unzulässiger Protektionismus in der europäischen Medienpolitik? – Die Maßnahmen der Europäischen Gemeinschaft zum Schutz des europäischen Films und ihre Vereinbarkeit mit dem durch das GATT und die WTO-Vereinbarungen gebildeten Rechtsrahmen. Frankfurt am Main 1998.

Saul, Louis: Film und Staat, ein historischer Abriss. In: Hundertmark, Gisela; Saul Louis (Hrsg.): Förderung essen Seele auf…Positionen – Situationen – Materialien. München 1984. S. 23-38.

Schmidt, O. und Pöhlmann, Fabian: Tax Incentives für Filmproduktionen – ein internationaler Überblick. Herausgegeben von film20, Berlin 2004.

Schmidt-Matthiesen, Cornelia und Clevé, Bastian: Produktionsmanagement für Film und Fernsehen. Konstanz 2010.

Schünemann, Ingo: Die wirtschaftliche und kulturelle Wirkung nationaler europäischer Filmförderpolitik am Beispiel von Deutschland und Großbritannien. Dissertation an der Technischen Universität Berlin. Berlin 2008.

Schweitzer, Dirk: Film als Marktleistung. Wiesbaden 1996.

SPIO: Filmstatistisches Jahrbuch 2000. Baden-Baden 2000.

SPIO: Filmstatistisches Jahrbuch 2005. Baden-Baden 2005.

SPIO: Filmstatistisches Jahrbuch 2006. Baden-Baden 2007.

SPIO: Filmstatistisches Jahrbuch 2007. Baden-Baden 2008.

SPIO: Filmstatistisches Jahrbuch 2008. Baden-Baden 2009.

Stadtsparkasse Köln: Finanzen für Film, Funk, Fernsehen und Multimedia. Köln 1999.

Storm, Sebastian: Strukturen der Filmfinanzierung in Deutschland. Potsdam 2000.

Terberl, Daniela: Perspektiven europäischer Koproduktionen auf der Basis der bilateralen Koproduktionsabkommen und der European Convention on Cinematographic Co-Production am Beispiel von Deutschland und Großbritannien. Diplomarbeit an der Hochschule für Film und Fernsehen „Konrad Wolf". Potsdam 2005.

Thiermeyer, Michael: Internationalisierung von Film und Filmwirtschaft. Köln 1994.

Übelhör, Matthias und Warns, Christian: Grundlagen der Finanzierung. Heidenau 2004.

VIII. Westdeutsche Kurzfilmtage Oberhausen: Bericht 1962. Oberhausen 1963.

Von Have, Harro: Filmförderungsgesetz – Kommentar. München 2005.

Von Heinz, Julia: Der Start in die Kinokarriere – Realisierungsaussichten vom Debütfilm im Vergleich zum Nachfolgeprojekt. Diplomarbeit an der Technischen Fachhochschule Berlin. Berlin 2005.

Von Thadden, Guido: Filmwirtschaft und Filmförderung in Baden-Württemberg. Potsdam 2001.

Wendling, Eckhard: Filmproduktion. Konstanz, 2008.

Wessendorff, Moritz: Filmfinanzierung in Deutschland. Saarbrücken 2006.

Wiedemann, Michael: Ohne Subvention keine Produktion. In: Hundertmark, Gisela; Saul Louis (Hrsg.): Förderung essen Seele auf ... Positionen – Situationen – Materialien. München 1984. S. 57-61.

Wolf, Steffen (Hrsg.): Filmförderung oder Zensur? Von ‚Der dritte Mann' bis ‚Otto – Der Film'. Ebersberg 1986.

A.3 Internetquellen:

Bundesamt für Wirtschaft und Ausfuhrkontrolle: Übersicht über die Lizenzerlöse und Lizenzabgaben bei der Vergabe und dem Erwerb von Auswertungsrechten an Filmen bis zum Jahr 2006,http://www.bafa.de/bafa/de/wirtschaftsfoerderung/filmfoerderung/statistiken/index.htmlURL: http://www.bafa.de (letzter Zugriff 10.04.2010).

Bundesregierung: Informationen zu bilateralen Koproduktionsabkommen, http://www.bundesregierung.de/Webs/Breg/DE/Bundesregierung/BeauftragterfuerKulturundMedien/Medienpolitik/Filmfoerderung/InternationaleFilmfoerderung/internationale-filmfoerderung.html, (letzter Zugriff: 02.04.2010).

Cilect: Liste der Mitglieder,http://www.cilect.org/membersofcilect_fullmembers, (letzter Zugriff: 13.12.09).

Cinebiz: Angaben zu Filmen und Zuschauerzahlen in Deutschland, www.cinebiz.de (letzter Zugriff 01.05.2010).

connex.av: Tarifgagen für Filmschaffende,http://www.connexx-av.de/upload/m4b264f2ae6af0_verweis2.pdf. (letzter Zugriff 08.04.2010).

Defa-Stiftung: Homepage,www.defa.de (letzter Zugriff 24.04.2010).

Deutscher Filmförderfonds (DFFF): Homepage,http://www.dfff-ffa.de/ (letzter Zugriff: 20.04.2010).

Eurimages: Informationen zur europaweiten Filmförderung durch Eurimages,http://www.coe.int/t/dg4/eurimages/default_en.asp (letzter Zugriff 10.04.2010).

Europäische audiovisuelle Informationsstelle: Lumiere – Datenbank über Filmbesucherzahlen in Europa, http://lumiere.obs.coe.int/web/search/ (Letzter Zugriff 03.04.2010).

Europäische Kommission: Pressemitteilung zur Verlängerung der Kinomitteilung 2009, http://ec.europa.eu/avpolicy/reg/cinema/index_de.htm(letzter Zugriff: 10.04.2010).

FFF Bayern: Informationen zur Nachwuchsförderung,http://www.fff-bayern.de/index.php?id=38 (letzter Zugriff 24.04.2010).

FFA: DFFF anerkannten Verleihunternehmen, http://www.ffa.de/downloads/dfff/richtlinie/Verleihliste_Filmfoerderfonds.pdf (letzter Zugriff: 30.03.2010).

FIAPF: Auflistung der A-Festivals, http://www.fiapf.org/intfilmfestivals_sites.asp (letzer Zugriff 25.04.2010).

Filmförderung Baden-Württemberg (MFG): Homepage, http://www.mfg.de/film/ (letzter Zugriff 24.04.2010).

Filmstiftung Nordrhein-Westfalen: Informationen zur Förderung Gremium 2, http://www.filmstiftung.de/Foerderungen/Produktion2/main_produktion2.php. (letzter Zugriff 30.04.2010).

Hessen Invest: Informationen zur Filmförderung, http://www.hessen-invest-film.de; (letzter Zugriff 30.04.2010).

Mediadesk Deutschland: Homepage: www.mediadesk.de (letzter Zugriff 27.04.2010).

Mediadesk Deutschland: Katalog der Trainingsprogramme, http://www.mediadesk-deutschland.eu/Training/Training_Katalog_2010.pdf (letzter Zugriff 25.04.2010)

Medienboard Berlin-Brandenburg: Tätigkeitsbericht 2008,http://www.medienboard.de/WebObjects/Medienboard.woa/wa/CMSshow/2607937 (letzter Zugriff 30.03.2010).

Medienboard Berlin-Brandenburg: Merkblatt „Nachwuchsförderung“,http://www.medienboard.de/WebObjects/Medienboard.woa/wa/CMSshow/2607798 (letzter Zugriff 24.04.2010).

Mitteldeutsche Medienförderung (MDM): Förderrichtlinien,http://www.mdm-online.de/index.php?option=com_content&task=view&id=72&Itemid=304 (letzter Zugriff 24.04.2010).

Nipkow Programm: Homepage,www.nipkow.de (letzter Zugriff 24.04.2010).

Radau, Dr. Hans: „Gastkommentar: Betriebsstättenproblematik gelöst“. Kommentar vom 15.07.2009, http://www.mediabiz.de/film/news/gastkommentar-betriebsstaettenproblematik-geloest/276885; (letzter Zugriff: 10.04.2010).

Robert Bosch Stiftung: Informationen zum Filmförderpreis,http://filmfoerderpreis.bosch-stiftung.de/content/language1/html/8778.asp (letzter Zugriff 10.04.2010).

UFA-Lab:Homepage,http://www.ufa-lab.com/mission/ (letzter Zugriff 24.04.2010).

Zukunftsagentur Brandenburg:Medien.IT.Kommunikation,http://www.zab-brandenburg.de/files/documents/MIK_2008_Dt.pdf. (letzter Zugriff 14.08.08).

A.4 Gesetzestexte

Deutscher Filmförderfonds, Richtlinie des BKM „Anreiz zur Stärkung der Filmproduktion in Deutschland“, http://www.ffa.de/downloads/dfff/richtlinie/DFFF-Richtlinie.pdf (letzter Zugriff 30.04.2010).

Europäisches Übereinkommen über die Gemeinschaftsproduktion von Filmen (European Convention), http://www.bundesregierung.de/Webs/Breg/DE/Bundesregierung/BeauftragterfuerKulturundMedien/Medienpolitik/Filmfoerderung/InternationaleFilmfoerderung/internationale-filmfoerderung.html, (letzter Zugriff : 02.04.2010) und unter http://conventions.coe.int/Treaty/ger/Treaties/Html/147.htm#ANX1 (letzter Zugriff 01.05.2010).

Filmförderungsgesetz, www.ffa.de (letzter Zugriff: 03.04.2010).

Kinomitteilung der Europäischen Kommission, http://eur-lex.europa.eu/LexUriServ/LexUriServ.do?uri=CELEX:52001DC0534:DE:NOT (letzter Zugriff: 10.04.2010).

Rundfunkstaatsvertrag, http://www.lfk.de/fileadmin/media/recht/12_RStV_Juni09.pdf (letzter Zugriff 10.12.2010).

A.5 Filmverzeichnis

7 Zwerge – Der Wald ist nicht genug, D 2006, R: Sven Unterwaldt, P: Otto Waalkes, Bernd Eilert, Douglas Welbat.

Alle Anderen, D 2009, R: Maren Ade, P: Janine Jackowski, Dirk Engelhardt.

Als man anfing zu filmen (...) der Filmpionier Oskar Messter, D 1995, R: Harald Pulch, Martin Loiperdinger.

Berlin Alexanderplatz, BRD/It 1980, R: Rainer Werner Fassbinder, P: Günter Rohrbach.

Berlin is in Germany, D 2001, R: Hannes Stöhr, P: Gudrun Ruzickova-Steiner.

Bibi Blocksberg, D 2002, R: Hermine Huntgeburth, P: Uschi Reich, Karl Blatz.

Bibi Blocksberg und das Geheimnis der blauen Eulen, D 2004, R: Franziska Buch, P: Uschi Reich, Karl Blatz.

Birth of a Nation, USA 1915, R: D.W. Griffith, P: D.W. Griffith.

Das Boot, D 1979-1981, R: Wolfgang Petersen, P: Günter Rohrbach.

Das Fremde in mir, D 2008, R: Emily Atef, P: Nicole Gerhards, Hanneke van der Tas.

Das Kabinett des Dr. Caligari, D 1919, R: Robert Wiene, P: Rudolf Meinert.

Das Leben der Anderen, D 2006, R: Florian Henckel von Donnersmarck, P: Quirin Berg, Max Wiedemann.

Das Parfum – Die Geschichte eines Mörders, D/ES/F/USA 2006. R: Tom Tykwer, Dt.P.: Bernd Eichinger.

Das Sams in Gefahr, D 2003, R: Ben Verbong, P: Ulrich Limmer.

Das weiße Band, D/Österreich/F/It 2009, R: Michael Haneke, Dt. P: Stefan Arndt.

Deep Blue, GB/D 2003, R: Alastair Fogerhill, Andy Byatt, Martha Holmes, P: Alix Tidmarsh, Sophokles Tasioulis, Dt. P: Greenlight Media.

Der blaue Engel, D 1930, R: Josef von Sternberg, P: Erich Pommer.

Der brave Soldat Schweijk, D 1960, R: Axel von Ambesser, P: Artur Brauner.

Der Name der Rose, BRD/It. U.a., R: Jean-Jaques Annaud, Dt. P: Bernd Eichinger.

Der Schuh des Manitu, D 2001, R: Michael Bully Herbig, P: Michael Bully Herbig, Michael Wolf.

Der Untergang, D 2004, R: Oliver Hirschbiegel, P: Bernd Eichinger.

Der Wixxer, D 2004, R: Tobi Baumann, P: Christian Becker, David Groenewold, Anita Schneider.

Deutschland. Ein Sommermärchen, D 2006, R: Sönke Wortmann, P: Tom Spieß.

Die Blechtrommel, BRD/F 1979, R: Volker Schlöndorff, P: Franz Seitz, Anatole Dauman, Eberhard Junkersdorf.

Die Brücke, D 1959, R: Bernhard Wicki, P: Hermann Schwerin, Jochen Severin.

Die Ehe der Maria Braun, BRD 1979, R: Rainer Werner Fassbinder, P: Michael Fengler.

Die fabelhafte Welt der Amélie, F/D 2001, R: Jean-Piere Jeunet, P: Claudie Ossard, Dt. P.: MMC Independent.

Die Fälscher, D/Österreich 2006, R: Stefan Rutzowitzki, Dt. P: Nina Bohlmann.

Die fetten Jahre sind vorbei, D/Österreich 2004, R: Hans Weingärtner, P: Hans Weingartner.

Die Kinder des Monsieur Mathieu, F/CH 2004, R: Christophe Barratier, P: Arthur Cohn, Jaques Perrin.

Die Mörder sind unter uns, D 1946, R: Wolfgang Staudte, P: Herbert Uhlich.

Die Spaziergängerin von Sansoucci, BRD/F 1982, R: Jaque Rouffio, P: Artur Brauner.

Die Sünderin, BRD 1950, R: Willy Forst, P: Rolf Mayer.

Die wilden Hühner, D 2005, R: Vivian Naefe, P: Uschi Reich, Peter Zenk.

Die wilden Hühner und die Liebe, D 2007, R: VivanNaefe, P: Uschi Reich, Peter Zenk.

Die wilden Kerle, D 2003, R: Joachim Masannek, P: Ewa Karlström, Andreas Ulmke-Smeaton.

Die wilden Kerle 4, D 2007, R: Joachim Masannek, P: Andreas UlmkeSmeaton, Ewa Karlström.

Du bist nicht allein, D 2007, R: Bernd Böhlich, P: Katrin Schlösser.

Faust, D 1960, R: Peter Gorski, P: Walter Traut.

Gegen die Wand, D 2004, R: Fatih Akin, P:Ralph Schwingel, Stefan Schubert.

Goodbye Bafana, D/F/Belgien/It/Südafrika, Dt. Prod: Andro Steinborn.

Herbie Full loaded, USA 2005, R: Angela Robinson, P: Robert Simonds.

Hollandmädel, D 1953, R: J. A. Hübler-Kahla, P: Artur Brauner.

Hui Buh, das Schlossgespenst, D 2006, R: Sebastian Niemann, P: Christian Becker.

Inglourious Basterds, USA/D 2009, R: Quentin Tarantino, Dt. P: Dr. Carl Woebcken, Christoph Fisser, Henning Molfenter.

Intolerance, USA 1916, R: D. W. Griffith, P: D.W. Griffith.

Jagdhunde, D 2006, R: Ann-Christin Reyels, P: Susann Schimk, Jörg Trentmann.

Keinohrhasen, D 2007, R: Til Schweiger, P: Til Schweiger, Tom Zickler.

Lauras Stern, D 2004, R: Piet de Rycker, Thilo Graf Rothkirch, P: Maya Gräfin Rothkirch, Thilo Graf Rothkirch.

Liebe, Tanz und 1000 Schlager, D 1955, R.: Paul Martin, P: Artur Brauner.

Lissi und der wilde Kaiser, D 2007, R: Michael Bully Herbig, P: Michael Bully Herbig.

Luther, D 2003, R: Eric Til, P: Alexander Thies, Kurt Rittig, Dennis A. Clauss, Franz Thies, Gabriela Pfänder.

Martha, BRD 1973, R: Rainer Werner Fassbinder, P: Peter Märthesheimer, Fred Ilgner.

Melodie der Welt, D 1929, R: Walter Ruttmann, P: k.A..

Metropolis, D 1927, R: Fritz Lang, P: Erich Pommer.

Morituri, D 1948, R: Eugen York, P: Artur Brauner

Nosferatu, D 1922, R: Friedrich Wilhelm Murnau, P: Friedrich Wilhelm Murnau, Albin Grau, Enrico Diekmann, Wayne Keeley.

Novemberkind, D 2008, R: Christian Schwochow, P: JochenLaube, Matthias Adler.

O.K., BRD 1970, R: Michael Verhoeven, P: Rob Houwer.

Parkour, D 2009, R: Marc Rensing, P: Rüdiger Heinze, Stefan Sporbert.

PingPong, D 2006, R: Matthias Luthardt, P: NiklasBäumer, AnkeHartwig.

Preussisch Gangstar, D 2007, R: Bartosz Werner, Irma Kinga-Stelmach, P: Philip Pratt, Bartosz Werner.

Roman eines Frauenarztes, D 1953, R: Falk Harnack, P: Artur Brauner.

Rosenstraße, D 2003, R: Margarete von Trotta, P: Richard Schöps, Henrik Meyer, Markus Zimmer.

Salamandra, Argent./D/F 2008, Dt. P: Benny Drechsel, Carsten Stöter.

Schwarzwaldmädel, BRD 1950, R: Hans Deppe, P: Kurt Ulrich.

Shahada, D 2009, R: Burhan Qurbani, P: Susa Kusche, Uwe Spiller, Thomas Lechner.

Siegfried, D 2005, R: Sven Unterwaldt jr, P: Herman Weigel.

Snow, Bosnien und Herzogowina/D/F 2008, R: Aida Begic, Dt. P: Benny Drechsel und Karsten Stöter.

Sommer vorm Balkon, D 2005, R: Andreas Dresen, P: Peter Rommel.

Speed Racer, USA/D 2008, R: Andy und Larry Wachowski, Dt. P: Dr. Car Woebcken, Christopher Fisser.

Spielzeugland, D 2007, R: Jochen Alexander Freydank, P: Jochen Alexander Freydank.

(T)Raumschiff Surprise, D 2004, R: Michael Bully Herbig, P: Michael Bully Herbig.

Valerie, D 2006, R: Birgit Möller, P: Susann Schimk, Jörg Trentmann.

Vier Minuten, D 2006, R: Chris Kraus, P: Alexandra und Meike Kordes.

Wer früher stirbt ist länger tot, D 2006, R: Marcus H. Rosenmüller, P: Dr. Andreas Richter, Annie Brunner, Ursula Woerner.

Wickie und die starken Männer, D 2009, R: Michael Bully Herbig, P: Christian Becker.

Wie im Himmel, Schweden 2004, R: Kay Pollak, P: Anders Birkeland, Goran Lindström.

Printed in Poland
by Amazon Fulfillment
Poland Sp. z o.o., Wrocław